Nariman Hammouti-Reinke
mit Doris Mendlewitsch

ICH DIENE DEUTSCHLAND

Ein Plädoyer für die Bundeswehr – und warum sie sich ändern muss

Rowohlt Polaris

In einigen wenigen Fällen wurden die
Namen von erwähnten Personen aus Gründen
des Persönlichkeitsschutzes geändert.

Originalausgabe
Veröffentlicht im Rowohlt Taschenbuch Verlag,
Reinbek bei Hamburg, Februar 2019

Redaktion Christian Wöllecke
Umschlaggestaltung und Motiv Hauptmann & Kompanie
Werbeagentur, Zürich
Umschlagabbildung Patrice Kunte
Typografie Farnschläder & Mahlstedt, Hamburg
Druck und Bindung CPI books GmbH, Leck, Germany
ISBN 978 3 499 63396 6

Für meinen Vater Bekkai Hammouti
und für meinen Kameraden Dr. Dominik Wullers

Inhalt

Was läuft schief in der Bundeswehr? Nichts Besonderes, nur das, was auch «draußen» schiefläuft. 9

Ein Zerrbild: Wie man sich die Bundeswehr vorstellt 13
Die Deutschen und ihre Streitkräfte 15
Pearl Harbor und ich 22
«Feldwebel Hammouti, was machen Sie da?» 35
«Kuschelarmee mit Kita»: Agenda Attraktivität und Trendwende Personal 44
Junge Sprache: zur Anwerbung von Kindersoldaten oder einfach zeitgemäß? 58

Deutsch ist, wer Deutschland dient 67
In Afghanistan und zu Hause 69
Deutschland? Sieht aus wie ich! 83
Alles ändert sich oder: Warum es den Verein Deutscher.Soldat. gibt 96
Diversity Management: Aufgabe mit Zukunft 106
Staatsbürgerin in Uniform 116

Der Islam gehört zu Deutschland – oder? 129
Wer sind wir? Wir sind wir! 131
Beistand – für alle 141

Die große Schweinerei 149
Zusammenarbeit ausgeschlossen? 156
Wo bleibt der islamische Militärseelsorger? 160
Neue Wege suchen 169

Skandalös: Frauenfeindlichkeit und Rechtsradikalismus 179
Sexuelle Belästigung und Machtmissbrauch 181
Was ist eigentlich aus Franco A. geworden? 191
Neue Traditionen schaffen 209

Wir Deutsche: bedingt einsatzbereit 217
Train as you fight 219
Wofür und für wen? 232

Was ich mir wünsche 241

Danksagung 247
Quellenangaben 250

Was läuft schief in der Bundeswehr? Nichts Besonderes, nur das, was auch «draußen» schiefläuft.

Ich ärgere mich über alles, was im Alltag der Bundeswehr nicht funktioniert, über das oftmals schlechte Essen, die Unterbringung auf Lehrgängen, unsympathische Kameraden usw. Ich werde regelrecht wütend, wenn wir bei Projekten keine Fortschritte erzielen, wenn ich ungerecht behandelt werde, wenn ich Entscheidungen nicht nachvollziehen kann. Aber ich bin überzeugt, dass es bei jedem anderen Arbeitgeber dieser Größenordnung ähnlich wäre. Einen gravierenden Unterschied allerdings gibt es: Ich arbeite nicht bei der Bundeswehr, um den Gewinn eines Unternehmens zu steigern. Sondern weil ich mich dafür einsetze, dass das Leben in Deutschland für alle seine Bürgerinnen und Bürger weiterhin sicher und frei ist.

Ich bin deutsche Soldatin muslimischen Glaubens, meine Eltern stammen aus Marokko. Für diese «Merkmale» muss ich pausenlos Erläuterungen liefern, mich sogar rechtfertigen.

Ein typischer Dialog auf einer Party:

«Und, was machen Sie beruflich?»

«Ich bin Soldatin bei der Bundeswehr.»

«Ach was? Das ist ja schrecklich. Wieso *das* denn?»

Manchmal folgt dann noch: «Sind Sie denn überhaupt richtige Deutsche? Sie sehen gar nicht so aus.»

Wohlgemerkt, so eine Begegnung findet nicht in rechten, ausländerfeindlichen oder auch nur besonders konservativen Kreisen statt, das kann überall passieren. Es ist etwas Alltägliches, egal wo ich mich befinde. Ich will damit nicht sagen, dass *jeder* Mensch so reagiert. Aber in der Summe sind es doch sehr viele. Ich bin für sie eine Irritation, vielleicht auch eine Provokation auf zwei Beinen. Es fallen gleich vier Dinge zusammen, die für sich genommen schon «bemerkenswert» sind: Deutsche mit getönter Haut und schwarzem Haar, Bundeswehr, Frau in der Bundeswehr, Muslima.

Warum ist das so? Warum staunt jemand heutzutage noch darüber, dass eine Deutsche nicht hellhäutig und blond ist? Warum wäre es harmloser oder besser, wenn ich auf die Frage nach dem Beruf geantwortet hätte, dass ich in der Verwaltung meiner Heimatstadt Hannover arbeite oder – für ein weibliches Wesen noch passender – in einer Kindertagesstätte? Und wenn schon unbedingt Bundeswehr, warum dann ausgerechnet als Frau? Und lässt sich das überhaupt mit meinem Glauben vereinbaren?

Ich weiß nicht, wie oft ich schon geantwortet habe, dass es in Deutschland Millionen von Deutschen gibt, deren Migrationswurzeln zwei, drei und mehr Generationen zurückreichen, und dass Weiß und Blond nicht die Nationalfarben sind. Dass Deutschland meine Heimat ist und ich meine Heimat schützen möchte. Die Werte, die die Bundeswehr vertritt, sind auch meine Werte: Kameradschaft, Verantwortungsbewusstsein, Engagement für uns und unsere Verbündeten, Bewahrung von Frieden und Freiheit. Und mein Glauben lässt sich damit grundsätzlich sehr gut vereinbaren, wenngleich die Praxis in der Bundeswehr manchmal schwierig ist. Aber grundsätzlich könnte ich genauso gut christlich sein.

Im Gespräch kommt es dann meistens schnell zur kritischen Kernfrage: «Ja, aber Sie sind doch eine kluge junge Frau, wie kommen Sie denn mit den ganzen Nazis in der Bundeswehr klar? Und mit den Schikanen?»

Jetzt geht's ans Eingemachte. So sieht das Bild aus, das auch intelligente Menschen von der Bundeswehr malen: saufende, parolengrölende Nazis, die kein Gehirn im Kopf haben, aber Spaß am Rumballern, und sadistische Offiziere, die die Mannschaften quälen. Diese plakative Vorstellung entsteht ohne jede tiefere Einsicht und wird gespeist von den Skandalen, die immer wieder aufgedeckt werden. Ja, diese Dinge sind schlimm, sehr schlimm sogar. Es gibt daran nichts schönzureden oder zu rechtfertigen. Menschen, die solche Dinge tun, gehören nicht in die Bundeswehr. Aber, und zwar ein riesengroßes Aber: Das ist doch nicht das ganze Bild! Das sind doch nicht alle. Es ist nur ein Bruchteil von dem, was die Bundeswehr mit immerhin 250 000 zivilen und militärischen Mitarbeitern und Mitarbeiterinnen ausmacht.

Ich drehe gern den Spieß um: Warum erwartet man, dass sich die geistige und moralische Elite in einem Verein engagiert, den man selbst so schlechtredet? Sollte man nicht ohne ideologische Scheuklappen genauer hinschauen und sich mit dem auseinandersetzen, was wir machen? Und woran liegt es überhaupt, dass uns, ebenso wie beispielsweise der Polizei, eine solche Verachtung entgegenschlägt? Ich habe dazu ein paar Antworten und ein paar Thesen. Sie beruhen auf meinen persönlichen Erfahrungen aus 14 Jahren Bundeswehr, aus meiner ehrenamtlichen Arbeit für den Verein Deutscher.Soldat. und als Mitglied der Kommission zu Fragen der Migration und Teilhabe im Niedersächsischen Landtag. Außerdem fließt einiges ein, was ich und meine Kameraden im Alltag erleben.

Diese Thesen werden nicht jedem gefallen, ich kann es mir

vorstellen. Trotzdem: Es lohnt sich, den eigenen Standpunkt zu überprüfen und sich mit dem auseinanderzusetzen, was einem widerstrebt oder ungewohnt ist. Damit die Bundeswehr als das wahrgenommen wird, was sie ist: nämlich ein Teil Deutschlands, im Positiven wie im Negativen.

EIN ZERRBILD: WIE MAN SICH DIE BUNDESWEHR VORSTELLT

«Mal ehrlich: Wofür ist diese Gammeltruppe Bundeswehr eigentlich gut?»

Statement eines «Experten» im Gespräch mit Freunden

«Ich schwöre, der Bundesrepublik Deutschland treu zu dienen und das Recht und die Freiheit des deutschen Volkes tapfer zu verteidigen.»

§ 9 Soldatengesetz, Eid und feierliches Gelöbnis für Berufssoldaten und Soldaten auf Zeit

Die Deutschen und ihre Streitkräfte

In einer Hinsicht ist es bei der Bundeswehr wie beim Fußball: Die Experten sitzen außerhalb des Spielfelds. Es gibt etliche Millionen Zuschauer, die ganz genau beurteilen können, wie sehr die Spielerpfeifen auf dem Platz herumstümpern, wie viele Chancen sie verpatzen und welche Fehler der Schiedsrichter und seine Assistenten am laufenden Band produzieren. Auch die Angehörigen der Bundeswehr können dieses Bild nachzeichnen: Jeder draußen weiß genau, wie wir sind. Je nach Perspektive werden wir eingeordnet als faul, verweichlicht, rechtsradikal, sexistisch, unnütz, mordlustig, menschenverachtend, kriegsverherrlichend, vernagelt, dumpfbackig ... Habe ich etwas vergessen? Manche fügen vielleicht noch Etiketten wie «autoritäre Sadisten» oder «unselbständige Befehlsempfänger» hinzu. Also 170 000 mehr oder weniger gefährliche Idioten, wenn man nur den militärischen Teil berücksichtigt. 170 000 Männer und Frauen, die zwar mit einer Ausbildung in die Bundeswehr eintreten oder dort eine erwerben, auch zum Beispiel ein Studium absolvieren, die aber trotzdem so blöd sind, dass sie offenbar zu nichts anderem taugen. Und deren vornehmliches Interesse darin besteht, ihre Unfähigkeit zu bemänteln oder ihren niederen Instinkten freien Lauf zu lassen.

Wie plausibel kann das wohl sein? In der Welt gibt es eine gewisse Menge mehr oder weniger Verrückter und charakterlicher Versager, das ist sicher. Aber warum sollten die sich alle bei der Bundeswehr treffen? Hat dieses Bild irgendwas mit der Realität zu tun, oder handelt es sich um groß aufgeblasene Vorurteile, zufällige Einzelbegegnungen und hemmungslos verallgemeinerte negative Vorkommnisse? Ich bin eigentlich von Natur aus optimistisch und positiv. Und ich glaube (und hoffe), dass eine Menge Deutsche nichts gegen die Bundeswehr hat. Aber viele, meiner Ansicht nach viel zu viele Menschen stehen ihr gleichgültig gegenüber – und etliche lehnen sie mehr oder weniger heftig ab. Diese Mischung ist schlecht.

Wir Angehörigen der Bundeswehr könnten nämlich Kritiker und Schmäher besser ertragen, wenn es mehr Befürworter und Unterstützer gäbe, die sich ebenfalls laut und deutlich zu Wort meldeten. Wobei es keineswegs nur ein persönliches Problem der Soldaten ist, wenn sie sich nicht wertgeschätzt fühlen. Ich meine vielmehr, dass es ein gravierendes Problem aller Deutschen ist, wenn sie ihre Streitkräfte so missachten. Schließlich sind es ja ihre. Wir Soldaten sind dafür da, ihre Freiheit und ihre Sicherheit zu gewährleisten.

Die Bundeswehr ist weder die persönliche Streitkraft der Verteidigungsministerin noch des Bundespräsidenten. Wir sind die Parlamentsarmee! Das heißt, die Abgeordneten im Bundestag entscheiden über den Verteidigungshaushalt, sie genehmigen alle unsere Einsätze. Außerdem wählen sie den Bundeswehrbeauftragten, der einmal im Jahr seinen umfangreichen Bericht vorlegt und seine Erkenntnisse mit ihnen diskutiert. Wir sind also auch in dieser Hinsicht ein Teil des Volkes. Trotzdem tun viele so, als ob wir aussätzig wären und nicht dazugehörten. Aber warum? Mit dieser Haltung schneidet man sich doch selbst von einem Teil seiner staatlichen Existenzbedingungen ab. Wir gehören zum System unserer Demokratie.

Dass in der Bevölkerung solche Vorbehalte bestehen, hängt natürlich mit der deutschen Geschichte zusammen. Die Widerstände waren groß, als in den 50er Jahren in Westdeutschland die Wiederbewaffnung beschlossen wurde. Nach den Erfahrungen des Nationalsozialismus und nach zwei Weltkriegen war diese Zurückhaltung eine respektable, verantwortungsbewusste Position. Deshalb wurde ja auch eine solch ausgefeilte Konstruktion für die Bundeswehr entwickelt. Die neu zu gründenden Streitkräfte sollten in der Demokratie verankert sein und für sie einstehen. Im Vordergrund stand die parlamentarische Kontrolle. Auf keinen Fall sollte es eine Neuauflage der Wehrmacht oder Reichswehr werden. Darum wurden von Anfang an Leitlinien wie «Staatsbürger in Uniform» als Teil der «Inneren Führung» aufgestellt und eben die Institutionalisierung als Parlamentsarmee beschlossen. Darüber hinaus gibt es sogar den bereits erwähnten Wehrbeauftragten, das ist eine deutsche Besonderheit. Sein Amt ist nicht einfach irgendeine Planstelle in einem Ministerium, sondern im Grundgesetz verankert, § 45b. Es gibt auch in anderen Staaten Wehrbeauftragte, allerdings sind die rechtlichen Möglichkeiten des deutschen Wehrbeauftragten besonders ausgeprägt.

Der Wehrbeauftragte ist so etwas wie der Anwalt der Soldaten. Er deckt Mängel auf, die ihm – meistens in Form einer Beschwerde – zugetragen werden oder die er und sein Team selbst ermitteln. Wenn also der jährliche Bericht erscheint, stürzen sich Medien und Kritiker darauf und kommen zwangsläufig zu dem Schluss: Meine Güte, bei denen funktioniert ja gar nichts. Ja, so sieht es aus, wenn man die Berichte liest. Hundert oder mehr Seiten mit Problemen, Unzulänglichkeiten, bürokratischen Absurditäten und teilweise erheblichen Missständen.

Wer auf der Suche nach Fehlern im System ist, für den stellt der Bericht eine wahre Goldgrube dar.

Man sollte dabei jedoch nicht vergessen, dass es genau darum geht: Unzulänglichkeiten aufzudecken. Es geht nicht darum herauszustellen, was alles gut läuft, selbst wenn auch positive Aspekte enthalten sind. Der Bericht beschreibt vielmehr die Mängel, damit sie abgestellt werden und wir alle unter besseren Bedingungen arbeiten können. Darum sind wir Soldaten sehr froh über den Bericht, obwohl er ungewollt die Vorurteile vieler Menschen bestätigt. Er ist im Grunde eine Aufforderung an den Bundestag und die Regierung: Kümmert euch darum! Sorgt euch um uns! Wenn ihr nicht daran arbeitet, dass diese Probleme behoben werden, bekommen wir noch viel größere Schwierigkeiten.

Die demokratische Absicherung nach allen Seiten ist richtig und absolut notwendig. Doch das allein reicht eben nicht. «Wir sind das Stiefkind der Nation», so bringt es Major Marcel Bohnert, Leiter des Bereichs neue Medien im Generalstab, in einem Interview auf den Punkt.[1] Ja, das kann ich aus eigenen Begegnungen bestätigen. Militär ist irgendwie peinlich, es schickt sich nicht, dafür einzutreten oder gar dazuzugehören, das zeugt von reaktionärer Gesinnung. Jeder aufrechte Mensch ist doch Pazifist, keiner will Krieg, und Soldaten sind Mörder. Wenn jemand freiwillig beim Bund ist, dann stimmt irgendwas nicht mit ihm. Seitdem die Wehrpflicht ausgesetzt ist, muss jeder gute Gründe formulieren können, wenn er zugibt, dass er Deutschland als Soldat dient. Müssen sich ein Friseur oder eine Wirtschaftsanwältin für ihre Arbeit rechtfertigen? Nicht dass ich wüsste. Wir schon, wir müssen uns nahezu immer verteidigen.

Ich nehme die Beziehung zwischen Bundeswehr und Gesellschaft in vieler Hinsicht als paradox wahr. Einerseits stehen wir unter wahnsinnig genauer Beobachtung. Jeder Fehltritt und jede Panne werden unnachsichtig in allen Medien rauf und runter behandelt. Andererseits kümmert man sich im Normalfall nur wenig darum, wie es um die Bundeswehr steht, sondern will am liebsten gar nichts mit ihr zu tun haben. Uns wird vorgeworfen, dass wir eine Art geschlossene Gesellschaft darstellen, aber Kontakt wird möglichst vermieden. Dass es wenig Kontakt gibt, hängt allerdings auch damit zusammen, dass wir mittlerweile so wenige sind. Wir sind die kleinste Bundeswehr aller Zeiten. Unmittelbar nach der Wende kamen wir durch die Vereinigung von Nationaler Volksarmee und Bundeswehr auf eine Truppenstärke von 600 000 Mann. Entsprechend dem Zwei-plus-Vier-Vertrag musste diese Zahl bis 1994 auf 370 000 reduziert werden. Und es ging noch weiter runter: Der Tiefststand war Mitte 2017 mit 166 000 erreicht. Im April 2018 umfasste die Bundeswehr 170 000 Berufs- und Zeitsoldaten sowie knapp 9000 freiwillig Wehrdienstleistende.

170 000 unter 82 Millionen Einwohnern, das ist wenig. Im Bauhandwerk beispielsweise arbeiten viermal so viele Menschen. Aufgrund unserer geringen Zahl sind wir in der Fläche kaum mehr wahrnehmbar. Und manche von uns machen sich absichtlich unsichtbar, weil sie die Debatten und Anschuldigungen einfach leid sind. Etliche Kameraden beispielsweise tragen keine Uniform mehr, wenn sie von zu Hause zum Dienst fahren, sondern ziehen sich erst in der Kaserne um. Warum? Weil sie unterwegs nicht angepöbelt werden wollen.

Der Mann einer entfernten Bekannten ist Berufssoldat. Wenn ihn jemand bei der ersten Begegnung nach seinem Beruf fragt, antwortet er in der Regel: «Ich bin Ingenieur.» Das ist nicht direkt gelogen, nur nicht ganz präzise. Er ist nämlich Bauingenieur im Infrastrukturstab des Verteidigungsministeriums. Dieser Bereich plant und koordiniert die verschiedenen baulichen Maßnahmen, die mit Kasernen und anderen Gebäuden verbunden sind. Früher hat er seinen «richtigen» Beruf genannt, aber irgendwann war er es leid, immer diese moralisch grundierten Fragen zu beantworten, warum denn Bundeswehr, ob es nichts anderes gebe usw. Oder sich gar gegen die Unterstellung zur Wehr zu setzen, dass nur solche zur Bundeswehr gingen, die auf dem freien Arbeitsmarkt keine Chance hätten. Abgesehen davon, dass so etwas eine Unverschämtheit ist, ist es auch falsch. Das Gegenteil trifft zu. Zeitsoldaten etwa haben nach ihrem Ausscheiden aus der Bundeswehr sehr gute Aussichten, weil die Unternehmen ihre Fachkompetenz und Zuverlässigkeit außerordentlich schätzen. Der Mann meiner Bekannten hat übrigens auch mehrere Einsätze im Ausland hinter sich, der letzte fand in Mali statt. Ich habe viele Kameraden, die sich so oder so ähnlich verhalten wie er.

Teilweise kommt es zu grotesken Missverständnissen und zur Vermischung aller möglichen Ebenen. Ein Beispiel: Für unsere Einsätze im Ausland werden wir als Kriegstreiber gescholten. Als ob *wir* uns darum reißen würden, in den Einsatz zu ziehen, und extra dafür die Anlässe schaffen. Als ob wir nichts Besseres wüssten, als unser Leben in Afghanistan, Mali oder einem der anderen Länder, in die wir geschickt werden, aufs Spiel zu setzen. Ich muss es noch mal in Erinnerung rufen: Diese Konfliktzonen haben nicht wir als Bundeswehr geschaffen. Es sind Krisenherde, in die eine internationale Gemeinschaft eingreifen will, aus welchen Gründen auch immer. Die Entscheidung, uns zur Wiederherstellung sicherer Verhältnisse an solchen Auseinandersetzungen zu beteiligen, treffen nicht wir. Es sind politische Entscheidungen, kluge oder weniger kluge, aber immer vom Bundestag beschlossene.

Die Bundesregierung und der Bundestag vertreten diese Politik. Sie erfüllen damit unter anderem Verpflichtungen, die Deutschland im Rahmen von Bündnispartnerschaften eingegangen ist. Trotzdem tun viele Menschen so, als ob wir Soldaten am liebsten in Rambo-Manier irgendwo herumballern wollten. Jeder Bundesbürger kann selbstverständlich der Ansicht sein, dass wir am Hindukusch nichts zu suchen haben oder dass den Deutschen egal sein kann, wenn Mali zerfällt und dadurch die Gefahr des Terrorismus steigt. Nur müssten solche Einwände an die zuständige Adresse gerichtet werden, und das sind Regierung und Bundestag, nicht wir. Wir sind das ausführende Organ des Bundestags.

Oft sind es politisch sehr interessierte Menschen, die ihre Vorurteile gegen die Bundeswehr pflegen. Gerade das sogenannte fortschrittliche oder erst recht das radikale linke Spektrum tut sich schwer, einen Sinn in unserer Existenz zu sehen. Eine allgemein pazifistische Grundstimmung ist dort sehr verbreitet. Ich kann das grundsätzlich verstehen. Ich fände es auch schön, wenn es keine gewalttätigen Auseinandersetzungen mehr gäbe, weder im Großen noch im Kleinen. Keinen Krieg, keine Kriminalität, keine Übergriffe – es wären paradiesische Zustände. Aber das Paradies gibt es eben nicht auf Erden, und wir sind auch nicht allein auf der Welt. Deswegen bin ich zwar friedliebend, aber keine Pazifistin, obwohl ich das der Einfachheit halber manchmal sage, wenn ich in einer Debatte unterstreichen will, dass gerade mir als Soldatin der Frieden besonders am Herzen liegt. Ich verteidige ihn daher – gegebenenfalls auch mit der Waffe.

Pearl Harbor und ich

Ich will nicht so tun, als hätte ich die Weisheit oder gute Gesinnung mit Löffeln gefressen und von frühester Jugend an in erster Linie im Sinn gehabt, meinem Heimatland als Soldatin zu dienen. Frauen dürfen sowieso erst seit 2001 in der Bundeswehr den Dienst an der Waffe ausüben, außerdem war ich mir über meine Interessen lange Zeit nicht im Klaren. Ich bin schon sehr früh von zu Hause weg, aus verschiedenen Gründen. Wir waren eine große Familie, fünf Kinder, alle in einer eher beengten Wohnung in einem Hochhaus in Hannover-Linden. Mein Vater musste enorm viel arbeiten, um die Familie durchzubringen, und meine Mutter hatte alle Hände voll zu tun, um den Haushalt am Laufen zu halten. In ihrer Heimat Marokko gehörte sie wahrscheinlich eher zu den Modernen, hier in Deutschland wurde sie deutlich konservativer. Warum, weiß ich nicht genau, vielleicht einfach aus Mangel an Entfaltungsmöglichkeiten. Sie achtete sehr darauf, dass wir uns an die religiösen Vorschriften hielten, was ich ihr vor allem dann übelnahm, wenn wir mit der Klasse ins Landschulheim fahren sollten und ich an solchen Exkursionen nie teilnehmen durfte. Dazu kam, dass ich die Kleidung meiner älteren Schwester auftragen musste, ergänzt um «Erbstücke» von Nachbarn oder Freunden. Das rief manche Bemerkungen der Klassenkameraden hervor. Dass das Geld knapp war und meine Eltern nehmen mussten, was sie bekommen konnten, war mir nicht bewusst. Ich litt einfach darunter, als Außenseiterin abgestempelt zu werden. Als Kind möchte man nichts lieber, als dazuzugehören.

Ich nahm die erste Gelegenheit wahr, um von zu Hause auszuziehen. Einerseits war es richtig für mich, aus diesen Verhältnissen auszubrechen, andererseits muss ich heute zugeben, dass es ziemlich früh war. Ich war gerade 16 Jahre alt und alles andere als gefestigt, als ich von zu Hause wegging. Es traten Probleme mit der Schule auf, die ich nach einigen Umwegen aber lösen konnte, zum Glück! Nach dem Abschluss der Schule arbeitete ich eine ganze Weile lang in verschiedenen Callcentern, später in einem Reisebüro. Doch irgendwie war das nicht das Richtige. Ich verdiente mein Geld, aber Spaß machte mir das alles nicht. Ich war noch jung, mein Leben lag vor mir. Dass ich die nächsten 40 Jahre Reisen verkaufen sollte, das war unvorstellbar! Doch statt meine Energie in die Suche nach Alternativen zu investieren, konzentrierte ich mich auf die schönen Seiten des Lebens, ging viel aus und nahm es mit meinen Pflichten bei der Arbeit nicht immer ganz genau.

Mitte 2001 ging ich mit meinen Mitbewohnerinnen zu einem Kinomarathon. Ich weiß nicht mehr, wie viele Filme wir uns anschauten und welche überhaupt – es war halt ein Marathon. Doch an den letzten Film erinnere ich mich, sehr genau sogar. Denn der veränderte mein Leben. Es war «Pearl Harbor», mit Ben Affleck, Josh Hartnett und Kate Beckinsale. Und mit jeder Menge Marine, Militär und einer wunderbaren Männerfreundschaft. Viele Kritiker sagen, dass der Film ein Schmachtfetzen sei, zahlreiche historische Fehler enthalte und mit der Realität sowieso nichts zu tun habe. Mag alles sein – ich war fasziniert. Die Actionszenen, die Gefühle, die tapferen Menschen … Der Film sprach in mir etwas an, was mir gefehlt hatte, ohne dass ich es wusste. Es ging um Ehre, Kameradschaft und um hehre Ziele. Um große Werte, um einen Sinn im Leben. Der Abspann lief noch, da stand mein Entschluss fest: «Ich gehe zur Bundeswehr, ich werde Soldatin.»

Dafür, dass ich nie vorher einen solchen Gedanken geäußert hatte, nahmen meine Freundinnen die Nachricht erstaunlich gelassen auf. Christa sagte: «Warum nicht? Seit Anfang des Jahres ist der Dienst an der Waffe auch für Frauen erlaubt.» Na bitte. Meine totale Unbedarftheit zeigte sich schon darin, dass ich keine Ahnung von der Rolle der Frauen in der Bundeswehr hatte. Ich war damals – ganz anders als heute – politisch überhaupt nicht interessiert. Ich wusste nicht, dass das Grundgesetz Frauen ursprünglich verboten hatte, Dienst an der Waffe zu leisten. Frauen durften seit Gründung der Bundeswehr nur in den Sanitätsdienst eintreten, später dann auch ins Musikkorps. Als 1996 einer jungen Frau der Posten als Waffenelektronikerin mit Verweis auf das Grundgesetz verwehrt wurde, gab sie sich nicht damit zufrieden, sondern zog vor Gericht und brachte damit einen ziemlich großen Stein ins Rollen. Ihr Fall ging bis zum Europäischen Gerichtshof. Der entschied, dass es ein Verstoß gegen die Gleichberechtigung sei, wenn Frauen die Karriere in bestimmten Bereichen vorenthalten würde. Bundestag und Bundesrat verabschiedeten daraufhin entsprechende Änderungen am Soldatengesetz, das Grundgesetz wurde angepasst. Seit 2001 stehen Frauen in der Bundeswehr alle Laufbahnen offen. Die Neuerung kam also gerade rechtzeitig für mich.

Wobei ich zugeben muss, dass meine kühne Aussage nach «Pearl Harbor» erst mal keinerlei Konsequenzen nach sich zog. Ich arbeitete weiter im Reisebüro, tändelte mit nutzlosen Dingen herum, verbrachte einige Zeit in Marokko, dachte über mein Leben nach und was ich damit anfangen wollte. Als ich zurückkam, stand mein Entschluss fest: Ich musste raus aus dem schlecht bezahlten Job, der mich weder finanziell noch persönlich zufriedenstellte. Ich wollte etwas Richtiges machen, bei dem ich mich einbringen konnte. Und die Bundeswehr war etwas Richtiges, etwas Großes und Sinnvolles. Nur hatte ich überhaupt keine Ahnung, wie man da reinkam. Stellenanzeigen der Streitkräfte waren mir noch nie untergekommen. Und einfach in einer Kaserne anrufen und sagen, dass ich gern eintreten würde – das schien selbst mir nicht ganz richtig.

Jens, der Mann meiner Freundin Christa, wusste Bescheid. Er war selbst Soldat und erklärte mir, wie ich vorgehen sollte: zuerst mal zum Wehrdienstberater, der prüfen würde, ob ich überhaupt in Frage kam und Chancen hätte, den Einstellungstest zu bestehen. Er gab mir die Telefonnummer, ich meldete mich und verabredete einen Termin. In letzter Sekunde bekam ich kalte Füße und ließ ihn sausen. Die betriebsbedingte Kündigung, die mir mein Arbeitgeber kurze Zeit später schickte, änderte die Lage fundamental. Ich vereinbarte einen neuen Termin beim Wehrberater und war wild entschlossen, dieses Mal wirklich hinzugehen. Ein bisschen Bammel hatte ich, aber Jens ermutigte mich. «Komm, kannst es doch ruhig versuchen. Sieh es wie ein normales Bewerbungsgespräch, du hast denen doch auch was zu bieten. Deine Sprachkenntnisse sind für die Bundeswehr sehr wertvoll, glaub's mir.»

Ob das reichen würde? Ich sprach außer Deutsch natürlich fließend Arabisch, außerdem ganz gut Türkisch, Dari und Farsi. Das waren die Früchte meiner Kindheit und Jugend in Hannover-Linden, einem Viertel, in dem überwiegend Eingewanderte lebten. Wir waren eine der wenigen Familien aus Marokko. Die meisten meiner Freunde stammten aus der Türkei, aus Afghanistan, Iran, Irak und Libanon. Ich saugte ihre Sprachen geradezu auf, wechselte von einer in die andere. Deutsch wendete ich in erster Linie in der Schule an. Sprachen fliegen mir zu, auch «exotische» – das war mein Trumpf, meine Gabe für die Bundeswehr. Dass mein Lebenslauf nicht ganz geradlinig verlief, sondern ein paar Zacken aufwies, würde demgegenüber nicht ins Gewicht fallen.

Also fuhr ich im Dezember 2003 zum alten Flughafen in Hannover-Vahrenwald, wo die Bundeswehr ein Verwaltungszentrum betrieb. Es sah für meine Begriffe ziemlich militärisch aus, ein flaches graues Bürogebäude, davor ein paar Dienstwagen mit seltsamen Nummernschildern. Ein Mann in Uniform nahm mich in Empfang – ich war schwer beeindruckt. Das Interview begann tatsächlich wie ein ganz normales Bewerbungsgespräch, kleine Nachfragen zu meinen Angaben, Lob für die Sprachkenntnisse und dann die klassische Frage: «Was stellen Sie sich denn so vor? Was möchten Sie denn hier machen?»

Jens hatte mich bestens vorbereitet, auch auf diese Frage, und so konnte ich wie aus der Pistole geschossen antworten: «Ich will Stabsunteroffizier werden.» Ich hatte allerdings nicht die geringste Ahnung, was das bedeutete. Aber offenbar war es das Richtige, denn der Berater nickte erfreut. «Das ist doch ein realistischer Wunsch. Ich erläutere Ihnen mal für den Überblick, welche Einsatzbereiche ich mir für Sie vorstellen kann.» Es gab beispielsweise die Operative Information (heute Operative Kommunikation), eine Einheit, die in Koblenz und Mayen angesiedelt war, außerdem die Elektronische Kampfführung, EloKa. Die saß in Nienburg. Das erschien mir praktisch, das war ja direkt um die Ecke, nur 50 Kilometer von Hannover entfernt, da konnte ich oft nach Hause fahren. Ja, also EloKa, warum nicht? Ich war 24 Jahre alt, offen für alles. Wenn es nichts gibt, was einen wirklich bindet, dann gibt es eben auch viele Optionen. Der Wehrberater hatte es ganz geschickt eingefädelt, indem er mir quasi einen Posten in der Nachbarschaft vorschlug.

«Gut, dann sollten Sie sich also in Nienburg um eine Truppenwerbung bemühen.» Klar, kein Problem für mich, was auch immer eine Truppenwerbung sein mochte. Es war – und ist noch heute – entscheidend: die Reservierung einer frei werdenden Stelle für einen ganz konkreten Bewerber, wenn er sich erfolgreich vorgestellt hat. «Wir melden uns dann bei Ihnen.»

Zu Hause bestürmten mich meine Freunde, wie es gewesen sei, welche Fragen gestellt wurden und wie ich geantwortet hätte und ob ich den «Job» jetzt bekäme oder nicht. Ich tat ganz cool: «Wartet ab, die melden sich bei mir. Wird schon klappen.» Ganz überzeugt war ich selbst aber nicht. Ich konnte die Situation nicht einschätzen, dafür war mir das alles zu fremd. Nach ungefähr zwei Wochen kam tatsächlich der Anruf, dass ich nach Nienburg kommen sollte, um mich vorzustellen.

Meine Freundin Steffi wollte mich hinbringen. Wie Mädchen so sind: Wir machten uns chic – es war ja schließlich ein Vorstellungsgespräch –, und ich wollte auf jeden Fall einen guten Eindruck erwecken. Wenn ich heute, 15 Jahre später, daran denke, muss ich wirklich lachen. Ich hatte von Tuten und Blasen keine Ahnung. Zunächst mal fuhren wir ans falsche Tor, was mir immerhin Gelegenheit gab, die übers Gelände marschierenden Soldaten zu beobachten und mir vorzustellen, dass ich vielleicht bald einer von denen sein könnte. Schließlich fanden wir die richtige Stelle, Steffi wartete im Flur, und ich ging ins Bewerbungsgespräch. Mir war ein bisschen mulmig zumute, schließlich war ich das allererste Mal in meinem Leben in einer Kaserne. Aber ich war entschlossen, mich nicht ins Bockshorn jagen zu lassen.

Erst sprach der Personalfeldwebel mit mir, dann Hauptmann Bartsch. Letzterer sollte eine bedeutende Rolle für mich spielen, von ihm habe ich unendlich viel gelernt. Aber so weit waren wir noch nicht, er versuchte erst mal, mir zu erklären, welche Aufgabe die EloKa wahrnimmt. Ich saß auf meinem Stuhl, hörte sehr interessiert zu, nickte ab und zu – und verstand nichts, überhaupt nichts. Es fielen Begriffe, die ich noch nie im Leben gehört hatte, wie zum Beispiel elektronische Aufklärung, Abschirmung, Störung von Frequenzen, Grundlagengewinnung. Ich dachte nur daran, dass ich den Job brauchte und ihn mir auf keinen Fall durch dumme Fragen verscherzen wollte. Die würden mir schon beibringen, was ich wissen musste. Mein Plan diente einem großen Ziel: Ich gehe zur Bundeswehr und bringe mein etwas unstetes Leben in eine stabile Bahn. Dass der Dienst bei der Bundeswehr bedeutet, in Kasernen zu leben, oft versetzt zu werden und sich dauernd von Freunden und Familie zu trennen, darüber machte ich mir keine Gedanken. (Seit ich bei der Bundeswehr bin, weiß ich übrigens, wer wichtig in meinem Leben ist, welche Freundschaften über räumliche und zeitliche Trennungen Bestand haben.)

Damals war ich überzeugt, dass ich mich im Gespräch supergut verkaufte. Im Nachhinein denke ich, dass Hauptmann Bartsch ganz genau mitbekam, welch böhmische Dörfer seine Erzählungen für mich waren. Er machte dennoch unverdrossen weiter. Letztlich kam es auch nicht darauf an, ob ich ihm in den Details folgen konnte. Er wollte vor allem sehen, ob ich es ernst meinte. Er beschrieb auch die Auslandseinsätze und dass ich willens sein müsse, daran teilzunehmen. Damit hatte ich mich immerhin schon vorher auseinandergesetzt, und dazu war ich bereit. Wenn das dazugehörte, dann würde ich eben auch ins Ausland gehen.

Hauptmann Bartsch schien ganz zufrieden mit mir zu sein und meinte: «Okay, dann versuchen wir es mal. Sie bekommen eine Truppenwerbung.» Mir fiel ein Stein vom Herzen, aber ich ließ mir nichts anmerken, immer schön cool bleiben.

Ein paar Wochen später, im Januar 2004, war es so weit, ich musste die Prüfungen absolvieren. Der Einstellungstest bestand aus mehreren Komponenten: körperliche Untersuchung durch einen Mediziner, Fitnessprüfung, Aufgaben in Bezug auf das logische Denkvermögen, psychologischer Test und natürlich das persönliche Gespräch, in dem man sich bewähren musste. Das Ganze zog sich über zweieinhalb Tage, der erste Teil begann um halb sieben Uhr morgens. Ich war wahnsinnig aufgeregt und hatte große Sorgen, dass ich verschlafen würde, also fuhr ich schon am Abend vorher ins Zentrum für Nachwuchsgewinnung nach Hannover-Bothfeld. Es war eigentlich nicht sehr weit, aber man brauchte mit der Straßenbahn doch eine ganze Weile, und das war mir alles viel zu heikel, kurz vor der Prüfung. Also übernachtete ich dort in der Kaserne, damit bloß nichts schiefging. Zur Vorbereitung auf den Fitnesstest war ich ein paarmal joggen gewesen, für den Rest hatte ich ein Buch studiert: «Der Einstellungstest / Eignungstest zur Ausbildung bei Feuerwehr und Bundeswehr». Sämtliche Fragen mit den richtigen Antworten hatte ich durchgeackert.

Beinahe wäre ich allerdings schon beim Fitnesstest gescheitert, die paar Runden Lauftraining, die ich vorher in den Herrenhäuser Gärten gedreht hatte, reichten bei weitem nicht aus, zumal ich damals noch ein paar Kilo mehr auf die Waage brachte als heute. Ich musste alles Mögliche machen, Sit-ups, Pendellauf, Liegestütze, Fahrradfahren und noch etliches mehr. Als der Prüfer die Werte des Ergometers ablas, runzelte er die Stirn: «Na, da geht Ihr Puls ja ganz schön hoch, das sieht nicht so gut aus.» Um Gottes willen, war ich etwa schon beim Sport rausgeflogen? «Nein, das nicht, aber da müssten Sie besser werden, deutlich mehr trainieren.» Ich versprach es hoch und heilig, denn: Ich wollte unbedingt zur Bundeswehr. Ich hatte keinen Plan B entwickelt, jedenfalls nicht zu diesem Zeitpunkt.

Insgesamt starteten 45 Kandidaten. In jeder Runde flogen ein paar raus, und die Gruppe der Verbliebenen wurde immer kleiner. Ich hatte vor jedem Testteil Angst, dass ich ihn nicht überstehen würde und frühzeitig heimkehren müsste. Am Ende waren wir 19, die es bis zum entscheidenden Schlussgespräch schafften. Alle Frauen außer mir waren ausgeschieden. Wir saßen im Flur und warteten, dass wir aufgerufen würden. Die anderen Kandidaten waren überwiegend in Turnschuhen und Jogginghosen erschienen, ich nicht. Stundenlang hatte ich mir vorher überlegt und mit meinen Freundinnen bis ins Detail besprochen, was ich anziehen und wie ich auftreten sollte, falls ich es tatsächlich bis in die letzte Runde schaffen würde, x-mal hatten wir eine Kombi zusammengestellt und wieder verworfen. Es war ja das wichtigste Vorstellungsgespräch meines Lebens, so erschien es mir jedenfalls; kein Larifari für ein Callcenter, sondern was Ernstes – ich wollte unbedingt «da rein». Nun saß ich da, in weißer Bluse mit beigem Pullunder, dazu eine schwarze Hose und flache Schuhe. Meine krausen langen Haare hatte ich straff zurückgebunden und zu einem Dutt verknotet, dann noch jede Menge Haarspray darauf verteilt, damit ja alles an Ort und Stelle bliebe und keine Strähne aus der Reihe tanzte. Ich sah superbrav aus, als ob ich direkt aus einem englischen Internat gekommen wäre. Hinterher gab mir der Gesprächsleiter, ein Psychologe, zu verstehen, dass er meinen Auftritt in dieser Hinsicht, auch im Vergleich mit dem der anderen, bemerkenswert fand. Nicht weil er meine modische Wahl für besonders gelungen hielt, sondern weil ich auch durch mein Outfit unterstrich: Ich gebe mir Mühe, die Erwartungen zu erfüllen, ich will es unbedingt schaffen.

Schließlich rief man mich in das Büro. Ich setzte mich erst, als man mich dazu aufforderte, und war ziemlich nervös, aber bereit, mein Bestes zu geben. Außer dem Psychologen waren noch zwei weitere Männer anwesend, Letztere trugen Uniform. Der Psychologe sah sich meine Testergebnisse an, meinen Lebenslauf und die Arbeitszeugnisse. Eins davon war nicht besonders gut. Er fragte, was da los gewesen sei. Ich entschloss mich, die Wahrheit zu sagen, Lügen hätten sie mir eh nicht abgenommen. «Wissen Sie, ich war damals in einer schwierigen Phase und nahm es mit der Pünktlichkeit nicht so genau. Und ich habe mich auch öfter krankschreiben lassen, als unbedingt nötig gewesen wäre.»

Es schien ihn nicht zu erschüttern: «So, so, so ... Ist gut, aber ich gehe davon aus, dass Sie im Wesentlichen mit den deutschen Tugenden klarkommen, oder?»

Ich nickte heftig.

«Okay. Wäre aber auch kein Problem. Wir bringen sie Ihnen sonst halt bei.»

Er fragte noch hier und da ein bisschen nach, aber eigentlich interessierte ihn nur eins: meine Sprachkenntnisse. Ich erläuterte ihm, dass ich Sprachen sehr schnell lernte, mich gut in ihnen bewegen könne und es mir leichtfalle, darüber mit

Menschen Kontakte zu knüpfen. Nun trat einer der Beisitzer in Aktion. Er wandte sich mit einer arabischen Grußformel an mich. Ich freute mich, einfach so, weil es immer schön ist, wenn man in seiner Muttersprache angesprochen wird. Die arabischen Grußformeln sind außerdem sehr poetisch, ehrerbietiger und umfassender als die deutschen. Ich grüßte zurück, wie es sich gehörte, und fügte noch einen Satz an: «Wie gut, dass Sie Arabisch sprechen, ich hätte nicht gedacht, hier und heute jemanden zu treffen, mit dem ich mich in meiner Muttersprache unterhalten kann.» Ich dachte gar nicht groß darüber nach, sondern war überzeugt davon, dass er mich verstand, schließlich war er Offizier und bei der Bundeswehr, die konnten alles.

Aber nichts da. Er hatte wohl einen Kurs besucht und ein paar einfache Sätze gelernt, war aber ansonsten vollkommen ahnungslos, was er mit sicherem Auftreten zu überspielen glaubte. Jedenfalls merkte ich schnell, dass er nichts von dem verstand, was ich sagte. Ich fragte noch mal auf Arabisch nach. «Sie haben kein Wort von mir verstanden, oder?» Er lächelte freundlich, hatte aber nicht den leisesten Schimmer, ich hätte ihn auch ungestraft beleidigen können. Ich musste innerlich lachen. Letztlich spielte es aber keine Rolle, die drei Prüfer hatten den Eindruck, dass ich tatsächlich die Sprachen beherrschte, die ich im Lebenslauf angegeben hatte. Damit war schon mal eine Hürde im Gespräch genommen.

Eine andere galt es noch zu überwinden: die Frage nach dem Waffengebrauch. Das war der Dreh- und Angelpunkt. «Können Sie auf jemanden schießen?» Natürlich wurde ein «Ja» erwartet – aber nicht irgendeins. Je nachdem, auf welche Weise und wie schnell man antwortete, konnte man sich als zu aggressiv, als entscheidungsschwach, hemmungslos oder einfach als Lügner entlarven. Dieser Frage hatte mein Trainingsbuch etliche Seiten gewidmet, sie wurde ganz genau behandelt, eben weil man sich mit der falschen Reaktion noch kurz vor dem Ziel aus dem Rennen katapultieren konnte. Wahrscheinlich tausendmal hatte ich Tonfall und Tempo meiner Antwort geübt. Mit ernstem Blick, mit Entschlossenheit in der Stimme, kurz und knackig, abwägend verantwortungsbewusst, kalkuliert gedehnt usw. Jetzt ging's um die Wurst. «Ja, das könnte ich. Wenn jemand auf mich schießt, schieße ich zurück.»

«Aha, und wohin?»

«Na, in den Arm natürlich, damit er außer Gefecht gesetzt wird.»

Es lief alles genauso ab, wie beschrieben, ich wurde immer sicherer.

«Und, haben Sie das Vorbereitungsbuch gelesen?»

«Ja», entfuhr es mir, ohne dass ich mich hätte bremsen können. Auf diese Frage hatte mich die Lektüre nicht vorbereitet. Ich war vollkommen überrascht und antwortete, ohne auch nur eine Sekunde nachzudenken. Meine beiden Prüfer lachten schallend, weil sie mich erwischt hatten. Der Psychologe meinte schließlich: «Kein Problem, ganz im Gegenteil. Es ist gut, dass Sie sich vorbereitet haben und das Ganze hier ernst nehmen, das machen längst nicht alle. Sie haben bestanden.»

Kurzum: Ich war drin. Ich war begeistert. Und hochzufrieden mit mir, dass ich es geschafft hatte. Allerdings meinten sie, dass sie mich eher als Feldwebel denn als Stabsunteroffizier sähen. Ich hatte natürlich keine Ahnung, was das bedeutete, es war mir letztlich aber auch egal. Ich unterschrieb auch gleich eine Verpflichtungserklärung für zwölf Jahre statt wie ursprünglich geplant für acht Jahre. Weil ich zu den besten Testteilnehmern gehörte, überreichte mir der Leiter des

Zentrums als Anerkennung sogar noch eine Uhr. Ich habe sie tatsächlich viel getragen. Als ich 2008 in Kundus im Einsatz war, fiel dann leider ein Zeiger ab; trotzdem nahm ich sie wieder mit zurück nach Hause. Ich weiß nicht genau, wo, aber in irgendeiner Schublade liegt sie noch. Ein paar Wochen nach dem Test bekam ich den offiziellen Bescheid, dass ich angenommen worden war, und zwar für die allgemeine Grundausbildung in der 1. Kompanie im Bataillon für Elektronische Kampfführung in Nienburg.

Bis es dann wirklich losging, musste ich aber noch fast ein Jahr warten. So lernte ich, noch bevor ich überhaupt richtig anfing, schon etwas sehr Wichtiges über die Bundeswehr: Es muss ständig an Material und Personal gespart und außerdem permanent umstrukturiert werden. Jedem Regierungswechsel folgen neue Maßnahmen, die es umzusetzen gilt. Dass die praktische Arbeit, eben auch die Personalarbeit, darunter leidet, liegt auf der Hand, trotzdem bleibt es so. Auch meine zukünftige Stelle war von einer solchen Vorgabe betroffen und durfte nicht sofort besetzt werden. Also musste ich warten, bis sie frei wurde. Zwischenlösungen? Keine!

Unter Akquisitionsgesichtspunkten war es für die Bundeswehr riskant, eine extrem motivierte Bewerberin für ein Jahr in die Warteschleife schieben zu müssen – ich hätte mich in der langen Zeit ja auch leicht anders orientieren können. Unökonomisch war es außerdem. Den ganzen Aufwand der Auswahlgespräche und Tests zu treiben und dann ein Jahr verstreichen zu lassen, bis die Entscheidung umgesetzt werden kann – ein normales Unternehmen würde das tunlichst vermeiden.

Aber wir sind halt kein normales Unternehmen.

«Feldwebel Hammouti, was machen Sie da?»

Mein Vater hatte sich immer vorgestellt, dass eins oder zwei seiner Kinder zur Bundeswehr gehen würden, aber natürlich dachte er dabei ausschließlich an seine Söhne, nicht an seine Töchter. Am liebsten wäre ihm gewesen, dass der eine meiner jüngeren Brüder Pilot würde, der andere General, mit einem Stern mindestens! Als junger Marokkaner kämpfte mein Vater im Untergrund gegen die Kolonialherrschaft Frankreichs. Bis heute ist er der Überzeugung, dass jeder sich für die Freiheit einsetzen muss. Daher auch seine Bewunderung für die Bundeswehr. Als ich ihm erzählte, dass ich Soldatin werden wolle, lachte er schallend und meinte: «Das hältst du keine drei Wochen durch!» Wäre ich nicht sowieso wild entschlossen gewesen, es zu schaffen, hätte ich bloß an diese Bemerkung denken müssen, wenn ich während meiner Grundausbildung vollkommen erledigt nach einer Übung in die Kaserne zurückkam. Die Einschätzung meines Vaters weckte den Trotz in mir. Auf keinen Fall würde ich klein beigeben, sodass er am Ende noch recht behielte.

Die ersten Wochen waren hart, ganz klar. Mein Leben krempelte sich total um. Ich fuhr zum Dienstantritt, so wie ich im Zivilleben herumlief: auf Absätzen, mit langen Fingernägeln, offenen Haaren, gut geschminkt. Absolut untauglich für das

Kasernenleben, wie mir in kürzester Zeit klarwurde. Als Erstes schnitt ich meine Fingernägel kurz, vereinbarte mit meiner Stubenkameradin die Grundregeln unseres Zusammenlebens auf engstem Raum und war gespannt, was geschehen würde. Es kam, was ich erwartet hatte: sehr früh aufstehen, viel putzen, Ordnung halten nach genauen Vorgaben, präzise sein, aufpassen, auf die Befehle von Vorgesetzten hören, neue Begriffe und Regeln lernen. Und es kam eine Menge mehr, was ich mir nicht vorgestellt und womit ich zu kämpfen hatte. Ich war die körperliche Beanspruchung nicht gewohnt, die straffen Abläufe, die ständige Anwesenheit von Menschen in meiner unmittelbaren Nähe, das langweilige Essen, die Schreierei, das Rumliegen im Matsch, später auch das Zelten (das war am allerschlimmsten). Und dennoch bin ich dabeigeblieben! Nicht nur weil ich einen Ruf zu verlieren hatte, sondern auch weil ich etwas Besonderes erlebte, was ich so noch nie zuvor erfahren hatte: Kameradschaft.

Es ist eins der am meisten missbrauchten und falsch verstandenen Wörter im Zusammenhang mit der Bundeswehr. Wenn jemand von außen den Begriff benutzt, dann meist verächtlich oder mit der unterschwelligen Bedeutung «Kumpanei». Aber was ich in meiner Anfangszeit – und auch später – erlebte, war eine nahezu hundertprozentige Bereitschaft zu helfen. Es gibt überall Blödmänner, auch in der Bundeswehr, die so tun, als ob. Aber das sind meiner Erfahrung nach Ausnahmen.

Ich glaube, die meisten Menschen denken bei Bundeswehr an Drill, der dazu dient auszusieben. Aber das ist falsch. Das Aussieben hat schon stattgefunden, bevor die Ausbildung beginnt. Nun heißt es vom ersten Tag an: Wir sind Kameraden, wir helfen einander. Es gibt jedoch keinen Automatismus oder ein Kameradschaftsgen, das sich wie von selbst mit dem Eintritt in die Bundeswehr entfaltet. Deshalb wird dieses Helfen geübt, aber richtig! Beim Marschieren, beim Tragen von schwerem Gepäck, beim Bauen von Unterkünften im Gelände – nie wird einer alleingelassen. Jeder ist individuell in seiner Leistungsfähigkeit und seinen Kompetenzen. Das Ziel besteht nicht darin, alle in ihrer Verschiedenheit über einen Kamm zu scheren, sondern ein Niveau zu erreichen, das für alle gut ist. Wir durften nie schneller laufen als der Langsamste von uns. Wenn wir in Laufformation zu dritt hintereinander, die anderen nach der Größe daneben eingeordnet, durch die Heide marschierten, waren die Langsamen immer vorn.

Es gilt das Prinzip: Die Kette ist nur so stark wie das schwächste Glied. Das wurde uns als Allererstes beigebracht. Deshalb ist es keine unzulässige Hilfe, sondern eine notwendige Pflicht, dem Kameraden beizustehen, wenn er k.o. ist und seinen Rucksack nicht mehr tragen kann. Ich habe solche Angebote nie angenommen, weil ich zu stolz war und es auch immer irgendwie allein schaffte. Aber ich hätte es gekonnt, ohne mich zu erniedrigen. Das ist eine großartige Sache, gerade heute in dieser total individualisierten, oft unsolidarischen Welt.

Deshalb regt es mich auch so auf, wenn ich wahrnehme, dass dieser Wert in der zivilen Welt falsch verstanden wird oder – das kommt leider gelegentlich auch vor – von einigen in der Bundeswehr missbraucht wird, um Schlechtes zu verschleiern. Es gibt solche Kameraden «Schnürschuh» (das ist der höfliche Ausdruck für «A...ch»), aber die bilden auf keinen Fall die Mehrheit oder auch nur einen großen Teil der Truppe. Deshalb müssen wir aufpassen, dass sie nicht das Bild der Bundeswehr bestimmen. Und deshalb wünsche ich mir, dass im Zusammenhang mit Skandalen nicht über «falsch verstandene

Kameradschaft» berichtet wird. Das ist überhaupt keine Kameradschaft, auch nicht falsch verstandene. Das ist einfach nur Mist und schadet uns allen.

Wenn ich meine Anfangszeit mit der der heutigen Wehrdienstleistenden vergleiche, nehme ich deutliche Unterschiede wahr. Unser Dienst damals begann um 6 Uhr morgens, dann gab's den ganzen Tag Programm, mit ein paar Pausen zwischendurch, spätestens um 23 Uhr ab ins Bett und Licht aus. Keiner durfte die Kaserne verlassen, beim Zapfenstreich mussten alle anwesend sein. Heute ist Dienstschluss um 16 oder 17 Uhr, wie im Büro, Zapfenstreich gibt es nicht mehr. Als Offizier denke ich, dass es nicht so einfach sein wird, aus diesen jungen Leuten gute Soldatinnen und Soldaten zu machen. Denn das ist unsere Aufgabe, wir haben einen Erziehungsauftrag, den wir erfüllen müssen. Dazu gehört auch, dass man einiges aushalten muss, körperlich und mental. Aber wir sind weniger «hart» in der Durchsetzung geworden.

Generell wird heute nicht mehr so autoritär geführt wie früher. Ich merke es an mir selbst, dass ich nicht mehr gut aushalten kann, wenn jemand autoritär mit mir umgeht. Andererseits bin ich der Ansicht, dass das Kooperative nicht überhandnehmen darf, sonst können wir nicht leisten, was von uns verlangt wird. Es hat seinen Grund, dass man Befehle befolgen soll, ohne darüber zu diskutieren. Im Ernstfall haben wir auch keine Zeit, um erst mal nachzufragen, ob es nicht vielleicht noch so oder anders gemacht werden könnte ... Das hat nichts mit blindem Gehorsam zu tun – auch so eine Begriffskombi, die gern im Zusammenhang mit der Bundeswehr gebracht wird, aber vollkommen danebenliegt –, sondern mit effizientem Arbeiten. Ich bin nicht gewohnt, dass man mir ständig erklärt, wieso, warum, weshalb jetzt irgendwas getan werden soll. Die Stabsoffiziere sind aber mittlerweile dazu übergegangen, genau das zu machen, weil es offenbar in der Führung so gewollt wird. Sie erläutern ausführlich Ziel, Zweck und höheren Zusammenhang einer Anordnung. Im Zivilleben läuft das bei den Vorgesetzten wahrscheinlich unter dem Etikett «Wir müssen alle mitnehmen» oder «Wir müssen die Kollegen da abholen, wo sie stehen».

Für mich ist das vollkommen unnötig. Wenn mein Oberst bzw. jetzt Kapitän zu mir sagt: «Das machen Sie so und nicht anders, aus sicherheitsrelevanten Gründen. Wegtreten», dann passt das für mich. Ich benötige keine genaue Erklärung, warum ich etwas nicht machen darf. Ich fange auch nicht an zu diskutieren, wenn ich etwas anders sehe, etwa dass es meiner Ansicht nach überflüssig ist, bei der Ausbildung auf dem Truppenübungsplatz den Soldaten zum x-ten Mal zu erklären, wie man mit der Waffe umgeht. Wenn ich etwas nicht akzeptieren kann, weil ich befürchte, dass ein Fehler gemacht wird, oder wenn eine Anordnung gegen meine Rechte verstößt, dann beschwere ich mich auf dem üblichen Dienstweg. Aber ich fange in der Situation selbst doch nicht an zu diskutieren.

Ich bemerke, dass auf der einen Seite die Tendenz stärker wird, Entscheidungen zu erläutern. Parallel steigt auf der anderen Seite das Bedürfnis, alles zu besprechen. Ich finde das falsch. Als Offizier oder Unteroffizier muss ich im Ernstfall (und auch sonst) schnell Entscheidungen treffen. Wenn ich permanent etwas erklären muss, verliere ich nicht nur Zeit, sondern es wächst auch die Sorge, falsch zu entscheiden. Die mögliche Folge: Ich entscheide vielleicht irgendwann gar nicht mehr.

Hauptmann Bartsch, der mir damals die Truppenwerbung gegeben hat, hat mir unendlich viel beigebracht – während meiner Grundausbildung, aber auch danach, als ich Unteroffizier war. Als ich mich zweieinhalb Jahre nach meinem Eintritt in die Bundeswehr in der Einsatzvorausbildung auf den Afghanistaneinsatz vorbereitete, mussten wir «Ausweichen aus dem Fahrzeug» üben. Für Laien kurz erklärt: Man sitzt mit ein paar Kameraden bewaffnet in einem Fahrzeug. Es wird ein Angriff simuliert, die Gruppe muss blitzschnell das Fahrzeug verlassen, Deckung suchen und sich dabei auch noch gegen möglichen Beschuss verteidigen. Hört sich nicht gar so schwer an, ist es aber, wenn man das noch nie gemacht hat. Es gibt viele Möglichkeiten, Fehler zu machen, und ich habe sie fast alle genutzt.

Hauptmann Bartsch leitete die Ausbildung und brachte eine Engelsgeduld auf. Ich weiß nicht, wie er das aushielt, immer wieder dieselben Fehler jeder neuen Gruppe zu korrigieren. Bei meinem ersten Versuch sprang ich ziemlich behende aus dem Mercedes Wolf, um über die Straße zu laufen und Deckung zu suchen. Mit Schwung knallte ich die Tür zu. Leider saßen meine Kameraden noch hinter mir, die unmittelbar nach mir aus genau derselben Tür rausspringen mussten. «Übungsunterbrechung!» Hauptmann Bartschs laute Stimme stoppte uns alle. «Feldwebel Hammouti, was machen Sie da?»

«Oh, tut mir leid, ich weiß, ich hätte die Tür nicht schließen dürfen. Entschuldigung!»

«Okay, also alles noch mal von vorn.»

Es war mir richtig peinlich, aber als ich wieder in den Wolf zurückkrabbelte, merkte ich, dass sich der Oberstabsfeldwebel, der dabei war, prächtig amüsierte und sich vor Lachen kaum noch einbekam. Nach einigen weiteren Versuchen funktionierte es schließlich. Ich sprang raus, ließ die Tür offen, gab meinen nachfolgenden Kameraden Deckungsfeuer, während sie in Stellung gingen. Dann musste ich ihnen möglichst rasch folgen, und einer der Kameraden gab wiederum mir Deckungsfeuer. Ich habe noch heute Hauptmann Bartsch im Ohr: «Na, endlich läuft das hier.» Aber er hatte sich zu früh gefreut. Ich merkte, dass ich ins Stolpern geriet, und versuchte, mich zu fangen, doch vergeblich: Ich fiel hin. Aber wie! Es wurde der Supersturz des Jahres. Wie ich diese akrobatische Meisterleistung hinbekam, weiß ich auch nicht mehr genau, aber meine einzige Sorge war, dass ich auf die Waffe falle, ein Gewehr G 36, das womöglich losgehen und entweder mich oder die anderen im wahrsten Sinne des Wortes außer Gefecht setzen würde. Noch in der Luft drehte ich mich so um mich selbst, dass ich auf den Rucksack fiel, das Gewehr nach oben gerichtet. Herrje, wie ein Käfer lag ich auf dem Rücken, der Helm verrutscht, das Gewehr in absolut unerlaubter Haltung – es war zum Heulen, aber es war auch urkomisch, und ich musste aus vollem Herzen lachen.

Hauptmann Bartsch: «Übungsunterbrechung! Feldwebel Hammouti liegt auf dem Rücken!» Der Stabsfeldwebel lief herbei und fragte, ob er mir helfen solle. «Kommt nicht in Frage, ich kann allein aufstehen!» Das war das Mindeste, um meine Ehre halbwegs wiederherzustellen. Dann mussten wir alle wieder von vorn anfangen, zum x-ten Mal. So macht man sich natürlich nicht beliebt bei den Kameraden.

Solche Patzer sind zwar ärgerlich, tragen aber auch dazu bei, dass man sich in Zukunft mehr Mühe gibt. Das gehört zur Kameradschaft dazu. Wenn man sich hängenlässt, ist es kein persönliches Problem, sondern nimmt alle in Anspruch. Fürs Fehlermachen hat jeder Verständnis, aber nicht für mangelndes Engagement.

Von Hauptmann Bartsch habe ich gelernt, dass man Geduld

braucht. Man darf als Führungskraft sauer sein, wenn etwas einfach nicht klappen will. Aber man darf nicht aufgeben und muss mit allen alles so lange üben, bis es jeder kann. Als Offizier – und zuvor bereits als Unteroffizier – bilde ich Soldatinnen und Soldaten aus, etwa in einsatznahen Übungen oder in der Aufgabe, Minen zu kennzeichnen und zu melden. Noch heute profitiere ich dabei von Hauptmann Bartschs Strenge und von seinem Vorbild. Denn das ist es, was er mir vermittelt hat und was ich auch versuche, selbst umzusetzen: Ausbildung besteht nicht darin, die Kameraden niederzumachen, sondern sie zu erziehen, um einen Lernerfolg zu erreichen. «Führen durch Vorbild», das ist die Grundlage für alles, und das hat mir Hauptmann Bartsch als Erster beigebracht, viele andere meiner Vorgesetzten halten es ebenso. Das letzte Mal sah ich Hauptmann Bartsch 2015, als wir beide bei der Flüchtlingshilfe in Bremen aktiv waren.

Ohne ins Detail zu gehen: Ich will nicht verhehlen, dass es leider auch andere Offiziere gibt. Sie wollen die ihnen Anvertrauten demütigen und enthalten ihnen jegliche Unterstützung vor. Das greift auch auf die Kameraden über, und es entsteht ein außerordentlicher psychischer Druck, der auf den Betroffenen lastet. Ich habe es selbst erlebt und konnte nur mit Mühe mein Selbstbewusstsein behalten oder es danach wieder aufbauen.

Nun bin ich seit 14 Jahren in der Bundeswehr, habe etliche Lehrgänge absolviert, war zweimal in Afghanistan im Einsatz, habe zweimal die Uniform gewechselt und bin vom Heer über die Luftwaffe zur Marine gekommen. Im September 2015 wurde ich während der Flüchtlingshilfeaktion im Landeskommando Bremen zur Berufssoldatin ernannt. Gerade wegen dieser besonderen Umstände war die Situation sehr ergreifend für mich. Ich war als Übersetzerin in der truppenärztlichen Notfallsprechstunde tätig, die Ärztin untersuchte gerade einen Flüchtling, da klopfte es an der Tür. Ein Kamerad bat mich, kurz auf den Flur hinauszutreten. Mein Kommandeur, Oberst i. G. Paulik, stand da mit einer kleinen Abordnung aus dem Zentrum Zivil-Militärische Zusammenarbeit. Er verlas die Urkunde, mit der ich zur Berufssoldatin ernannt wurde. Es war großartig, gerade wegen der Flüchtlinge und weil sich für mich bestätigte, dass mein Dienst sinnvoll ist und anerkannt wird. Als mir der Personaloffizier das Ernennungsdokument zum Unterschreiben vorlegte, war ich sehr bewegt.

Seit Anfang 2018 bin ich Offizier. Ich habe schon viel erlebt und erreicht – eine Menge Aufgaben warten noch auf mich. Eins steht aber schon jetzt fest: Mein Vater ist sehr, sehr stolz auf mich. Meinen Offizierbrief hat er zum Freitagsgebet mit in die Moschee genommen und allen gezeigt. «Zum erfolgreichen Abschluss des Offizierlehrganges wird Oberfähnrich zur See Nariman Hammouti-Reinke der Offizierbrief der Deutschen Marine überreicht» – dass sein Familienname einmal auf einer solchen Urkunde stehen würde, hätte er nicht zu träumen gewagt.

«Kuschelarmee mit Kita»: Agenda Attraktivität und Trendwende Personal

2008 war der damalige Verteidigungsminister Franz Josef Jung noch überzeugt: «Wehrpflicht hat Zukunft.» Drei Jahre später war das erledigt, sein Nachfolger Karl Theodor zu Guttenberg setzte die Wehrpflicht 2011 aus. Es musste damals wie so oft gespart werden, die Bundeswehr wurde verkleinert. (Eine kleine Nebenbemerkung an dieser Stelle: Manchmal liest man, die Wehrpflicht sei abgeschafft worden. Das stimmt nicht. Artikel 12a Grundgesetz regelt weiterhin, dass die Wehrpflicht besteht, insbesondere im Verteidigungsfall.)

Bestandteil der Wehrpflicht war immer die Wehrgerechtigkeit gewesen, selbst wenn sie nie in vollem Umfang verwirklicht wurde. Es hatte stets mehr wehrpflichtige und wehrdienstfähige Männer gegeben, als wirklich eingezogen wurden. Die mehrfache Verkürzung des Wehrdienstes auf zuletzt sechs Monate sollte den Effekt abschwächen, aber auch das funktionierte nicht. Ganz abgesehen davon, dass es erhebliche Zweifel gab, ob man in der kurzen Zeit die Grundfähigkeiten überhaupt erwerben könnte. Wenn man also noch weniger Männer einziehen würde, käme es zu noch mehr Ungerechtigkeit, so lautete eines der Argumente für die Aussetzung. Vor allem aber war der allgemeine Wehrdienst teuer, und mit der Aussetzung konnte man ordentlich sparen. Seit dem 1. Juli 2011 sind wir daher eine Freiwilligenarmee.

Die kurzfristige Aussetzung war eher ein Umsturz denn eine Umstellung. Wenn man weiß, wie extrem zählebig die Strukturen der Bundeswehr normalerweise sind, kann man nachvollziehen, was dieses Hauruckverfahren bedeutete. Es blieb kein Stein auf dem anderen. Mal ganz abgesehen von den gesellschaftlichen Implikationen, war die mittel- und langfristige Planung der Bundeswehr nicht auf solch einen Einbruch der Nachwuchszahlen ausgerichtet. Die Auswirkungen sind heute dramatisch: Der Personalbedarf kann nicht mehr gedeckt werden, und das Durchschnittsalter steigt. Laut Bericht des Wehrbeauftragten Dr. Hans-Peter Bartels waren Ende 2017 21 000 Dienstposten für Offiziere und Unteroffiziere nicht besetzt.[2] Auf die Zahl der 170 000 Berufs- und Zeitsoldaten bezogen also etwas mehr als 12 Prozent. Man stelle sich vor, dass in einem Industrieunternehmen 12 Prozent der mittleren und oberen Führungspositionen nicht besetzt wären. Wie könnte da überhaupt noch geplant, produziert und geliefert werden?

Wir als Bundeswehr können nur noch teilweise liefern, wenn ich es mal so ausdrücken darf. Am meisten betroffen von dem Mangel sind Verwendungen, die entweder besonderen körperlichen Einsatz oder besondere Fachkenntnisse erfordern, beispielsweise Piloten oder Minentaucher, aber auch IT-Experten. Der Bericht des Wehrbeauftragten listet sie akribisch auf. Ein paar Beispiele: Bei den Heeresfliegern müsste es 296 Offiziere geben, besetzt sind nur 132 Stellen, also weniger als 50 Prozent. In der Marine fehlen Luftoperationsoffiziere für den Hubschrauber Sea King MK41, es müssten 11 sein, sind aber nur 3. Im Militärischen Nachrichtenwesen der Marine sieht es ähnlich aus: Statt 60 sind nur 18 Offiziere tätig. Bei den Elektronikern im allgemeinen Fachdienst, die die Laufbahn der Unteroffiziere eingeschlagen haben, fehlen bis zu

67 Prozent des Personals, rund 100 Posten sind nicht besetzt.[3] Das sind die durchschnittlichen Zahlen. Je nach der regionalen Verteilung von Aufgaben sind die Lücken sogar noch größer.

Die Ansprüche an die Streitkräfte insgesamt werden allerdings nicht gesenkt, weil Personal fehlt, im Gegenteil. Wir haben weniger Personal, bekommen dennoch immer noch mehr Aufgaben, etwa durch Auslandseinsätze. Mehr Lasten werden also auf immer weniger Soldaten verteilt, viele sind extrem beansprucht. Wir sind daher auch extrem anfällig für Probleme, die entstehen, wenn ein Kamerad aufgrund von Krankheit fehlt. Fällt unvorhergesehen ein Spezialist auf einem U-Boot aus, dann gibt es keine Personalreserven, auf die man zurückgreifen und aus denen man ihn ersetzen könnte. Unter Umständen kann das U-Boot dann nicht auslaufen. Personell ist bei uns alles auf Kante genäht.

Der «natürliche» Nachwuchs bleibt aufgrund der ausgesetzten Wehrpflicht aus. Also muss man sich auf andere Art als bisher darum kümmern, die Bundeswehr attraktiv zu machen – um die bereits Dienenden zu halten und neues Personal zu gewinnen. Grundsätzlich gibt es zwei Arten von Werbung, eine davon liefern die Soldaten selbst. Wenn sie ihre Arbeit gut finden und positiv darüber sprechen, sind sie die besten Multiplikatoren, die man sich vorstellen kann; also gilt es auch aus diesem Grund, akzeptable dienstliche Bedingungen für sie zu schaffen. Die andere besteht darin, durch mehr oder weniger klassische Werbung Interesse zu wecken und ein gutes Image aufzubauen. Die Bundeswehr bzw. das Verteidigungsministerium beschreitet beide Wege – und erntet dafür viel Lob, steht aber auch häufig mitten in einem Shitstorm.

«Erste Kita der Bundeswehr eröffnet», «Bundeswehr testet Uniformen für schwangere Soldatinnen», «Modernere Ausstattung der Unterkünfte» – man kann sich kaum vorstellen, welche Erregungswellen solche Nachrichten auslösen. In den Medien (nicht nur den sogenannten sozialen), bei «bewussten» Bürgern, aber auch leider bei einigen Bundeswehrangehörigen höheren Ranges, die blöde Bemerkungen loslassen. Was soll das? Wir dienen Deutschland, aber das muss doch keine Fron sein, dafür muss man sich doch nicht als Mensch, als Eltern, als Frau vollkommen aufgeben. Die Bundeswehr konkurriert mit allen möglichen attraktiven Arbeitgebern, die ihrem Personal mehr bieten als nur einen Arbeitsplatz mit Gehalt, sondern darüber hinaus beispielsweise auch noch Unterstützung bei der Kinderbetreuung. Da müssen wir mithalten. Viele unserer Dienste beginnen beispielsweise um 6 oder 7 Uhr morgens, die Kasernen liegen in der Regel nicht im Zentrum eines Ortes: Wie sollen Eltern es da schaffen, ihr Kind früh in die Kita zu bringen und dann noch rechtzeitig zum Dienst zu erscheinen? Abgesehen davon, dass es wegen der vielen Versetzungen häufig gar nicht möglich ist, sich rechtzeitig für einen Kita-Platz in einer öffentlichen Einrichtung zu bewerben.

Die Bundeswehr hat bereits 2007 einen Erlass zur besseren Vereinbarkeit von Familie und Dienst herausgegeben, dazu gehört eben auch, den bei den Streitkräften dienenden Eltern(teilen) die Berufstätigkeit überhaupt zu ermöglichen. Kindergärten der Bundeswehr gibt es daher schon seit Jahren, außerdem hat die Bundeswehr an verschiedenen Standorten Belegrechte in kommunalen, privaten oder kirchlichen Einrichtungen erworben. Die Trägerschaft der eigenen Einrichtungen ist aus juristischen Gründen immer an Externe übertragen, etwa an die Johanniter. In den vier bundeswehrnahen Kinderkrippen bzw. -tagesstätten gibt es 247 Plätze, dazu Belegrechte für 435 Plätze in anderen Einrichtungen (Stand

27. Juni 2017).[4] Für die Zukunft und die geplante Aufstockung des Personals ist das voraussichtlich zu wenig, aber immerhin. Für manchen Bürger wiederum ist es schon zu viel.

Als Verteidigungsministerin Dr. Ursula von der Leyen im Mai 2014 eine Kinderkrippe auf dem Gelände der Universität der Bundeswehr in München eröffnete, gab es nach der Berichterstattung sofort üble Kommentare. Auf *Focus Online* meinte ein Leser beispielsweise: «Familienbetreuung für Soldaten ist wichtig, aber was Sie [angesprochen wird die Ministerin] hier veranstalten, ist einfach nur noch lächerlich. Man spricht von einer neuen Bedrohung aus dem Osten und die Dame kümmert sich um Kitas.» Ein anderer sah es grundsätzlicher und witterte Indoktrinierung von Säuglingen: «Auf die Töpfe – marsch, marsch. Also wenn schon preußische Zucht und Ordnung, dann aber richtig und vor allem von Anfang an!»[5] Da ist es wieder, das Bild von uns Kriegsmonstern, die vor nichts zurückschrecken, auch nicht davor, den eigenen Nachwuchs zum frühestmöglichen Zeitpunkt auf die militärische Linie zu bringen. Das ist nur ein kleiner Auszug aus den diversen Kommentaren, die schlimmsten, auch von vielen anderen Webseiten, habe ich weggelassen, um den Verfassern nicht noch ein zusätzliches Forum zu bieten.

Also lieber keine eigenen Kindergärten, sondern Nutzung der anderen zivilen Einrichtungen? Es hilft nichts: Auch wenn Belegrechte in externen Einrichtungen gekauft werden, gibt es Kritik. Warum? Weil sie den anderen Eltern dann angeblich Plätze wegnehmen.[6] Was soll die Bundeswehr bzw. das Verteidigungsministerium also machen? Nur noch Bewerber aufnehmen, die keine Kinder haben und sich verpflichten, auch nie welche zu bekommen? Das ist doch absurd. Wir brauchen gute Leute und müssen sie dabei unterstützen, ihren Dienst zu leisten und ihren Lebensentwurf zu verwirklichen. Sonst könnte es sein, dass sich die Kameraden, die Eltern sind oder werden wollen, einfach anders orientieren und für einen Arbeitgeber entscheiden, der sich für sie engagiert. An solchen Unternehmen besteht kein Mangel. Aus den zahllosen möglichen Beispielen nur mal zwei: Der Triebwerkshersteller MTU unterstützt in München die Elterninitiative der Mitarbeiterinnen und Mitarbeiter, die Kindertagesstätte befindet sich in einer alten Villa mit Garten unmittelbar am Werksgelände. Der Autobauer BMW hat gleich vier solcher Initiativen an verschiedenen Standorten in Bayern. Ich frage mich, ob diese Eltern und Arbeitgeber auch Schmähungen solcher Art ertragen müssen. Vorstellen kann ich es mir nicht.

Noch schlimmer war die Häme, die sich anlässlich des Tests von Uniformen für Schwangere im April 2018 über die Bundeswehr ergoss. «Was hat eine Schwangere in der Armee zu suchen?», «lächerlich», «verspäteter Aprilscherz» usw. Dummes Zeug war auch zu lesen, ob dann etwa «alle (Schützen-)Panzer von innen mit Schaumgummi gepolstert und geräuschgedämmt» werden sollten. Und darüber hinaus richtig ekelhafte Sachen wie: «In manchen Auslandseinsätzen ist so wenig los, dass dort rein sexuell extrem viel los ist. Dort werden sehr, sehr viele schwanger.»[7] Vielfach wurde auch geschimpft darüber, dass zwar unsere Ausrüstung mangelhaft ist, aber über Umstandskleidung nachgedacht wird. Es stimmt, das militärische Gerät und vieles andere ist in beklagenswertem Zustand, darauf komme ich später noch zu sprechen. Aber man kann doch nicht das eine gegen das andere ausspielen. Es dienen rund 20000 Soldatinnen in der Bundeswehr, im Schnitt sind 2 Prozent von ihnen schwanger. Wir sind zum Tragen von Dienstkleidung verpflichtet, außer beim Sport oder bei Veranstaltungen, die «draußen» stattfinden. Da ist es doch nur sinnvoll, dass die Frauen Uniformen bekommen, in denen sie sich gut bewegen können, und nicht gezwungen werden, auf ihre Zivilkleidung zurückzugreifen, selbst wenn sie dafür eine kleine Abnutzungspauschale erhalten. Meine Freundin Anne, die in einem Richtfunkaufklärungszug eingesetzt war, besorgte sich in ihrer ersten Schwangerschaft extra eine Panzerkombi, damit sie in Flecktarn zum Dienst erscheinen konnte. Die Kombis für die Panzerbesatzung sind Einteiler und großzügiger geschnitten, damit man genügend Bewegungsfreiheit bei der Arbeit am Panzer hat.

Diese und viele weitere Verbesserungsmaßnahmen und Neuerungen sind Teil der Offensive «Bundeswehr in Führung – Aktiv. Attraktiv. Anders», abgekürzt Agenda Attraktivität, die 2014 begonnen wurde. Ausgangspunkt war die Erkenntnis, dass wir als Arbeitgeber einen deutlichen Reformstau vor uns herschoben. Seitdem sind 30 Maßnahmen durchgeführt worden, die nicht gesetzlich geregelt werden müssen, sowie 25 weitere, die sich aus dem Gesetz zur Steigerung der Attraktivität des Dienstes in der Bundeswehr ergeben. Dazu zählen eine bessere Vergütung des Dienstes, stabilere soziale Absicherung, Anpassung der Versorgung und Entschädigung von Hinterbliebenen, verbesserte Altersvorsorge für Zeitsoldatinnen und -soldaten, Begrenzung der Arbeitszeit auf 41 Wochenstunden, Flexibilisierung der Arbeit, etwa durch Einrichtung von Langzeitarbeitskonten, erleichterte Teilzeitbeschäftigung, insbesondere in der Elternzeit und auch auf Führungsebene, Telearbeit, potenzialorientierte Qualifizierung, Führungskräfteschulung, Strukturen für die bessere Vereinbarkeit von Beruf und Familie usw. usf. Das alles stößt auch in höheren Etagen unserer Führung nicht ausschließlich auf Gegenliebe, wird für überflüssig gehalten, unmilitärisch, nicht unserem Daseinszweck entsprechend. Ich meine: Selbst wenn man die Details noch mal besprechen könnte, sollte man diesen Ansätzen genügend Zeit geben, damit sie ihre Wirkung entfalten können. Denn ohne eine Modernisierung auf diesem Gebiet kommen wir über kurz oder lang in ernste Schwierigkeiten.

Ein Riesenprojekt in diesem Zusammenhang ist auch die sogenannte Trendwende Personal, die 2016 eingeleitet wurde. Sie soll eine neue Art der Personalarbeit ermöglichen, Führungsstrukturen ändern, die Qualifizierungsmöglichkeiten verbessern und die Eingangsvoraussetzungen anpassen. Die Planung soll insgesamt strategischer ausgerichtet werden, ähnlich wie auch Unternehmen ihre Personalentwicklung und -strategie mittel- und langfristig ausrichten. Es gab anfangs sogar einen «General Personalbindung», mittlerweile hat seine Aufgaben der Vizepräsident des Bundesamts für das Personalmanagement der Bundeswehr übernommen. Ein großes Thema unter anderen stellt die Flexibilität dar, das heißt, man will weg von der starren Richtgröße eines bestimmten Personalbedarfs hin zu flexiblen und zeitlich befristeten Optionen (der «atmende Personalkörper»), weg von ausschließlich formalen Einstellungsvoraussetzungen hin zu Angeboten der Erst- und Weiterqualifizierung, weg von hauptsächlich vertikal verlaufenen Karrieren hin zu flexiblen Modellen, die auch den Wechsel zwischen zivilem und militärischem Status ermöglichen.

Flexibilität als Leitlinie ist schon rein gedanklich eine gravierende Veränderung und für manche Altgediente schwer nachzuvollziehen, weil das Selbstverständnis der Streitkräfte sich seit jeher auf Stabilität konzentriert. Verlässlichkeit, Kameradschaft, Einsatzbereitschaft – diese Werte lassen sich auf Anhieb schwer mit dem Begriff «Flexibilität» zusammenbringen. Mein Eindruck ist, dass es in Teilen der Bundeswehr einen gewissen hinhaltenden Widerstand gegen diese Strategie gibt. Und das Beharrungsvermögen der Einzelnen in so einem Riesenbetrieb ist sehr stark ausgeprägt. Viele erkennen und akzeptieren jedoch, dass man die Personalplanung auf völlig andere Weise als bisher gestalten muss. Eine positive Nachricht ist auf jeden Fall damit verbunden: Die Streitkräfte sollen wieder wachsen. «Ein Vierteljahrhundert des Schrumpfens der Bundeswehr ist vorbei», drückte es Verteidigungsministerin von der Leyen bei einer Präsentation zur Trendwende Personal am 10. Mai 2016 aus.[8] Natürlich gab es heftige Debatten in den einschlägigen Foren, vor allem Schmähungen, dass diese Pläne von keinerlei Fachkenntnis getrübt seien und sowieso niemand außer den alten Hasen wisse, wie es läuft. Aber wenn es nach denen ginge, träfe man nie das Richtige und es dürfte sich sowieso niemals etwas ändern, egal wie sich die Rahmenbedingungen wandeln.

Die Agenda Attraktivität ist eine gute Sache. Das sagen selbst militärisch Unverdächtige wie die Grünen. «Die Attraktivität der Bundeswehr ist kein Luxusthema. Wer keine motivierten Soldatinnen und Soldaten mehr hat, der braucht sich auch keine strategischen Gedanken mehr über mögliche Bundeswehreinsätze zu machen», so kommentierte Doris Wagner, damals Mitglied im Verteidigungsausschuss, die Vorstellung der Agenda 2014.[9] Man kann Details der Agenda anders sehen, man kann sicher auch vieles anders machen, aber nichts zu tun – das wäre definitiv eine Katastrophe.

Warum trotzdem einige bei uns verbittert sind: In der Praxis sind die Veränderungen noch nicht überall angekommen. Viele Vorgesetzte machen ihren Stiefel genauso weiter, wie sie es schon immer gemacht haben. Sie sperren sich gegen jede

Veränderung, jedes Abweichen von der bewährten Routine, und klammern sich an die Formalien. Dass sie dabei Chancen vergeben, die mit Programmen wie der Agenda Attraktivität mühsam ermöglicht werden, ist ihnen offenbar egal.

Ein Beispiel sind sogenannte Wiedereinsteller, das heißt Rückkehrer in den Soldatenberuf. Rückkehrer sind für die Bundeswehr sehr wertvoll, sie kennen den Laden aus eigener Erfahrung, und sie bringen Know-how aus anderen beruflichen Zusammenhängen mit, von dem die Bundeswehr profitieren kann. Außerdem signalisieren sie auch, dass die Bundeswehr als Arbeitgeber attraktiver ist als manches Unternehmen. Wir müssten es ihnen also so leicht wie möglich machen, wieder bei uns einzusteigen. Das klappt aber nicht immer, wie der Bericht des Wehrbeauftragten zeigt.

Ein Wiedereinsteller begann seinen Dienst in einem Artilleriebataillon, allerdings mit einer Verletzung. So konnte er nicht zum Soldaten auf Zeit ernannt werden und wurde bald wieder entlassen. Seine Einheit bezeichnete ihn, trotz der kurzen Dienstzeit, als eine Bereicherung. Dennoch hatte niemand in der Personalverwaltung den Eindruck, man müsse mit dem Soldaten in Kontakt bleiben, sich um ihn bemühen, damit man ihm nach seiner Genesung eine erneute Einstellung anbieten könnte. Es hieß einfach: Er könne sich ja noch mal bewerben. Der Bundeswehrbeauftragte ist der Meinung: «Eine solche Herangehensweise mutet überheblich an und ist bei der vorherrschenden Personallage unangemessen.»[10] Mir wären noch deftigere Worte zu dieser Borniertheit eingefallen.

Ein anderes Beispiel: Eine Soldatin hatte ein Hochschulstudium der Medienbetriebswirtschaft abgeschlossen und mehrere Jahre Berufserfahrung gesammelt. Sie bewarb sich bei der Bundeswehr, ihr wurde aber die Einstellung im Rang eines Offiziers verwehrt. Begründung: Es gebe keinen Dienstposten, auf dem sie entsprechend ihrem Studium und ihrer Berufserfahrung hätte verwendet werden können. So musste sie also im untersten Mannschaftsdienstgrad beginnen und den kompletten Aufstieg bis zum Dienstgrad eines Offiziers durchlaufen. Der Wehrbeauftragte kommentiert das so: «Es ist zweifelhaft, ob es sich die Bundeswehr weiterhin erlauben kann, Bewerber mit Studienabschluss abzulehnen. Zum einen ersparen diese Bewerber der Bundeswehr die zeitintensive Phase des Studiums an einer Bundeswehr-Universität, und zum anderen benötigt die Truppe nicht nur quer eingestiegene Offiziere, die ein truppengattungsspezifisches Fach studiert haben.»[11]

Man sieht den Knackpunkt: Das Vorgehen in diesen beiden Beispielen entspricht dem Dienstrecht, die zuständigen Stellen haben sich daran gehalten. Aber sie haben sich nicht gefragt: Worin besteht unser Ziel, warum sitzen wir hier? Doch nicht um Bewerber abzuwehren, sondern um sie davon zu überzeugen, dass sie richtig bei uns sind, dass wir ihre Kompetenzen schätzen und den passenden Posten für ihre Fähigkeiten finden. Stattdessen gibt es solche und viele weitere Beispiele für Dienst nach Vorschrift und Absitzen des Arbeitstages. Wie dumm und wie bedauerlich!

Probleme ergeben sich für viele Soldaten auch, weil ein Großteil der Kameraden pendeln muss. Klar, das ist per se nichts Besonderes, viele Angestellte müssen heutzutage lange Strecken fahren, um zu ihrem Arbeitsplatz bzw. wieder nach Hause zu kommen. Die Angehörigen der Streitkräfte stellen aber die Berufsgruppe dar, die die längsten Strecken bewältigen muss, im Durchschnitt 121 Kilometer am Tag. Zwei Drittel der Soldaten sind Fern-, Wochenend- und Tagespendler, im Gesamtvergleich sind es nur 20 Prozent der Deutschen. Die meisten Soldaten nehmen diese Strecken eher unfreiwillig auf sich, sei es, dass sie auf wochenlangen Lehrgängen sind und ihre Familien sehen wollen, sei es, dass der Ehepartner seinen Arbeitsplatz nicht wechseln kann oder «es sich nicht lohnt» umzuziehen, weil bald schon wieder eine Versetzung droht. Viele pendeln auch, weil sie keinen Wohnplatz in der Kaserne bekommen und sich je nach Standort aufgrund der hohen Immobilienpreise keine zweite Wohnung leisten können.[12]

Der Anteil der Trennungen von Paaren, bei denen ein Partner Soldat ist, ist erschreckend hoch, der Bundeswehrverband geht von über 50 Prozent aus.[13] Wenn Soldaten dann getrennt lebende Eltern sind, kann es für sie sehr schwierig werden, sich weiter um die Kinder zu kümmern. Der Wehrbericht 2017 schildert den Fall eines Soldaten, der das Sorgerecht für seine Tochter gemeinsam mit der getrennt lebenden Kindesmutter ausübt. Er selbst ist, wie in der Elternvereinbarung festgelegt, die Bezugsperson und hauptverantwortlich für die Erziehung und Betreuung. Damit das Kind den Kontakt zur Mutter nicht verliert, wollte er vermeiden, den Standort zu wechseln, und bat darum, dass von einer Versetzung abgesehen werden solle. Der Antrag wurde abgelehnt. Es wurde eine Übergangszeit eingerichtet, aber die Versetzung nicht zurückgenommen. Man gab ihm zu verstehen, er solle die Betreuung so regeln, dass er an dem geplanten Standort verwendet werden könne.[14]

Das ist kurzsichtig und schädlich noch dazu. So ergibt sich das Bild einer Bundeswehr, deren Aufgaben nicht mit dem Leben als Vater oder Mutter vereinbar sind. Wie sollen denn gerade die Jüngeren damit umgehen, in deren Lebensplanung die Familie ein großer Punkt ist? Dazu kommt: Wenn Soldatinnen solche Anträge gestellt haben, wurden sie in der Regel bewilligt. Heißt das, dass sie bevorzugt, also Männer in dieser Hinsicht diskriminiert werden? Oder heißt es, dass Frauen sowieso unwichtige Aufgaben übernehmen und es egal ist, ob sie wechseln oder auf ihrem Posten bleiben? Beides wäre fatal. Ich hoffe sehr, dass es «nur» bürokratische Trägheit war, die zu dieser Versteifung auf eine einmal beschlossene Versetzung führte. Nachdem sich der Wehrbeauftragte eingeschaltet hatte, konnte der Fall übrigens im Sinne des Vaters geregelt werden.

Bei mir war es nach meiner Offiziersausbildung ähnlich: Es wurde nicht geschaut, was ich kann oder wofür ich mich eigne, sondern ich wurde auf einen Dienstposten gesetzt, der gerade offen war, ich bekam die Sachgebietsleitung für den Sicherheitsbereich im Marinefliegerstützpunkt Nordholz. Die Aufgabe besteht darin, Formulare auszufüllen, Beurteilungen über Soldaten abzugeben, Zugangs- und Sicherheitsüberprüfungen zu organisieren usw. Das muss ich zwei Jahre machen, dann kann ich mich wegbewerben. Wäre es nicht sinnvoller, meine Fähigkeiten und meine Erfahrung für Aufgaben einzusetzen, bei denen ich mich besser auskenne als manch anderer und etwas bewegen kann? Beispielsweise in der Stabsstelle Chancengerechtigkeit, Vielfalt und Inklusion? Schließlich bin ich Mitglied der Kommission zu Fragen der Migration und Teilhabe im Landtag Niedersachsen und Vorstand des Vereins Deutscher.Soldat., der sich für vorurteilsfreie Vielfalt einsetzt. Für eine solche Stabsstelle hätte ich also viel Know-how mitzubringen. Aber nein, es wird einfach nach Aktenlage entschieden und Potenzial verschenkt.

Das stört mich gewaltig. Wir reagieren in vielem wie eine Behörde, sind behäbig und denken oft nicht in Möglichkeiten, sondern in Vorschriften. Natürlich ist das nicht allein unser Problem. Es tritt in vielen anderen öffentlichen und privaten Unternehmen auf, wenn sie eine gewisse Größe überschritten haben. Das kennen wir aus öffentlich-rechtlichen Rundfunksendern, Nahverkehrsunternehmen, Kirchen usw. Es ist keine Entschuldigung, sondern der Hinweis darauf, dass so etwas offenbar eine Art zwangsläufiger Neigung großer Organisationen darstellt – der man umso entschiedener begegnen muss.

Junge Sprache: zur Anwerbung von Kindersoldaten oder einfach zeitgemäß?

Nachwuchswerbung gehört zu unseren wichtigsten Aufgaben. Seit Aussetzung der Wehrpflicht sowieso. Früher war die Bundeswehr definitiv ein Thema im Leben junger Leute. Im Zuge der Musterung wurden jeder junge Mann und seine Familie damit konfrontiert. Man sprach einfach darüber, sei es, dass man sich vor dem Grundwehrdienst drücken wollte, dass man aus Gründen der Überzeugung verweigern wollte oder wie man es zeitlich auf die Reihe bekommen konnte, Lehre und Bundeswehr optimal aufeinanderfolgen zu lassen. Das fällt jetzt alles weg, über die Bundeswehr wird nicht gesprochen. Sie existiert als Berufsoption nur in den Köpfen eines verschwindend kleinen Teils der Jugendlichen.

Bevor es also darangeht, die potenziellen Kandidaten davon zu überzeugen, dass sie es wenigstens mal versuchen sollten, muss man noch einen Schritt zurücktreten und sie überhaupt erst mal darauf aufmerksam machen, dass es so etwas wie die Bundeswehr gibt. Wir haben hier in Deutschland nahezu Vollbeschäftigung, knapp 50 000 Ausbildungsplätze in den Betrieben, Praxen und Verwaltungen konnten 2018 nicht besetzt werden. Das sind dreimal so viele wie noch 2009.[15] Die Jugendlichen, die eine Studienberechtigung haben, sind zahlreicher als diejenigen mit Hauptschulabschluss. Und all denen muss man – inmitten all der anderen Botschaften und Angebote, die sie erhalten – sagen: Interessiere dich für uns. Wir haben dir was zu bieten.

Seitdem ausschließlich freiwillig Wehrdienstleistende Dienst tun, gibt es unsere Selbstaussage: «Wir. Dienen. Deutschland.» Dieser Claim sollte sozusagen die Trendwende im Selbstbewusstsein der Bundeswehr darstellen. Anfangs gab es dazu noch viele Bilder von Soldaten in Ausgehuniformen, ein paar Jahre später herrschte dann Flecktarn vor – eine auffällige und neue Optik. Großformatige Anzeigen und Plakate mit sinnstiftenden Aussagen wurden gestaltet, beispielsweise: «Wir kämpfen auch dafür, dass du gegen uns sein kannst.» Wie immer gab es viel Kritik, aber auch viel Zustimmung, auch unter meinen Kameraden. Es war ungewohnt, dass die Bundeswehr mit der Kommunikation ihres Auftrags so in die Offensive ging, wenn der Ausdruck hier mal erlaubt ist. Aber es war der richtige Schritt.

Die neuen Bilder waren nur der Auftakt für eine vollkommen neue Kampagne, die Ende 2016 startete: «Die Rekruten». So etwas hatte die deutsche Welt noch nicht gesehen, entsprechend groß war die Aufregung. Es handelt sich um eine Reality-Doku von rund 60 Folgen, die eine Gruppe freiwillig Wehrdienstleistender drei Monate lang bei ihrer Ausbildung in der Marinetechnikschule Parow (Stralsund) begleitet. Jede Folge dauert ungefähr fünf Minuten, es gibt zwölf Hauptfiguren, die die Kamera bei ihrer Eingewöhnung und ihren Fortschritten (auch ihren Patzern) begleitet. Das Tempo der Videos ist hoch, es gibt jede Menge verrückte Perspektiven mit hektischer Handkamera, die Szenen sind rasant geschnitten, wirken teilweise wie selbstgedreht. Das waren sie aber nicht, sondern die ganze Serie wurde von einer Agentur höchst professionell konzipiert und produziert. Es existierte kein Drehbuch, der Verlauf folgte dem Ausbildungsplan. Jeden Wochentag um 17 Uhr gab's eine neue Folge auf YouTube.

Für das Verteidigungsministerium war es ein großes Wagnis. Nicht nur dass die Bundeswehr einen für sie absolut unüblichen Kanal benutzte – kurz zuvor hatten wir ja nicht mal einen Account bei Facebook gehabt –, sondern dass man auch noch diese hoch anspruchsvolle, kurzfristige Produktionsform wählte. Das war wirklich riskant. Entsprechend hoch wurde das Ganze gehängt. Die ersten Folgen nahm Ministerin von der Leyen sogar selbst ab.[16] Die Wogen schlugen schon vor der ersten Ausstrahlung hoch, die meisten Menschen gingen wohl davon aus, dass die Serie ein dicker, fetter Flop werden würde. Typisch Bundeswehr, mal wieder mit Karacho aufs falsche Pferd gesprungen; erst die Zukunft verschlafen und sich dann voll verausgaben. So und so ähnlich lauteten die vorauseilenden Kommentare. Und was geschah dann wirklich? Die Serie ging durch die Decke, und zwar richtig. Schon in den ersten Wochen abonnierten 200 000 Nutzer den Bundeswehrkanal auf YouTube, insgesamt gab es über 45 Millionen Aufrufe.[17] Die Kampagne wurde mit Auszeichnungen überschüttet, auch internationalen.

Natürlich gab es ätzende Kommentare, «Werben fürs Sterben», «ist zum Gruseln» usw. Auch bei meinen Kameraden wurden kritische Stimmen laut, ich fand einiges ebenfalls ziemlich peinlich und habe mich fremdgeschämt. Wenn einer in der Serie auf die Frage «Warum gehst du zur Bundeswehr?» antwortet: «Ach, fand ich ganz interessant, mal zu gucken ...», dann ist das schon ein bisschen dürftig. Vielleicht hätte er lieber gesagt: «Ich brauch das Geld», hat sich aber nicht getraut. Weil man es übelnehmen würde, dass jemand wegen der Vergütung und sozialen Absicherung zur Bundeswehr geht. Das ist auch so eine seltsame Sache. Die meisten Menschen ergreifen einen Beruf, um damit Geld zu verdienen. Aber wählt einer die Bundeswehr, dann findet man es unschicklich, dass er als Motiv den Verdienst angibt.

Wie auch immer, wir Berufssoldaten hatten teilweise unsere Probleme mit den Videos, doch das spielt keine Rolle, um uns ging es ja nicht. Es war eine Kampagne für die Zielgruppe der 17- bis 24-Jährigen. Und als solche hat sie voll und ganz funktioniert. Dieses realistische Bild des Rekrutenalltags überzeugte. Dass es nicht das ganze Bild war – geschenkt. Es sollte ja keine wissenschaftliche Dokumentation für die Nachwelt werden, sondern Interesse wecken. Im Quartal nach der Ausstrahlung stieg die Zahl der Bewerber um 21 Prozent. Natürlich entschieden sich manche dann doch anders, viele hielten nicht lange durch. Aber etliche eben doch. Und der Imagegewinn war ziemlich groß, meine ich. Dass wir in der Lage waren, so eine Riesenkampagne in den sozialen Medien zu stemmen, begleitet von Anzeigen, Kinowerbung usw., das hätte uns kaum einer zugetraut. Wir haben uns ziemlich weit geöffnet, früher nicht gerade eine unserer Stärken, würde ich sagen.

Auf die «Rekruten» folgten «Mali», «Biwak» und «Die Springer». «Mali» ist auch eine Reality-Doku, aber etwas gedämpfter als «Die Rekruten», dem Thema und den «Erwachsenen» angemessen. In Mali sind wir mit bis zu 1000 Soldaten unter anderem für die UN-Mission MINUSMA im Einsatz, die zur Stabilisierung Malis beitragen soll. Die Serie «Mali» entstand auch als Reaktion auf den Vorwurf, dass «Die Rekruten» den gefährlichen Alltag nicht genügend zeigten, sondern nur den «Abenteuerspielplatz». «Mali» begleitet in rund 40 Folgen acht Soldatinnen und Soldaten. Für einen Laien sieht es anfangs vielleicht seltsam aus, wenn man die Soldaten nur in Flecktarn im

Camp sieht oder wie sie stark bewaffnet unterwegs sind. Doch man erkennt schnell, dass da nicht eine Heldensage für die Bundeswehr gestrickt werden soll, sondern der Fokus auf den Menschen liegt. Dass es keine ausgebildeten Schauspieler sind, sondern Berufssoldaten, die manchmal nach Worten suchen und häufig eine deutliche Dialekteinfärbung haben – das verstärkt das Authentische. Die Serie stellt die nervöse Spannung angesichts der Bedrohung dar, aber auch die zähe Langeweile im Camp, die Auswirkungen der Hitze und die Folgen von Unwettern. Die Vorbereitung auf den Einsatz, der Abschied von der Familie sind ebenfalls Thema. In einer Folge sprechen die Protagonisten auch über den Hubschrauberabsturz am 26. Juli 2017, bei dem zwei Kameraden starben. Das sind schon starke, bewegende Eindrücke, gerade weil sie wirklich betroffen sind, wenn sie von diesem Tag erzählen. Das sind keine Schauspieler, die Gefühle simulieren. Sondern es sind Soldaten, die gerade zwei ihrer Kameraden verloren haben.

Die Kosten für solche Werbekampagnen sind hoch. «Die Rekruten» haben mit allem Drum und Dran knapp 8 Millionen Euro gekostet, «Mali» kostete 6,4 Millionen. Ob das viel oder wenig ist, gemessen an dem Erreichten, kann ich nicht beurteilen. Im Vergleich zur Werbung für Pkw oder Kosmetik ist es ein Klacks. Allein Volkswagen hat einen Etat von 230 Millionen Euro im Jahr, nur für die Pkw-Sparte.[18] Und klar, mir wären Investitionen in bessere Unterkünfte auch lieber, weil ich persönlich davon schneller profitieren würde. Oder auch die Anschaffung von modernerem Gerät. Aber das ist ja nur meine persönliche Perspektive, und es gibt noch jede Menge andere Blickwinkel, die ebenso zu berücksichtigen wären. Ich würde daher erst mal nicht die Serien gegen modernere Elektronik ausspielen, beides muss sein.

Was mich aber wirklich richtig aufregt, sind Vorhaltungen von Bündnis 90/Die Grünen und der Partei Die Linke. Beide Parteien sind, mit nur wenigen Ausnahmen, gegen die Bundeswehr im Allgemeinen eingestellt und in speziellen Fragen erst recht. Schon 2011 stellte beispielsweise die Fraktion Bündnis 90/Die Grünen eine Kleine Anfrage im Bundestag, in der sie die zwangsweise Rekrutierung von Kindersoldaten in Bürgerkriegsgebieten von Drittweltstaaten in Zusammenhang mit der Rekrutierung von Minderjährigen in der Bundeswehr brachte. Die Bundesrepublik Deutschland als Unterzeichnerin des Fakultativprotokolls der UN-Kinderrechtskonvention mache sich unglaubwürdig, wenn Minderjährige in der Bundeswehr dienten.[19] Dieses Protokoll besagt unter anderem, dass Soldaten mindestens 18 Jahre alt sein, Minderjährige nicht obligatorisch eingezogen werden und nicht Dienst an der Waffe tun sollten. 2018 stellte Die Linke, unterstützt von Bündnis 90/Die Grünen, den Antrag, die Rekrutierung Minderjähriger sofort zu beenden, ebenso die gezielte Werbung dafür.[20] Das beträfe dann zum Beispiel Serien wie «Die Rekruten», aber auch Anzeigen in Zeitschriften, Plakate usw., ebenso Präsentationen auf Gemeindefesten oder Besuche in Schulen.

Ich finde diese Unterstellung diskriminierend gegenüber der Bundeswehr. Und sie zeigt darüber hinaus eine ziemliche Geringschätzung der Leiden von verschleppten Kindern in afrikanischen oder anderen Bürgerkriegsgebieten, die zum Töten gezwungen werden. Hier geht es um völlig verschiedene Dinge, die auf perfide Art zusammengequirlt und als moralische Anklage gegen die Bundeswehr insgesamt in Stellung gebracht werden. Es wird so getan, als wäre die Bundeswehr ein unkontrollierter Haufen, dem der Nachwuchs fehlt und der sich deshalb an Kinder hält, um seine Reihen aufzufüllen. Klar werben wir um junge Leute, selbstverständlich sprechen wir sie auf unterschiedlichen Wegen an. Wie könnte es denn anders sein? Wir schämen uns ja nicht für unseren Dienst, und wir brauchen jungen Nachwuchs, genau wie alle anderen auch.

Außerdem sollte man mal genauer hinschauen, damit die Dimensionen klarwerden – und die Gründe. 2017 traten 2128 Soldatinnen und Soldaten, die noch nicht 18 Jahre alt waren, den Dienst an; das entspricht ungefähr 8 Prozent aller Eintritte. In der Presse heißt es übrigens gern «die Bundeswehr wirbt sie an», nicht «sie bewerben sich», was sie faktisch ja tun. Sie tun das mit Zustimmung der Eltern, da sie noch nicht geschäftsfähig sind. Ganz genauso müssen Eltern von Minderjährigen die Zustimmung zu einem Ausbildungsvertrag, zur Einschreibung an der Uni usw. geben. Theoretisch dürfte ein Student nicht mal einen Bibliotheksausweis beantragen, wenn er noch nicht 18 ist.

Von den minderjährigen Rekruten werden 96 Prozent innerhalb ihrer sechsmonatigen Probezeit 18 Jahre alt. Sie stehen unter besonderem Schutz, ihre Ausbilder achten speziell auf sie, von einigen Aufgaben und von Teilen der Ausbildung sind sie zunächst ausgeschlossen, etwa von Wachdiensten. Ins Ausland gehen sie sowieso nicht, und Dienst an der Waffe ist ihnen auch verwehrt, außer zur Ausbildung, aber das auch nicht von Beginn an. Wer den Eindruck hat, dass die Bundeswehr nicht das Richtige für ihn ist, kann innerhalb der Probezeit gehen, egal ob er 17 oder 18 Jahre alt ist. Rund ein Viertel tut das auch. Wer das als Zeichen der Unreife und Unüberlegtheit werten möchte: Das ist auch der Schnitt der abgebrochenen Ausbildungen im Handwerk.[21]

Wieso traut man den jungen Leuten, die zur Bundeswehr gehen, nicht zu, sich verantwortungsbewusst zu entscheiden?

Warum können viele Menschen nicht nachvollziehen, dass die Bundeswehr Ausbildungsberufe anbietet, die für Schulabgänger attraktiv sind, als Kfz-Mechatroniker oder sonst was? Dass heutzutage viele Rekruten noch nicht 18 Jahre alt sind, liegt weder an ihnen noch an der Bundeswehr. Zahlreiche Kinder werden schon sehr früh eingeschult, dazu kommen noch die Auswirkungen von G8. Also sind viele Absolventen eben noch sehr jung. Die Mehrheit aller Schulabgänger heutzutage ist minderjährig. Sollen sie die gewonnene Zeit besser im Wartestand verbringen?

Dessen ungeachtet bleibt der Vorbehalt bestehen, dass der Dienst in der Bundeswehr kein normaler Beruf ist, «keine Schreinerlehre», wie der evangelische Militärbischof Sigurd Rink sagt[22], sondern der Dienst an der Waffe ein hohes Maß an ethischer Reflexion erfordere. Deshalb plädiert er für Volljährigkeit als Eintrittsvoraussetzung. Die SPD hätte gern, dass unter 18-Jährige zwar in die Bundeswehr eintreten können, aber in ein ziviles Arbeitsverhältnis, das dann später in eine Dienstverpflichtung umgewandelt werden kann. Dazu sollen spezielle Ansprechpersonen zur Verfügung stehen usw. Ob das umsetzbar ist, weiß ich nicht, wir haben ja eh überall viel zu wenig Personal. Aber wenigstens ist es ein Ansatz, über den man nachdenken kann, wenn man grundsätzliche Bedenken hat. Das ist etwas ganz anderes als die Globalverurteilung von Linken und Grünen.

Dass die SPD manche Dinge allerdings auch nicht richtig auf dem Schirm hat, offenbart sich im Zuge solcher Debatten ebenfalls. Als Begründung für solche Spezialregelungen zugunsten unter 18-Jähriger meinte eine Abgeordnete beispielsweise: «Soldatinnen und Soldaten üben inzwischen nicht mehr nur für den rein hypothetischen Ernstfall.»[23] Das ist doch ein kurioses Missverständnis. Soweit ich weiß, existierte die Bundeswehr auch früher nicht für rein hypothetische Fälle, die nie real werden würden. Unser Dienst fand doch nicht in einer Phantasiewelt oder auf einer ewigen Übungswiese statt. Er war immer ernst gemeint, auch wenn wir seit vielen Jahren im Frieden leben – wozu unsere Existenz sicher beigetragen hat.

DEUTSCH IST, WER DEUTSCHLAND DIENT

«Übrigens, Frau Reinke, bei mir im Außenministerium arbeitet auch eine Marokkanerin.»
Kleine Pause.
«Übrigens, Herr Gabriel, ich bin Deutsche.»

Aus einer Unterhaltung mit dem damaligen Außenminister Sigmar Gabriel im Plenarsaal des Reichstags kurz vor der Wahl des Bundespräsidenten am 12. Februar 2017

In Afghanistan und zu Hause

2008 und 2011 war ich für jeweils fünf bzw. sechs Monate im Einsatz in Afghanistan. Ich habe mich freiwillig gemeldet. Ein Auslandseinsatz gehört für uns Berufssoldaten einfach dazu. Man könnte sich drücken, aber eigentlich ist man dann nur ein halber Soldat. Und das wollte ich auf keinen Fall sein. Ich wollte mich bewähren und zeigen, dass ich meinen Mann stehe, wenn es darauf ankommt. Das war ein ganz starkes Motiv für mich. Andere Kameraden sind möglicherweise auch erpicht auf eine Auszeichnung, das stand bei mir jedoch nicht im Vordergrund. Manche, die sich für einen Auslandseinsatz melden, suchen vielleicht eine Aufgabe, die sie mehr ausfüllt als der normale, gelegentlich langweilige Dienst in der Kaserne. Die finanzielle Komponente spielt sicher bei vielen eine Rolle. Davon nehme auch ich mich nicht aus. Da die Auslandseinsätze aufgrund der Gefahren- und Erschwerniszulagen besser dotiert sind als der Dienst in Deutschland, kann man sich eine ganz ordentliche Summe zusammensparen. Außerdem wäre ich sowieso drangekommen, alle Argumente sprachen dafür: Ich war damals drei Jahre dabei, hatte nach meiner Grundausbildung an verschiedenen Lehrgängen teilgenommen, war mehrmals zur See gefahren, hatte 2006/2007 einen Feldwebellehrgang und anschließend die Fachausbildung für Elektronische Kampfführung (EloKa) absolviert.

Wenn man Expertin für EloKa ist, gehört man zu einem mobilen Verband. Das bedeutet unter anderem, dass man für einen Auslandseinsatz in Frage kommt. Außerdem spreche ich genau die Sprachen, die für Afghanistan interessant sind, also Dari, Pashto und Arabisch, ich wäre somit auf jeden Fall nach Afghanistan geschickt worden. Nicht zuletzt aus praktischen Erwägungen, damit ich mehr Einfluss auf den entsprechenden Zeitraum hatte, meldete ich mich freiwillig. Ich bin im Sommer gern zu Hause, daher wollte ich den Einsatz im Winter durchziehen.

Natürlich hatte ich keine Ahnung, wie es wirklich ist, einen Einsatz in Afghanistan durchzustehen, wie sich das anfühlen würde, die Angst, die Unsicherheit. Vor einem Einsatz, egal ob in Afghanistan oder anderswo, üben wir zwar monatelang, bereiten uns intensiv auf die Situation und die Anforderungen dort vor. Aber irgendwann ist man dort, und dann ist es echt. Dann merkt man, dass der reale Einsatz etwas ganz anderes ist als die Übungen, selbst die unter verschärften Bedingungen. Es riecht anders, es fühlt sich anders an, man ist selbst jemand anderer, unsicherer. Außenstehende wundern sich manchmal, wenn wir solche Gefühle zulassen und sie womöglich auch noch äußern. Kämpfen sei schließlich unser Beruf, darauf müssten wir doch gefasst sein. Auch darauf, verwundet zu werden oder zu sterben. Klar, das wissen wir, und wir versuchen, uns darauf einzustellen. Aber wir sind doch keine Maschinen, auch keine selbstmörderischen Verzweiflungstäter. Wir sind empfindende Menschen, die ihr Leben lieben, die Familie, Freunde und Verwandte haben – Bindungen aller möglichen Art, die wir nicht durchtrennen wollen.

Als mein Vater mich vor dem Abflug verabschiedete, stand er in Nienburg an der Weser am Kasernentor. Er weinte. Ein gestandener Mann von 73 Jahren steht am Tor und weint, weil er Angst um seine Tochter hat. So ist das, wenn jemand in den Einsatz geht. Das ist nicht übertrieben sentimental, finde ich, sondern der Situation angemessen. Man weiß nicht, ob man einander wiedersehen wird. Man versucht, den Gedanken zu verdrängen, aber es könnte sein, dass man sich in diesem Moment das letzte Mal anschaut, das letzte Mal bei der Hand nimmt. Es ist eine Situation, die jeden berührt, selbst wenn manche es sich nicht anmerken lassen wollen. Aber ich erinnere mich, dass mein S2-Offizier, der Sicherheitsbeauftragte des Bataillons, sich abwendete – aus Diskretion und weil es ihm selbst ans Herz ging, meinen Vater da so stehen zu sehen. Wenn die Bundeswehrkritiker in den Talkshows beieinandersitzen, kommt so etwas natürlich nicht vor. Dann wird nur darüber geschimpft, dass es überhaupt so etwas gibt wie Auslandseinsätze und wir da mitmachen. Dabei ist das eine ganz andere Debatte, und diejenigen, die über die Einsätze der Bundeswehr entscheiden, sind ja nicht wir selbst. Dass wir unser Leben aufs Spiel setzen, unseren Familien Belastungen und sogar Verluste zumuten, das wird gern übersehen.

Tatsache ist, dass ständig rund 3600 Kameradinnen und Kameraden im Ausland ihren Dienst tun, die größten Kontingente mit jeweils etwas über 1000 Soldaten in Afghanistan und in Mali. Ich war von Februar bis Juni 2008 als Kommandant eines Dingo-Radpanzers und Übersetzerin im ISAF-Einsatz in Kundus sowie von Februar bis Juli 2011 als Übersetzerin in Kundus und Mazar-i-Sharif. Vor dem Einsatz absolvieren wir eine sogenannte Einsatzvorausbildung, die sich über mehrere Monate hinzieht. Sie umfasst Kurzlehrgänge, Trainings aller Art, die fachliche und psychische Vorbereitung auf den Einsatz. Je nachdem, wohin man kommt und welche Aufgabe man wahrnehmen soll, können die Inhalte sehr unterschiedlich sein: Wie reagiere ich, wenn ich in einen Hinterhalt gerate, welche Besonderheiten sind aufgrund der klimatischen Verhältnisse zu erwarten, wie unterscheide ich freundliche Annäherung der afghanischen Bewohner eines Dorfes von feindlicher Einkreisung? Wie führe ich Gespräche mit den Einwohnern, wie verhalte ich mich beim Auffahren auf eine Mine, was ist zur Erstversorgung von verletzten Kameraden und zivilen Personen zu tun? Wie verhält man sich beim Beschuss des Lagers, wie auf Patrouille zu Fuß, wie erkenne und deute ich Fallen, etwa in Tierkadavern versteckte Minen? Weitere Themen sind Versicherungen, die man braucht, sowie die Vorbereitung auf den eigenen Tod. Wie schreibt man sein Testament? Ich wurde außerdem zum Fotografen geschickt, damit er ein Bild von mir anfertigte, das im Fall der Fälle vor meinem Sarg hergetragen würde.

Nachdem man sein halbes Jahr im Ausland absolviert hat, folgen die Nachbereitung sowie eine eventuelle Erholungszeit; aufgelaufene Urlaubstage müssen genommen werden. In der Regel ist man zehn bis zwölf Monate mit einem Auslandseinsatz befasst und steht für den normalen Dienst nicht zur Verfügung. Natürlich nur wenn alles gut geht. Wenn man eine Verletzung erleidet, sieht alles ganz anders aus.

Es war bei mir seltsam, aber vor dem eigentlichen Einsatz stand ich unter größerem Druck als in Afghanistan selbst. Meine Sorge, ja, ich kann ruhig sagen, meine Angst vor dem, was kommen würde, war sehr groß. Ich wurde in der Einsatzvorbereitung zunehmend nervöser. Gedanklich (und auf dem Übungsplatz) beschäftigte ich mich mit so vielen gefährlichen Situationen, dass ich gar nicht mehr richtig abschalten konnte. Wenn irgendwo eine Tür im Durchzug zuknallte, fuhr ich total erschreckt zusammen. Ich schlief nicht gut, war immer irgendwie in Unruhe und Erwartung. Dabei war noch gar nichts passiert. Das kam ja erst, und zwar schon sehr bald: Am dritten Abend nach meiner Ankunft in Kundus setzte Raketenbeschuss auf das Lager ein. Da wird einem erst mal klar, dass das alles im wahrsten Sinne des Wortes todernst ist. Natürlich hatte ich es auch früher schon ordentlich krachen hören auf unseren Übungsplätzen. Aber egal wie erschreckend laut das gewesen war: Man weiß ja, dass niemand einen wirklich töten will, dass es trotz aller Anstrengungen und Belastungen nur Training ist. Wenn es ernst ist und man weiß, hier wird nicht nur geübt, hier geht's um dein Leben, gerät die Psyche in einen ganz anderen Zustand. Wenn man weiß, dass es wirklich um Leben und Tod geht und die anderen es auf dich, auf genau dich, abgesehen haben.

Als der Beschuss begann, setzte bei mir eine Art verlangsamter Reaktion ein. Als ob ich mir überlegen könnte, ob ich in Panik geraten wollte oder nicht. Ich hatte das Gefühl, dass aus meinem Bauch eine schwarze Welle von Angst hochstieg, die mich überschwemmen würde, wenn ich es zuließe. Doch die Kontrolle über mich selbst zu verlieren, das wäre das Schlimmste gewesen. Mir war, als legte sich eine schwere Hand auf meine Schulter, die mir vermittelte: Keine Panik jetzt. Ruhig bleiben. Kühlen Kopf behalten. Das Seltsame war, dass es tatsächlich sofort wirkte. Ich glaube, da funktionierte einfach von selbst ein Mechanismus, den viele kennen: In einer akuten Krise reagiert man, rein aus Überlebensdrang, nicht panisch, sondern vernünftig. Ich machte das Nächstliegende und versuchte, mich zu orientieren: Wohin muss ich jetzt laufen? Wo ist mein Schutzbau? Wo kann ich auf dem Weg in Deckung gehen? Ich machte alles so, wie man es uns vorher erklärt hatte und wie wir es x-mal geübt hatten – immer in der Hoffnung, dass wir diese Fertigkeiten wohl nicht brauchen würden. Aber jetzt brauchte ich sie und hoffte darauf, dass sie ausreichten. Dieser seltsame, irgendwie abgeklärte Zustand hielt glücklicherweise während der gesamten Dauer der Einsätze an. Egal was passierte und wie kritisch eine Situation wurde: Ich war ein bisschen wie betäubt und gleichzeitig hellwach.

Während meines ersten Einsatzes bestand meine Aufgabe als Expertin für Elektronische Kampfführung darin, aus dem Dingo heraus elektromagnetische Signale zu senden, um zu verhindern, dass ferngesteuerte Sprengsätze gezündet werden konnten. Das heißt, wir fuhren vor oder hinter einer Kolonne von Fahrzeugen, die Versorgungs- und Aufklärungsfahrten unternahm oder Kameraden beförderte, wenn Personalwechsel im Provincial Advisory Team Taloqan (PAT Taloqan) anstanden. Das PAT Taloqan war ein eigenes Camp, rund 70 Kilometer von unserem Feldlager in Kundus entfernt. Viele meiner Tätigkeiten sind als «Geheim» eingestuft, deswegen kann ich hier nicht weiter ins Detail gehen. Ich löste die Signale aus, sodass eventuell auf dem Weg platzierte Sprengfallen nicht gezündet werden konnten.

Man sitzt in einem Dingo zu fünft, in voller Montur, es ist entsetzlich heiß, man sieht wenig oder nichts, hat aber den Eindruck, für die Gegner wie auf dem Präsentierteller zu sitzen. Einerseits ist das Auslösen der Signale eine eintönige Arbeit, andererseits ist man in ständiger Spannung, weil man nie weiß, was passieren wird. Es kann etwas schiefgehen, die Taliban haben vielleicht irgendwas installiert, worauf wir nicht vorbereitet sind. Ich kann auch einen Fehler machen, der lebensgefährlich wird.

Dazu kommt: 2008 benutzten wir auf dem Dingo das Störsystem des israelischen Herstellers ELISRA. Das Problem war, dass es bei über 50 Grad Außentemperatur nicht mehr funktionierte, es störte die Signale nicht. Ich komme später noch ausführlicher auf die Ausrüstungsmängel der Bundeswehr zu sprechen und was sie für uns in der Praxis bedeuten. Aber hier schon mal so viel: Manchmal ist diese Mangelwirtschaft nur lästig. Aber oft wird es auch gefährlich für uns, so wie eben damals in Afghanistan mit dem ungeeigneten Störsystem. Wir mussten häufiger ohne oder ohne ausreichenden Schutz auf Patrouille fahren, weil wir zu wenig Geräte hatten, die einwandfrei funktionierten.

Auch die Unterbringung war teilweise grenzwertig. Wir lebten sehr beengt – in einem kleineren Lager innerhalb eines großen Lagers. Bei meinem zweiten Einsatz schlief ich knapp sechs Monate in einem winzigen Zelt, mit einer sehr provisorischen Klimaanlage, die mir ein paar handwerklich begabte Tüftler unter den Kameraden installiert hatten. So konnte ich wenigstens ab und zu bei etwas niedrigeren Temperaturen ausruhen. Zum richtigen Schlafen kommt man im Einsatz eher selten. Durch die Schichtdienste und ständige Abrufbereitschaft ist immer Bewegung im Lager. Selbst wenn sich die Kameraden rücksichtsvoll verhalten: Das Aufstehen, Anziehen, Zusammenpacken usw. geht einfach nicht geräuschlos ab. Und eine Zeltwand schützt einen nicht vor diesem Lärm. Ich war während der ganzen knapp sechs Monate quasi immer müde, weil ich nie zur Ruhe kam.

Was einen psychisch zermürbt, ist der fehlende Ausgleich zwischen Spannung und Entspannung. Ich war immer in Alarmbereitschaft, auch wenn gar nichts passierte. Natürlich versuchen wir, uns in der Freizeit irgendwie abzulenken, mit Lesen, Musikhören, Fernsehen: Wir bekamen vor allem Sender wie RTL und RTL 2, weil die ARD teilweise den Sendebetrieb, angeblich aus Kostengründen, einstellte. Aber letztlich sind das Ablenkungsversuche, die meist nur äußerlich funktionieren. Dem Kopf fehlt einfach das «gute» Futter, die heiteren, nicht militärischen Dinge, mit denen er sich beschäftigen kann. Es fehlt das selbstverständliche Vertrauen in die Umwelt, das den Alltag zu Hause so einfach macht. Im Einsatz hockt man mit vielen Menschen, deren Gesellschaft man sich nicht ausgesucht hat, auf engem Raum zusammen, und es gibt keine Ausweichmöglichkeiten.

Die allgemeine Monotonie verschärft die Anspannung. Viele von uns vermissten sogar die Farben. Wenn man aus dem sattgrünen Deutschland kommt, kann man sich kaum vorstellen, wie eine Umgebung ohne kräftige Farben auf Dauer auf einen wirkt. Unser Lager: sand-beige-braun. Unsere Kleidung: im Dienst überwiegend oliv-beige-braun gefleckt. Die Landschaft draußen: sand-beige-braun mit den grauen Einsprengseln der Berge, die nur wenig fruchtbare Flächen zeigten. Wenn alle paar Wochen neue Zeitschriften mit einem Versorgungsflieger kamen, stürzten wir uns wie die Kinder sofort darauf, egal was es war – nur wegen der bunten Bilder. Wir hungerten nach Farben.

Als ich wieder zu Hause war, setzte die Gegenreaktion ein. Alles war mir zu grell, zu aufgedreht, zu verwirrend. Im Supermarkt einkaufen zu gehen war die Hölle für mich: unübersichtlich, ein Regal hinter dem anderen, sodass ich nie den Überblick hatte, was hinter dem nächsten lauern mochte. Das Angebot war außerdem viel zu groß für mich, ich war total überfordert. Sechs Monate lang hatte ich in einem strengen System gelebt, alles war mir diktiert worden, Aufstehen, Anziehen, was ich essen sollte und zu welchen Uhrzeiten. Und nun musste ich selbst entscheiden, eine Auswahl treffen, vorausdenken, was ich wann zubereiten könnte. Menschenansammlungen waren mir ein Gräuel. Aber nicht nur mir. Mit einigen Kameraden aus dem Feldlager hatte ich heikle Situationen überstanden, wir wollten uns «nach Afghanistan» in München treffen und ein Fritz-Kalkbrenner-Konzert besuchen. Das haben wir auch gemacht. Allerdings suchten wir nicht die guten Plätze weit vorn, wie wir es normalerweise getan hätten, sondern gingen so weit wir möglich nach hinten. Obwohl uns die Musik gefiel, ging es uns nicht gut, wir fühlten uns nicht wohl und waren nach nur drei Stunden hundemüde, total erschöpft. Wir feierten nach Schluss nicht mehr, sondern besorgten uns auf dem Heimweg etwas zu essen und fielen vollkommen ausgelaugt ins Bett. Ursprünglich wollten wir am folgenden Tag auf das Tollwood-Festival, aber das ließen wir einfach ausfallen, ohne darüber zu diskutieren. Zu viele Leute, zu viel Enge, zu viel Bedrängnis. Nur ein halbes Jahr in Afghanistan – und schon solche Effekte.

An solche Dinge muss ich vor allem dann denken, wenn linke (und andere) Politiker oder Friedensbewegte uns angreifen und beschimpfen. Dass wir ein fatales Faible für Kriegsspielzeug hätten, aggressiv seien, das friedliche Zusammenleben der Menschen behindern würden, mit der Rüstungsindustrie unter einer Decke steckten, eben «Berufsmörder» seien, und außerdem sowieso von nichts eine Ahnung hätten. In einer Talkshow von Dunja Hayali im August 2017 etwa ließ sich der Vorsitzende der Linksfraktion im Bundestag, Dr. Dietmar Bartsch, mir gegenüber in sehr gönnerhafter Weise darüber aus, dass der Bundeswehreinsatz in Afghanistan sinnlos sei und man am besten alle Truppen dort sofort abziehen solle. Das finde ich unerhört! Schon der Teilabzug der Bundeswehr ist ein Hohn für mich und meine Kameraden, für die Arbeit, die wir dort unter schwierigsten Umständen geleistet haben. Und erst recht würden meine 57 in Afghanistan gestorbenen Kameraden damit verhöhnt.[1] Ihr Tod wäre umsonst gewesen. Man kann über vieles klagen, was in Afghanistan schiefläuft. Aber dass wir uns einfach so aus dem Staub machen – das wäre doch genau das Falsche. Wir haben den Einsatz begonnen, also sollten wir ihn auch richtig zu Ende bringen.

Generell: Es geht für mich als Soldatin nicht darum, ob ich einen Einsatz gut oder schlecht finde. Ich werde danach nicht gefragt, und die Entscheidung dafür liegt nicht in meiner Verantwortung. Es ist eine politische Entscheidung des Bundestags, sich an internationalen Missionen zu beteiligen oder eben nicht. Ich vertraue darauf – und muss das auch –, dass die demokratisch beschlossenen Einsätze sinnvoll und notwendig sind. Schließlich setze ich mich für ihre Durchführung ein, unter erheblicher persönlicher Gefährdung. Dennoch habe ich natürlich als Privatmensch auch eine Meinung dazu. Und als solcher gebe ich zu, dass ich bei meinem ersten Einsatz nicht davon überzeugt war, durch die UN-Mission ISAF, als deren Teil wir dort agierten (übrigens war es der erste Kampfeinsatz der Bundeswehr), würde sich in Afghanistan wirklich etwas verbessern. Ich dachte, wir basteln nur hier und da an den gröbsten Problemen, aber wir verändern nichts wirklich. Wir legen ein Pflaster auf, wo man eigentlich operieren müsste. 2011, bei meinem zweiten Einsatz, kam ich zu einem anderen Schluss, weil ich sah, wie viel sich in den drei Jahren seit meinem ersten Einsatz zum Positiven gewendet hatte.

Es gab wirkliche Verbesserungen, bei der Polizei zum Beispiel. Die war nun so gut ausgebildet, wie das noch drei Jahre zuvor unvorstellbar gewesen war. Mehr Kinder, vor allem

Mädchen, gingen außerdem in die Schule. Die Frauen waren offener, zugewandter. Ich habe viele wiedergetroffen, denen ich 2008 begegnet war und die mittlerweile lesen und schreiben konnten und mir stolz ihre neuen Fertigkeiten präsentierten. Die Infrastruktur war viel besser, auch wenn sich die Gefahrenlage erhöht hatte. Aber alles Erreichte war und ist bis heute natürlich fragil, noch längst nicht gefestigt, immer von einem Rückfall in alte Strukturen bedroht. Die Menschen stehen unter enormem Druck der Taliban. Diese stoßen in das Vakuum, das wir hinterlassen, wenn wir uns zurückziehen – und machen die mühsam errungenen Erfolge wieder zunichte. Dann wird wieder Mohn für Opium angebaut statt wie vorher Getreide. Ein Bauer, der ein Feld bestellt, muss so handeln, wenn er keinen hat, der ihn vor den Taliban beschützt. Er hat keine Wahl, er muss seine Kinder ernähren und schauen, wie er klarkommt. Afghanistan ist seit 40 Jahren in der Krise, und an deren Entstehen ist der Westen durchaus beteiligt. Es wird sehr lange dauern, bis dort endlich eine Generation herangewachsen ist, die Krieg nicht für das Normale hält, sondern die Vorzüge des Friedens kennt und zu schätzen weiß. Wir können diese Menschen nicht einfach ihrem Schicksal überlassen.

Dietmar Bartsch und solche Leute meinen, dass wir statt Soldaten lieber Entwicklungshelfer in Krisenregionen schicken sollten. Mit Verlaub: Das ist doch kompletter Blödsinn. Ohne militärische Absicherung kann kein Mensch dort arbeiten. Die Mitarbeiter der Entwicklungsorganisationen wohnten bei uns im Lager, weil eine andere Unterbringung, etwa in Hotels, zu unsicher war. Und bei jeder Fahrt zu einem Projekt waren Kameraden dabei, die diese Entwicklungshelfer beschützt haben. Im Übrigen: Die Bundeswehr besteht ja nicht nur aus Fallschirmjägern und Panzerfahrern, sondern aus sehr, sehr vielen verschiedenen Einheiten, die unterschiedliche Aufgaben im Einsatz wahrnehmen. Zum Beispiel unsere Bau-Infrastruktur. Im Inland kümmert sie sich um Kasernen, Anlagen usw. Im Ausland macht sie dasselbe unter anderen Bedingungen und kümmert sich eben um den Aufbau oder Wiederaufbau von Schulen und anderen öffentlichen Gebäuden. Die Kameraden arbeiten eng mit den Entwicklungshelfern zusammen. Sie entwickeln für ein Projekt gemeinsam ein Vorgehen, das so sicher wie möglich ist. Beim Bau von Brunnen oder Mädchenschulen etwa waren immer Leute von uns eingebunden.

Klar, das kostet alles viel Geld. Und nicht immer sieht man sofort einen Erfolg. Bis eine Generation von Mädchen herangewachsen ist, die eine Schulbildung genossen hat, dauert es eben Jahre. Aber als langfristige Maßnahme spielt unser Engagement eine große Rolle, gerade um die Entwicklung eines dauerhaften Friedens zu unterstützen. Dass der Schutz unserer eigenen Kräfte so aufwendig und damit auch so teuer ist, prangern viele an. Aber unsere starke Präsenz war für die einheimische Bevölkerung sehr wichtig, sie profitierte ja ebenfalls davon. 2007 sollten die Deutschen aus Kundus abgezogen werden, nachdem drei Kameraden – einer von mir ein Nachbar in Hannover – einem Selbstmordattentäter zum Opfer gefallen waren. Auch zwölf Afghanen starben. Die Bevölkerung protestierte, dass wir bleiben sollten, und veranstaltete unter dem Leitsatz «Germany, please stay, we need you» eine Demonstration. Sie fürchteten sich vor den Taliban, und zwar zu Recht. Persönlich habe ich keinen Afghanen getroffen, der die Taliban und ihr Treiben gut fand. Doch mir ist natürlich klar, dass sich immer wieder Menschen den Taliban anschließen und an Überfällen und Angriffen beteiligen. Die unglaubliche Armut und Perspektivlosigkeit lassen ihnen offenbar keine andere Wahl.

In beiden Einsätzen waren meine Sprachkenntnisse enorm nützlich. Ich habe den Kameraden, die afghanische Soldaten ausbildeten, zusätzlichen Sprachunterricht gegeben, außerdem Bilder gemalt mit den wichtigsten Begriffen, die in der Ausbildung vorkamen. Bei Einsätzen außerhalb des Lagers war es vorteilhaft, dass ich als Frau dabei war. So konnte ich die Frauen durchsuchen, ob sie Waffen oder Sprengsätze bei sich trugen. Von Männern hätten sie sich nicht durchsuchen lassen. Woran ich mich noch sehr gut erinnere: Die Füße der Frauen ließen erkennen, wie die Familie wirtschaftlich aufgestellt war. Wenn die Frauen lackierte Fußnägel hatten und Schuhe trugen, war es eine reiche Familie. Wenn ich zerfetzte Latschen und verhornte Fußsohlen sah, war das ein deutliches Zeichen für bittere Armut. Und davon habe ich sehr viele gesehen. Je mehr Nachwuchs es gab, umso ärmer war die Familie. In meinen Taschen steckten immer jede Menge Bonbons für die Kinder, Süßes war für sie absolute Mangelware.

Wie viele meiner Kameraden engagierte auch ich mich privat, um den Afghanen ein wenig unter die Arme zu greifen. Beispielsweise unterstützten wir bei meinem ersten Einsatz ein Witwen- und Waisenhaus in der Nähe von Kundus. Wir organisierten eine Veranstaltung im Lager und spendeten die Eintrittsgelder. Dafür wurden Nähmaschinen angeschafft, sodass die Frauen mit Schneiderarbeiten etwas verdienen konnten. Vor meinem zweiten Einsatz hatte einer meiner Kameraden die Idee, ein anderes Waisenhaus zu unterstützen. Er erstellte eine Liste der am dringendsten benötigten Kleidungsstücke – Jacken, Strumpfhosen, Windeln usw., vor allem Dinge, die sich gut zusammenquetschen ließen. Jeder aus unserer

Einheit meldete sich und übernahm die Besorgung einer oder mehrerer Positionen. Aus unserem Marschgepäck holten wir dann alles raus, was wir nicht unbedingt und sofort benötigen würden, und stopften stattdessen die Klamotten von der Liste hinein. Unsere eigenen persönlichen Sachen schickten wir uns per Feldpost nach Afghanistan hinterher. Ich glaube, wir verstießen damit gegen eine oder sogar mehrere Vorschriften. Dennoch haben sich alle beteiligt. Das ist einfach so bei uns. Wenn ein paar Leute zusagen, dann sind alle dabei. Keiner sagt: Ihr könnt das ja ruhig machen, aber ich brauche den Platz in meinem Rucksack für mich selbst. Das gibt es einfach nicht unter Kameraden.

Die Einsätze in Afghanistan waren sehr lehrreich für mich, in vielerlei Hinsicht. Ich habe mehr von dem Land verstanden, von den Schwierigkeiten des internationalen Engagements dort, ich habe die Bundeswehr in einem sehr heiklen Einsatzgebiet erlebt, ich habe mich selbst unter Dauerstress in einer lebensbedrohlichen Situation wahrgenommen, die ich bis dahin nicht kannte. Zurzeit würde ich mich wohl nicht freiwillig für einen Auslandseinsatz melden, nicht für die vollen sechs Monate. Ein Einsatzsharing wäre mir am liebsten, doch das gibt es noch wenig und nicht für alle Verwendungen. Zwei, drei Monate ließen sich schon überstehen, selbst mit solchen Einschränkungen wie mangelnder Privatsphäre und schlechter Unterbringung. Ich drücke mich nicht vor meinen Pflichten, auch wenn es dafür in Deutschland nur wenig oder gar keine Anerkennung gibt.

Deutschland? Sieht aus wie ich!

Ein kleines Nachspiel zu Afghanistan, Deutschland und mir. Kurz nach meiner Rückkehr fuhr ich zu meiner Cousine, die einige Sachen für mich aufbewahrt hatte, während ich weg war. Ich kurvte dreimal um den Block, fand aber einfach keinen Parkplatz und stellte den Wagen notgedrungen in die zweite Reihe. Ich beeilte mich und verlud innerhalb weniger Minuten meine Utensilien in den Kofferraum. Gerade als ich mit der letzten Kiste aus dem Keller kam und sie verstauen wollte, trat aus dem Nebenhaus eine Frau.

Sie musterte missbilligend das Auto, ließ den Blick über meine Flecktarnuniform schweifen, betrachtete prüfend meine schwarzen Haare und meine dunkle Haut.

«Du da!», rief sie laut, obwohl wir kaum drei Meter voneinander entfernt standen, und fuchtelte mit ihrem Arm vor mir herum. «Du da! Auto weg! Brumm, brumm, weg. Weg hier, weg. Verstehen? Nix parken, verboten!»

Ich war kurz davor zusammenzuklappen, dort auf dem Bordstein. Zusammenzubrechen in meiner deutschen Uniform, auf der an allen nur möglichen Stellen deutsche Abzeichen aufgebracht waren, die schwarz-rot-goldene Flagge rechts und links am Oberärmel und auf meiner Feldmütze, mein Dienstgradabzeichen Oberfeldwebel des Heeres, mein Verbandsabzeichen vom Bataillon für Elektronische Kampfführung am rechten

Arm. Aber ich tat's nicht, ich brach nicht zusammen, sondern antwortete in möglichst normalem Tonfall: «Ich verstehe Sie sehr gut, Sie haben natürlich recht. Einen Moment noch, ich schließe den Keller ab und fahre dann das Auto weg.»

Die Frau stutzte: «Ach, ist Ihre Uniform etwa echt? Sie sprechen aber gut Deutsch.»

Ich stand vor dieser Frau als Soldatin, die gerade von einem internationalen Einsatz der Bundesrepublik Deutschland zurückgekehrt war. Und was sah sie in mir? Eine intellektuell minderbemittelte Ausländerin, die ihr Auto falsch parkte. Weil ich dunkler war als sie. Dieses Bild ist beherrschend, dagegen kommt nichts mehr an, nicht einmal die Uniform. Ich habe die Geschichte schon oft erzählt, aber wenn ich sie hier niedergeschrieben sehe, wird mir noch heute richtig übel.

Ich fühle mich deutsch, bin hier geboren, in die Schule gegangen, bin Berufsoffizier, lebe in Kasernen der Bundeswehr, war zweimal für Deutschland in Afghanistan im Einsatz, spreche akzentfrei Deutsch, bin deutsche Staatsbürgerin durch und durch – und trotzdem reicht es nicht. Ein Blick auf meine schwarzen Haare, und die Leute fragen, woher ich stamme. Wundern sich, dass aus meinem dunklen Gesicht deutsche Töne kommen. Soll denn Deutschsein durch nichts anderes definiert sein als durch ein paar Pigmente, die helle Haut verschaffen und blondes Haar? Das glaubt doch kein Mensch, nicht mal die ärgsten Rechtsradikalen denken so.

Trotzdem begegnen mir solche Reaktionen auf Schritt und Tritt, in allen Schichten, in allen gesellschaftlichen Gruppen. Das Bild des hellen Deutschen übersteht offenbar jede Aufklärung und jeden Blick auf die bundesrepublikanische Realität. Schon klar, viele Bemerkungen sind nicht böse gemeint, jedenfalls nicht notwendigerweise. Die meisten Äußerungen in diese Richtung sind unüberlegt, sie sind ungenau – sie sind auf jeden Fall diskriminierend. Letztlich ist jedoch egal, ob jemand absichtlich oder unbewusst solche Bemerkungen loslässt. Es offenbart so oder so eine Grundhaltung, mit der eine Unterscheidung rein aufgrund der Hautfarbe getroffen wird. Das ist doch widerlich, jedenfalls wenn man es genau betrachtet und über die Implikationen nachdenkt.

Eine Bekannte erklärte mir mal, dass sie generell an den Unterschieden mehr interessiert sei als an den Ähnlichkeiten, dass sie spannende Lebensgeschichten vermutet, wenn sie jemandem begegnet, der eine andere Hautfarbe hat als sie oder auch mit einem Akzent spricht. Das mag ja so sein, und ich unterstelle ihr keinen aggressiven Rassismus, aber eine gewisse Trägheit im Denken schon. Schließlich haben knapp 19 von 82 Millionen Einwohnern Deutschlands einen Migrationshintergrund, manchen sieht man es an, anderen nicht. Aber welche Rolle spielt das? Warum automatisch bei einigen annehmen, dass sie keine «normalen» oder keine «richtigen» Deutschen seien? Warum nicht erst mal davon ausgehen, dass jeder deutsch ist, der einem hier begegnet, und sich dann gegebenenfalls überraschen lassen, wenn er es nicht ist?

Man mag mir unterstellen, dass ich ein bisschen zu sensibel bin. Vielleicht trifft das zu. Oder sagen wir: Vielleicht ist das manchmal so. Aber letztlich muss man schon mir überlassen, wie ich darauf reagiere, dass ich in meinem Heimatland mein ganzes Leben lang damit konfrontiert werde, für eine Ausländerin gehalten zu werden. Nur weil ich ein bisschen anders aussehe.

«Wo kommst du denn her?»

«Ich bin Deutsche.»

«Ja, aber woher kommst du denn wirklich?»

Das ist ein Dialog, den ich schon Hunderte von Malen geführt habe. Und viele andere führen ihn auch, jede Woche, jeden Tag. Der Sachverständigenrat deutsche Stiftungen für Integration und Migration (SVR) hat eine repräsentative Untersuchung durchgeführt. Demnach erleben Menschen, die sich durch ihre Hautfarbe, ein Kopftuch oder andere äußerliche Merkmale von der Mehrheitsbevölkerung abheben, weitaus häufiger Diskriminierung als andere Menschen mit Migrationsgeschichte. Dazu zählen Gewalt, beleidigende Äußerungen, aber eben auch die immer wieder gestellte Frage nach der «eigentlichen Herkunft». Dieses permanente Neu-ankommen-Müssen hat übrigens seit der Ankunft der vielen Flüchtlinge 2015 zugenommen.[2] Ein «Weißer» kann sich kaum vorstellen, wie nervenaufreibend das ist – und wie verunsichernd es letztlich wirkt, selbst wenn viele Betroffene aus Selbstschutz zumindest äußerlich so tun, als ob es ihnen nichts ausmacht.

Mein Kamerad Dr. Dominik Wullers aus dem Verein Deutscher.Soldat., der von seinem kapverdischen Vater die dunkle Haut geerbt hat, hat diesen Dialog ebenfalls schon häufig geführt. Wir haben oft darüber gesprochen, wie man sich in solchen Situationen am besten verhält. Sollen wir uns «zusammenreißen» und darüber weggehen, als wäre nichts? Nein, das ist keine Lösung. Denn wenn mich jemand fragt, ob ich Deutsche bin, und auf meine Antwort hin noch mal nachfragt, weil er es nicht glauben kann, dann zweifelt er ja offenbar am Wahrheitsgehalt meiner Aussage. Dann gibt es für ihn eine Diskrepanz zwischen dem, was er sieht, und dem, was er hört. Das heißt, die bluts- und rassebezogene Einordnung von Deutschtum ist weiterhin lebendig, auch bei denen, die sich selbst nie als Rassisten oder ausländerfeindlich bezeichnen würden. Und es sicher auch nicht sind. Nur basiert halt auch ihr Bild von Deutschsein auf bestimmten äußerlichen Merkmalen, die notwendigerweise vorhanden sein müssen. Sind diese Merkmale nicht zu entdecken, dann schließt ein solcher Betrachter automatisch daraus, dass sein Gegenüber keine Deutsche sein kann.

Das muss man sich mal vorstellen: Ich bin von Geburt an deutsch, politisch interessiert und aktiv, ehrenamtlich engagiert, Berufssoldatin, war zweimal im Einsatz in Afghanistan und habe auch sonst einiges auf mich genommen, um meine Pflichten in der Bundeswehr zu erfüllen. Was gibt es denn Deutscheres als mein Leben? Wie viele Bio-, Alt-, Urdeutsche oder wie immer man diejenigen bezeichnen möchte, die nicht so aussehen wie ich und die schon in der dritten oder hundertsten Generation hier leben, kümmern sich so intensiv um deutsche Belange wie ich? Und wie lange soll dieses Sortieren aufgrund äußerer Merkmale noch weitergehen? Wie viele Generationen muss eine Familie hinter sich haben, bis sie ohne Wenn und Aber und Nachfragen als deutsch gilt?

Mein Neffe ist jetzt zwei Jahre alt, lebt in Norddeutschland und ist aufgrund der Gene seines brasilianischen Vaters noch ein bisschen dunkler als ich. Als ich mit ihm im Krankenhaus war, um meinen kranken Vater, seinen Großvater, zu besuchen, spazierten wir ein wenig über den Krankenhausflur. Der Kleine ist sehr kontaktfreudig und will ständig alle Menschen zum Lachen bringen. Ein Patient saß mit seiner Infusion auf einer Bank und fragte uns: «Was für Ausländer seid ihr eigentlich?»

Ich antwortete: «Wir sind Deutsche.»

Er schaute meinen Neffen und mich ungläubig an und meinte: «So dunkel kann kein Deutscher sein.» Zum Glück verstand es mein kleiner Neffe nicht und brabbelte einfach süß weiter. Ich bin solche Aussagen leider gewohnt. Aber es zerreißt mir das Herz, wenn ich daran denke, dass auch er wieder dasselbe erleben soll wie ich. «Woher kommst du wirklich? Wieso sprichst du so gut Deutsch?» Was soll denn das für eine Zukunft für ihn sein?

Der unterschwellige Rassismus ist noch viel schwerer zu verkraften als der offene. Wenn mich jemand in den sozialen Netzwerken beschimpft als «Islamschlampe», dann ist das blöd und ordinär, aber so weit unterhalb eines anständigen Niveaus, dass ich es einfach wegstecke. Doch wenn meine Freundin aufgrund ihres arabisch klingenden Namens nicht mal einen Termin für eine Wohnungsbesichtigung bekommt, dann könnte ich die Wände hochgehen. Denn gegen diese schweigende Art der Diskriminierung anzugehen ist wahnsinnig schwer, fast unmöglich.

Eine andere Frage, die sich aus der Diskriminierung ergibt: Wenn ich angeblich nicht zu den Deutschen gehöre, zu wem dann? Die Frage ist ganz leicht zu beantworten. Denn diese Antwort wird mir ständig geliefert – ohne dass ich danach gefragt hätte, selbstverständlich. Ich werde als Afrikanerin oder Marokkanerin eingeordnet. Und für alles Mögliche in Gruppenhaftung genommen und verantwortlich gemacht. Ich muss Erklärungen liefern für das Verhalten von Menschen, die ich nie gesehen habe, aus Ländern, in denen ich niemals gelebt oder höchstens mal meine Ferien verbracht habe. Ich werde für «eine von denen» gehalten. Wenn während meiner Offizierausbildung das Gespräch auf die Herkunft des islamischen Terrorismus kam: Alle Augen ruhten auf mir. Automatisch gingen meine Kameraden davon aus, dass ich etwas dazu sagen könnte, weil ich ja schließlich irgendwie «von da» komme.

Manchmal platzt mir bei diesem Schubladendenken einfach

der Kragen. Zum Beispiel, als es um die grässlichen Vorfälle in der Silvesternacht 2015/2016 in Köln ging, in der Frauen auf der Domplatte und vor dem Hauptbahnhof von jungen Männern, überwiegend aus Maghrebstaaten stammend, massiv belästigt und sogar vergewaltigt wurden. Ständig sprach man davon, dass es «die Marokkaner» waren, dass Vergewaltigung für Moslems normal sei und dass das alles mit der Flüchtlingspolitik und überhaupt mit zu vielen Ausländern (dazu gehören dann auch Menschen wie ich) zusammenhängt. Weil meine Eltern aus Marokko stammen, wurde ich in die Gruppe der allgemein Schuldigen mit eingeordnet. Der Gipfel der Geschmacklosigkeit war erreicht, als jemand auf meiner privaten Facebook-Seite das Bild eines BHs aus Speck postete. Ich war angeekelt und zutiefst verletzt. Und ich wollte einfach mal für alle ein paar Sachen klarstellen. Auf der Facebook-Seite unseres Vereins Deutscher.Soldat. postete ich eine Erklärung, die ich hier in Auszügen wiedergebe, weil ich heute noch genau derselben Ansicht wie damals bin:

«Ich bin deutsch und Muslima. Meine Eltern kommen aus Marokko. Wenn ich höre, dass manche der Verbrecher von Köln aus Marokko kommen sollen, wird mir schlecht. Dafür gibt es weder eine marokko- noch islamspezifische Entschuldigung oder Erklärung. Vergewaltigung ist auch in Marokko strafbar und die Entehrung einer Frau ist für Muslime eine sehr schwerwiegende und schlimme Tat.

Mir wird aber auch schlecht, wenn ich nun ständig für Marokkaner oder – mal wieder – Muslime allgemein sprechen soll. Ich bin in Hannover geboren und nicht in Marrakesch oder Casablanca. Hier noch mal für alle: Nein, ich kann es trotz meines Migrationshintergrundes und meiner Religion nicht nachvollziehen, wenn Frauen vergewaltigt werden – egal von wem. Die Annahme, dass ich es könnte, ist ein Abgrund menschlicher Dummheit.

Die Selbstverständlichkeit, dass man anderen Menschen kein Leid zufügt, ist übrigens universell und auch im Ausland bekannt. Moral ist keine deutsche Errungenschaft, bei der man noch mal nachfragen müsste, ob sie schon bei uns Zugewanderten verfügbar ist. Alle Flüchtlinge, mit denen ich gesprochen habe, sind genauso erschüttert wie ganz Deutschland. Insbesondere, weil sie durchaus wissen, dass eine der Folgen von Köln ist, dass sie nun alle misstrauisch angeschaut werden. [...]

Die Entscheidung, Flüchtlinge aufzunehmen, bleibt auch richtig – trotz Köln. Denn die Ereignisse der Silvesternacht haben nichts mit unseren eigenen Werten und unseren Ansprüchen an uns selbst zu tun. Entweder wir sind der Meinung, dass der Schutz von Verfolgten richtig ist, oder wir sind es nicht. Alles hinzuschmeißen, weil ein Tausendstel der Flüchtlinge kriminell geworden ist, würde unser Wertesystem als Heuchelei entlarven. [...]

Richtig ist aber auch, dass wir nun konsequent handeln und Straftäter ihrem rechtmäßigen Schicksal zuführen. Ich kenne aber auch niemanden, der anderer Meinung wäre. Umgekehrt würde es von einer unfassbaren Prinzipienlosigkeit zeugen, wenn dieser Anlass nun genutzt würde, um unsere gesamte Flüchtlingspolitik um 180 Grad zu drehen.

Meine Eltern sind vor 52 Jahren aus Marokko nach Deutschland gekommen. Die Konsequenz waren nicht Vergewaltigungen und Straftaten, sondern sechs neue deutsche Kinder. Meine Geschwister arbeiten als Tanzlehrer, Restaurantfachfrau und Rechtsanwaltsfachangestellte, und ich, ich bin deutsche Soldatin. Auch viele Flüchtlinge werden in Deutschland bleiben und Kinder haben. Sorgen wir gemeinsam dafür, dass auch sie eine deutsche Heimat haben, in die sie sich einbringen und auf die sie stolz sein können.»

Die Reaktionen auf dieses Manifest waren enorm, positiver wie auch negativer Art. Der Post wurde etliche tausend Mal angeklickt und geteilt. Fernseh- und Radiosender sowie jede Menge Zeitungen meldeten sich. Es gab eine Welle der Zustimmung, gerade auch von Menschen mit Migrationshintergrund, die sich endlich verstanden fühlten. Auf der anderen Seite kamen auch, wie zu erwarten war, die ganz normalen Rassisten aus ihren Löchern und sonderten ihre Kommentare ab. «Nur weil Sie in Deutschland geboren sind, sind Sie für mich dennoch keine Deutsche, Sie haben die deutsche Staatsbürgerschaft, mehr nicht. Ich habe nur Tatsachen bewertet und mein Statement soll bitte nicht als ausländerfeindlich angesehen werden, denn das bin ich nicht.» Oder: «Wie links und umerzogen seid ihr eigentlich? Und nur weil man in der Bundeswehr dient, ist man deswegen noch kein Deutscher, noch dazu, wenn man an Mohammed glaubt.» Auch nicht ohne Brisanz: «Du bist keine Deutsche und du wirst auch nie eine Deutsche werden. Dein Blut ist marokkanisch und wird es immer bleiben.»

Ich bin sicher, dass die meisten dieser Menschen mir so etwas nicht ins Gesicht sagen würden, sondern die Anonymität der sozialen Medien als Freibrief für diese hemmungslose, rassistische Häme missbrauchen. Aber wir sollten nicht vergessen, dass es auch viele Menschen gibt, die sehr wohl offen ihre Diskriminierung ausleben, vielleicht noch gestärkt durch die Vorkommnisse in Köln und die anschließende Debatte über Flüchtlinge, Einwanderer und Migranten. Ich erinnere nur an Dr. Alexander Gauland, Parteivorsitzender der AfD, der sich am 29. Mai 2016 in der *Frankfurter Allgemeinen Sonntagszeitung* über Jérôme Boateng rassistisch äußerte, gut verkleidet in eine scheinbar feststehende allgemeine Wahrheit. «Die Leute finden ihn als Fußballspieler gut. Aber sie wollen einen Boateng nicht als Nachbarn haben.» Boateng ist Deutscher, in Berlin geboren und aufgewachsen. Er hat einen ghanaischen Vater und eine deutsche Mutter, ist Fußballnationalspieler. Dennoch meinte Gauland, dass «die Leute» ihn als kulturell fremd empfänden.

Wie zu erwarten gab es zustimmende Äußerungen, aber glücklicherweise auch sofort Proteste, aus allen Ecken und liebevolle Solidaritätsbekundungen, sogar in den Fußballstadien. «Jérôme, sei unser Nachbar» oder «Jérôme, zieh bei uns ein» war dort auf Bannern zu lesen, nicht gerade übliche Äußerungen an diesen Orten. Boateng selbst reagierte gelassen auf Gaulands Bemerkung und schrieb noch mal allen ins Stammbuch: «Ich bin froh, Deutscher zu sein, ich bin stolz. Sonst wäre ich auch nicht hier und in der Mannschaft.»[3] Gauland hatte sich vielleicht verrechnet, seine Provokation, wenn es denn eine war, ging ins Leere. Sie bewirkte sogar das Gegenteil, Boateng wurde quasi der Lieblingsnachbar der Deutschen. Aber er hat's probiert.

Auch der in Berlin lebende dunkelhäutige Noah Becker, Sohn von Wimbledon-Sieger Boris Becker, hat schon viel mitgemacht, Abweisungen an Discotüren usw. Anfang 2018 beleidigte ihn der AfD-Politiker Jens Maier, ein ehemaliger Richter, auf seinem Twitter-Account als «kleinen Halbneger». Angeblich war es nicht Maier selbst, sondern einer seiner Mitarbeiter, und der Tweet wurde nach kurzer Zeit gelöscht. Es habe sich um eine Panne gehandelt. Aber mal ehrlich, wie kann denn so eine «Panne» entstehen? Doch nur indem etwas veröffentlicht wird, was im Sprachgebrauch bei diesen Leuten offenbar gang und gäbe ist. Das ist doch der Skandal! Das Perfide besteht darin, dass erst etwas in die Welt gesetzt wird, von dem man sich dann distanziert. Aber in der Welt ist es trotzdem, das lässt sich nicht mehr zurückholen. Noah Becker, obwohl erst Anfang 20, scheint eine weise Gestalt zu sein, er reagierte wie Boateng milde auf diese Äußerung. Er werde häufig als «Neger» bezeichnet, auch von jungen Leuten, die durch die Rapmusik beeinflusst seien. «Die wissen es nicht besser. Dabei können Worte so viel anrichten.» Es sei «einfach ein bizarres Gefühl, wenn man so behandelt wird, als ob man nicht existieren sollte. Das trifft mich.»[4]

Ja, das trifft. Und noch mehr trifft, dass es nicht nur die Rechten und die, sagen wir mal, «Unwissenden» sind, die so einen Quatsch reden. Es macht mich noch extrawütend, wenn ich lese, dass ein SPD-Stadtrat Mesut Özil und Ilkay Gündogan als «Ziegenficker» bezeichnete, weil sie sich mit dem türkischen Präsidenten Erdogan getroffen hatten. So was rutscht einem ja nicht raus, das ist offenbar Bestandteil des Vokabulars und wird dann öffentlich platziert. Bernd Holzhauer nämlich, Erster Stadtrat aus Bebra, kommentierte auf Facebook die Auswahl des DFB für die Fußball-WM 2018 so: «Das vorläufige Aufgebot zur WM – 25 Deutsche und zwei Ziegenficker». Holzhauer hat sich entschuldigt und den Kommentar gelöscht. Aber Tatsache ist und bleibt: Er hat solche rassistischen Wörter in seinem Sprachschatz. Anfang Juni 2018 trat er schließlich als Stadtrat zurück, mit dem windelweichen Hinweis auf die «öffentliche Situation». Er persönlich könnte zwar die «weiteren Anfeindungen» aushalten, aber er wolle sie seinen Parteifreunden und seiner Heimatstadt Bebra nicht zumuten.[5]

Ob die Entschuldigungen in solchen Fällen authentisch wirken oder nur verschwurbelt, ist letztlich egal. Tatsache ist, dass solche Gedanken im Umlauf sind und erschreckenderweise auch bei vielen Menschen, die es eigentlich besser wissen müssten und von denen man erwarten dürfte, dass sie ethischen Grundsätzen folgen. Dass so etwas trotzdem geschieht und meiner Wahrnehmung nach in der letzten Zeit wieder öfter, ist einfach erbärmlich. Ich könnte viele weitere Beispiele aus unterschiedlichen politischen und gesellschaftlichen Milieus aufführen, aber das ist nicht nötig, am Gesamtbild würde das nichts ändern. Wer wache Augen und gespitzte Ohren hat, nimmt solche Vorkommnisse überall wahr. Und wer betroffen, wer mit gemeint ist, so wie ich – der kommt in keinem Fall daran vorbei, sondern wird permanent darauf gestoßen.

Was mich, abgesehen von allem anderen, besonders aufregt, ist die Tatsache, dass viele Menschen Rassismus nicht explizit mit der Gesellschaft verbinden, sondern glauben, der Hort rassistischen Gedankenguts und ebensolchen Handelns sei die Bundeswehr. Ich kann nur betonen: Das ist sie nicht. In den Streitkräften sind genauso wenig oder genau dieselben Vorstellungen über Menschen mit Migrationsgeschichte im Umlauf wie «draußen». Aber in gewisser Weise läuft es bei uns sogar besser, weil wir alle dieselbe Uniform tragen. Und diese Uniform macht gleich. Es kommt bei uns nicht darauf an, welche Hautfarbe man hat, sondern wie man sich als Kamerad und Soldat bewährt. Was nicht heißt, dass es nicht auch bei uns einigen manchmal schwerfällt, ihre Vorurteile, die sie aus dem zivilen Leben mitbringen, hinter sich zu lassen. Und ein paar – das gebe ich zu – sind einfach unbelehrbar und resistent, egal welche Erfahrungen sie machen. Dennoch, im Wesentlichen ist es so, dass wir in der Truppe dem anderen auf die Schulter schauen, also auf die Abzeichen der Hierarchiestufe, auf Leistung und Bewährung, nicht auf die Tönung der Hautfarbe.

Insofern war die Gründung des Vereins Deutscher.Soldat. auch nicht in erster Linie als Instrument gedacht, um etwa Diskriminierung in den Streitkräften zu bekämpfen, sondern um allen Menschen zu zeigen: Hier geht's schon ganz gut. Nehmt euch doch daran mal ein Beispiel. Wir haben farbige Menschen in der Bundeswehr, die ihren Dienst tun und anerkannt sind. Dennoch wollen wir mit dem Verein auch darauf aufmerksam machen, dass das Thema «Soldaten und Soldatinnen mit Migrationshintergrund» bei der Führung der Bundeswehr noch nicht ganz angekommen ist. Mit mehr Aufmerksamkeit und besserer Steuerung könnte man die Chancen, die Menschen mit Migrationshintergrund für die Bundeswehr bieten, noch viel besser nutzen.

Alles ändert sich oder: Warum es den Verein Deutscher.Soldat. gibt

Seit 2012 bin ich Mitglied des Vereins Deutscher.Soldat. Beim Solidaritätslauf in der Helmut-Schmidt-Universität der Bundeswehr in Hamburg kam Dominik Wullers auf mich zu, um mich auf den Verein aufmerksam zu machen. Ich war sofort Feuer und Flamme und füllte direkt den Aufnahmeantrag aus. Seit 2016 bin ich Vorsitzende des Vereins. Oft werde ich gefragt, warum solch ein Verein überhaupt existiert. Vertritt nicht der Bundeswehrverband die Belange aller Soldaten? Und warum dieser Name? Der wirke doch ein bisschen dick aufgetragen, beinahe nationalistisch. Die meisten denken bei dem Namen gleich an Wehrmachtssoldaten oder sogar an Nazis.

Wer einen gewissen Sinn fürs Absurde aufbringt, kommt bei so einer Idee auf seine Kosten. Der Verein besteht überwiegend aus deutschen Soldaten sowie ein paar externen Unterstützern. Die meisten haben einen Migrationshintergrund, viele von ihnen sind dunkelhäutig. Und ausgerechnet wir sollen Nazis sein? Nein, wir sind deutsch! Genau darum geht es. Wir sind deutsch, obwohl unsere Eltern oder Großeltern aus anderen Gegenden der Welt kamen und obwohl die meisten von uns nicht blond und blauäugig sind. Wir sprechen akzentfrei Deutsch, wir leben seit unserer Geburt oder frühesten Kindheit hier, wir setzen als Soldaten unser Leben für Deutschland und die Deutschen ein – und trotzdem wird uns immer wieder die Frage gestellt: «Können Sie denn wirklich Soldat bei der Bundeswehr sein? Woher kommen Sie eigentlich?» – «Warum sprechen Sie so gut Deutsch?» Es ist zum Verzweifeln.

Den Ausschlag für die Gründung des Vereins gab aber einer, der es besonders ernst mit dem Ausgrenzen meint: Dr. Thilo Sarrazin. Er veröffentlichte 2010 in dem Buch «Deutschland schafft sich ab» seine Thesen, dass die Integration gescheitert und die weitere Aufnahme von Menschen mit Migrationshintergrund gefährlich für Deutschland sei. Sarrazin reduzierte das Thema Integration rein auf die türkisch- und arabischstämmige Bevölkerung und wählte die «Beweise» für seine Thesen vor allem aus Problembereichen. Beispiele für gelungene Integration fand er hingegen kaum bzw. gar nicht.

Sarrazins Thesen sind meiner Meinung nach Humbug und beleidigend noch dazu, ich will im Einzelnen gar nicht darauf eingehen. Sie hatten aber immerhin ein Gutes: Sie riefen die gutintegrierten Menschen mit Migrationshintergrund, die Sarrazin komplett ignoriert oder verschwiegen hatte, auf den Plan. Diese Menschen präsentierten sich als Gegenbeispiele, als Beweise für gelungene Integration. Ich glaube, es ging damals eine Art Ruck durch die Menschen mit ausländischen Wurzeln. Sie fühlten sich aufgerufen, als im Grunde nicht besonders homogene Gruppe gemeinsam aufzustehen und Sarrazin und seine Kumpane in die Schranken zu weisen.

Eine Aktion, durch die deutlich wurde, wie viele dieser Menschen in Deutschland leben und wie sie das Land mittlerweile prägen, war «Raus mit der Sprache. Rein ins Leben». Ursprünglich hatte die Aktion mit der Sarrazin-Debatte gar nichts zu tun. Die Kampagne stammte von der Deutschlandstiftung Integration und sollte Immigranten verdeutlichen, dass ordentliche Deutschkenntnisse ihre Chancen auf ein gutes Leben in Deutschland erheblich verbessern würden. Auf jedem Plakat war ein Promi zu sehen, der die Zunge rausstreckte. Die war schwarz-rot-gold gefärbt, als Sinnbild eben für «Raus mit der (deutschen) Sprache». Gut gelaunt wirkten die Leute, lebhaft und frech war der Eindruck bzw. Ausdruck der ganzen Kampagne.

Ob sie ihr Ziel erreicht und vor allem mehr ältere Migranten motiviert hat, Deutsch zu lernen, weiß ich nicht. Auf jeden Fall kam sie genau zur rechten Zeit und als «Gegenbewegung» zu Sarrazin. Die Promis, die sich beteiligten, eröffneten ein unglaubliches spannendes, buntes Panorama an Deutschsein – ich bin sicher, dass auch viele «Urdeutsche» darüber staunten. Rapper Sido aus Berlin, Moderatorin und Schauspielerin Collien Fernandes, Schauspieler Elyas M'Barek, Boxer Arthur Abraham, Fußballer Jérôme Boateng, etliche Models und viele weitere waren dabei. Lauter Deutsche, die für manch einen die Vorstellung eines «Standarddeutschen» in Frage stellten.

Auch andere zeigten wenn schon nicht Zunge, so doch Flagge. Migranten und Kinder von Migranten gründeten aus Protest gegen Sarrazins Thesen Initiativen und Vereine, von denen sich viele später unter dem Dachverband der «Neuen deutschen Organisationen» zusammenschlossen. Sie hatten sich auf die Fahne geschrieben zu zeigen, wie Deutschland jetzt tickt. DeutschPlus e. V. oder Juma e. V. (jung, muslimisch, aktiv) etwa gehören dazu. Gerade sie, die zweite, dritte und vierte Generation von Einwanderern, waren empört über die Beschreibungen von den prügelnden arabischstämmigen Jugendlichen, die Sarrazin als Beispiel für die gescheiterte Integration heranzog. Klar, solche gibt es auch, aber die Mehrheit sind sie nicht. Die Mehrheit sind die eher stillen, unauffälligen

Menschen mit Migrationshintergrund, die auf ihre Art und Weise die verschiedensten Beiträge zum Gelingen der deutschen Gesellschaft leisten. Vor Sarrazin gab es natürlich auch schon Aktivitäten, etwa die Initiative Schwarzer Menschen in Deutschland, die bereits seit den 1980er Jahren unter unterschiedlichen Namen besteht. Aber Sarrazins Buch rief noch einmal eine Gegenbewegung hervor, die zeigen wollte, dass Minderheiten schon lange eine positive Rolle in der deutschen Gesellschaft spielen, auch wenn die Mehrheit das oft nicht wahrhaben will.

Viele der Nachkommen von Migranten haben das Gefühl, dass sie sich zwischen zwei Welten befinden: Sie sind hier geboren und/oder aufgewachsen, finden jedoch ihren Platz nicht, weil sie von der Mehrheitsgesellschaft nicht als natürlicher Teil der Gesellschaft wahrgenommen werden. Wenn sie versuchen, dieses Problem zu thematisieren, wird ihnen absurderweise jedoch oftmals im Gegenzug eine mangelnde Integrationsbereitschaft unterstellt, die Ursache für diese Ausgrenzung sein soll. In der Heimat ihrer Eltern sind diese Menschen aber ebenso wenig zu Hause, viele sprechen nicht einmal die Sprache richtig. Sie sind Deutsche, die immer wieder damit konfrontiert werden, dass man ihnen ihr Deutschsein nicht zugesteht.

Die Effekte dieser Ablehnung sind hoch problematisch, können sogar oft extrem werden. Manche dieser Zurückgestoßenen neigen dazu, ihren «Mangel» durch Überkompensation wettmachen zu wollen, also etwa durch Superleistung mit Überbetonung des Deutschen bei dunkler Hautfarbe. Ein Beispiel dafür ist der dunkelhäutige Harald Weyel von der AfD, der am liebsten das Kaiserreich zurückhätte. Die andere extreme Reaktion besteht in der Überbetonung der Herkunft und der nicht christlichen Religion. Da kommen hässliche Dinge zustande wie Radikalisierung, Abschottung, Heroisierung der früheren «Heimat» usw.

Wie schon gesagt, auch die Gründung des Vereins Deutscher.Soldat. ist eine Reaktion auf die diskriminierenden Sarrazin-Thesen. Initiator war Dr. Ntagahoraho Burihabwa. Er ist lupenreiner Deutscher: in Siegen geboren, Abschluss eines Doppelstudiums in Geschichtswissenschaft und Pädagogik mit der Note 1,1, Promotion, Hauptmann der Bundeswehr – und schwarz. Als Gruppenleiter an der Helmut-Schmidt-Universität der Bundeswehr gründete er im April 2011 gemeinsam mit studierenden Offizieranwärtern und Offizieren – sowohl mit als auch ohne Migrationshintergrund – den Verein. Das Hauptziel bestand darin, aus den Streitkräften heraus einen positiven Impuls für die problematische und einseitige Integrationsdebatte zu geben.

Insbesondere wollte der Verein das nicht mehr zeitgemäße, voreingenommene Bild des «Deutschseins» hinterfragen. Die Bundeswehr mit ihrem mittlerweile großen Anteil von knapp 15 Prozent an Soldaten mit Migrationshintergrund[6], die sich eindeutig mit ihrer deutschen Heimat identifizieren, soll als Spiegel der Gesellschaft dienen.

Überraschend wirkt auf viele der bewusst provokante Name Deutscher.Soldat., zu dem dann noch einige Fotos von Vereinsmitgliedern kommen – mit ihrem jeweiligen ethnischen Hintergrund, aber wohlgemerkt in deutscher Uniform. Keine «Plage der Nation», wie die radebrechenden und gewalttätigen muslimischen Jugendlichen mit arabischem Migrationshintergrund schon mal genannt werden, sondern sehr gut integrierte und verdienstvolle Mitglieder der Gesellschaft.

Der Name Deutscher.Soldat. ist ein starkes Statement, keine

Problematisierung, keine komplizierte Herleitung oder Feindifferenzierung, er sagt: Wir sind deutsche Soldaten. Punktum. Wir sind keine Selbsthilfegruppe, es geht nicht um die Durchsetzung von Rechten oder Ansprüchen. Wir haben etwas zu sagen, aber nicht als Bittsteller oder Benachteiligte. Wir sind einfach ein provokantes Beispiel für gute Integration.

Ntagahoraho Burihabwa ist ein toller Typ, jemandem wie ihm war ich noch nie begegnet. Er hat eine ganz besondere Geschichte. Seine Eltern stammen aus Burundi, der Vater studierte in den 60er Jahren Maschinenbau in Deutschland und war später in der deutschen Entwicklungszusammenarbeit in Kenia tätig. Dass Burihabwa in die Bundeswehr eintrat, war keineswegs selbstverständlich. Viele seiner Freunde rieten ab: Er werde sicher aufgrund seiner Hautfarbe diskriminiert werden, vielleicht sogar unterdrückt und gequält. Trotzdem ließ er sich 1999 mustern und bewarb sich sogar gleich für zwölf Jahre, weil er Offizier werden wollte. Er war stolz auf sein Land und wollte in jeder Hinsicht dazugehören. Allerdings hatte auch er schon seine Erfahrungen mit weißen Deutschen gemacht, die ihn nicht als ganz normales Mitglied des deutschen Volkes akzeptieren wollten. Und wer weiß, vielleicht hatten seine Freunde mit ihren Warnungen doch recht. Zu Beginn seines Wehrdienstes war er daher sehr sicherheitsorientiert, geradezu misstrauisch. In seiner ersten Sechsmannstube wählte er das Bett, von dem aus er den besten Überblick hatte, für den Fall, dass ihn nachts jemand angreifen würde. Aber nichts dergleichen geschah, die anderen fünf waren ganz normale junge Männer wie er.

Anfangs gab es hier und da neugierige Blicke, wenn er in die Kantine kam, der einzige Schwarze in dem ganzen Saal. Oder es fielen auch mal unangebrachte Bemerkungen wie: ‹Tarnfarbe brauchst du ja wohl nicht.» Aber er hatte nicht das Gefühl, dass das böse oder ausgrenzend gemeint war, und diese Phase ging schnell vorbei. Am wichtigsten war für ihn, dass sein erster Gruppenführer kein Wort über seine Hautfarbe verlor, der nahm das einfach so hin, als wäre es das Normalste der Welt. Nicht sein Schwarzsein stand im Vordergrund, sondern das Entscheidende war die Kameradschaft. Er war einfach nur einer derjenigen, die gemeinsam eine Aufgabe erfüllen und ihren Dienst für Deutschland leisten.

«Draußen», außerhalb der Kaserne, hielten die Ausgrenzungserfahrungen an, wenn auch oftmals subtil und unbeabsichtigt: «Woher kommen Sie denn?», «Wieso können Sie so gut Deutsch?», «Wann gehen Sie zurück in Ihre Heimat?» Manchmal wurde er auch direkt als «Neger» beschimpft, oder man machte hinter seinem Rücken Affengeräusche, sodass er häufig froh war, wenn er sonntagsabends wieder in die Kaserne fahren konnte. Die Bundeswehr ist keine heile Welt, auch hier gab (und gibt) es Rassisten. Doch die Vorurteile, die jemand mitbringt, lassen sich in der Bundeswehr schlechter pflegen. Kameradschaft verträgt eben keine Diskriminierung. Die klare hierarchische Struktur tut ein Übriges: Als Offizier war Burihabwa vielleicht der schwarze Hauptmann. Aber er war eben nicht «der Schwarze», sondern in erster Linie Hauptmann und ordnete an, was zu tun war.

Als Gründer und Vorsitzender von Deutscher.Soldat. war er mir natürlich ein Begriff. So richtig lernte ich ihn aber erst kennen, als ich schon einige Zeit im Verein tätig war und wir gemeinsam unsere Arbeit beim Sommerbiwak der 1. Panzerdivision in Hannover vorstellen wollten. Ein Biwak ist normalerweise ein Feldlager. Dieses in Hannover war jedoch ein traditionelles Sommerfest, das im Stadtpark stattfand, mit vielen

Bühnen, auf denen Künstler auftraten. Rund 5000 Gäste waren eingeladen, jede Menge Promis darunter, viele Politiker. Das Biwak sollte die Verbundenheit der Stadt mit der Bundeswehr unterstreichen. Die Panzerdivision war schon seit vielen Jahren in Hannover stationiert. 2013 fand das Sommerbiwak zum vierzigsten Mal statt.

Da ich in Hannover wohnte, hatte ich es übernommen, für den Verein den Infostand vorzubereiten, auf dem Burihabwa, Dominik Wullers und ich unsere Arbeit vorstellen konnten. Als die beiden in meinem Wohnzimmer auf dem Sofa saßen, weil wir noch letzte Details zu besprechen hatten, war ich richtig stolz: weil diese beiden großartigen Menschen meine Gäste waren und weil wir alle drei Deutsche sind. Und wir, ausgerechnet wir, vertraten einen wichtigen Teil der Bundeswehr – das war schon eine Nummer für sich, wirklich bewegend.

Ich hatte einen Heidenrespekt vor ihnen, beide waren Hauptmann, beide mit Studium und viel Erfahrung. Ich dagegen nur Oberfeldwebel, also ohne Studium. Aber umgekehrt bekamen sie auch Respekt vor mir. Ich arrangierte nämlich, dass Ministerpräsident Stephan Weil uns am Stand besuchte und wir ihm den Verein vorstellen konnten. Damals war ich bereits über die Vereinsarbeit Mitglied in der Landtagskommission zu Fragen der Migration und Teilhabe. Bei einem dieser Treffen hatte ich den Ministerpräsidenten gebeten, während des Biwaks auch zu uns zu kommen und mit uns zu sprechen. Dass Weil dann tatsächlich kam, das imponierte meinen beiden Hauptleuten.

Burihabwa auf dem Biwak und an unserem Stand in Aktion zu erleben war absolut beeindruckend. Dass jemand so eloquent, so überzeugend war und außerdem noch humorvoll und lebhaft … Er zog Stephan Weil und die anderen Politiker mühelos in seinen Bann. Seine charismatische Ausstrahlung war enorm.

Burihabwa hatte den Verein gegründet, um den Menschen zu zeigen: Glaubt solchen Leuten wie Sarrazin nicht. Ihr liegt falsch. Deutsche anderen ethnischen Ursprungs sind nicht so, wie er sagt. Es ist richtig, über Migration und Integration zu reden, über das, was gut ist, und das, was schiefläuft. Wir müssen gemeinsam darüber sprechen, was Integration bedeutet, aber nicht über die Köpfe der zu Integrierenden hinweg. Jeder in der Gesellschaft muss sich Gedanken machen: wie er sich verhält, welche Barrieren er aufbaut, ob seine Vorstellungen der Realität standhalten und welche Zukunft er für sich und sein Land sieht.

Es mag für diejenigen, die der Bundeswehr nur Schlechtes unterstellen, paradox klingen: Aber gerade sie hat das Potenzial, Menschen mit anderen Wurzeln, die schlechte Erfahrungen in der deutschen Gesellschaft machen, zu zeigen, dass auch sie ihren Platz haben. In der Bundeswehr werden sie so genommen, wie sie sind, egal welcher Herkunft, Hautfarbe, Religion oder sexueller Orientierung. Burihabwa hat das selbst erfahren. In einem Interview sagte er einmal, dass er während seiner Grund- und Offizierausbildung niemals das Gefühl gehabt habe, anders zu sein. Nur im außerdienstlichen Alltag habe er aufgrund seiner Hautfarbe schlechte Erfahrungen gemacht. Als er Kameraden kennenlernte, die selbst einen Migrationshintergrund hatten, war er positiv überrascht: «Die wachsende Vielfalt hat auch die Streitkräfte erreicht, und das ohne Befehl von oben. Das ist besonders und zeigt das große Integrationspotenzial der Bundeswehr.» [7]

Natürlich lässt sich das Modell der Bundeswehr nicht einfach so auf die Gesellschaft übertragen. Es gibt keine strenge hierarchische Struktur im öffentlichen und privaten Leben, eine Kameradschaft mit über 80 Millionen Menschen zu pflegen ist nicht möglich. Dennoch ist die Bundeswehr der Beweis dafür, dass Integration gelingen kann. Sie belegt, dass es keine «natürlichen» Hinderungsgründe gibt, wenn Menschen unterschiedlicher Hautfarbe oder Herkunft miteinanderleben *wollen.* Unser Verein will diese Botschaft stärken und lauter werden lassen.

Mir imponiert Ntagahoraho Burihabwa sehr. Ich habe große Hochachtung vor ihm als Mensch und vor seinen Leistungen. Wenn ich mir die Liste seiner Förderungen, Abschlüsse, Auslandsaufenthalte und Auszeichnungen ansehe, bekomme ich direkt weiche Knie. Aber was ich am meisten an ihm schätze, ist seine freundliche Art und sein unerschütterlicher Optimismus, dass wir eines Tages alle ohne Vorurteile aufgrund von unterschiedlichem Aussehen miteinander umgehen. Er hat leider die Bundeswehr vor einigen Jahren verlassen und arbeitet bei den Vereinten Nationen in New York im Department of Peacekeeping Operations.

Ich bin sehr froh, dass ich ihn kennenlernen durfte. Bis ich mir seinen Vornamen merken konnte, hat es allerdings eine Weile gedauert. Seitdem ich aber weiß, was Ntagahoraho bedeutet, fällt es mir leichter: Auf Kirundi, der Amtssprache in Burundi, bedeutet er so viel wie «Alles ändert sich».

Diversity Management: Aufgabe mit Zukunft

Der Verein Deutscher.Soldat. besteht seit mittlerweile knapp zehn Jahren. Die Schwerpunkte unserer Arbeit haben sich im Laufe der Zeit ein wenig verändert und den aktuellen Anforderungen angepasst. Burihabwas Nachfolger als Vereinsvorsitzender, mein guter Freund und Kamerad Dominik Wullers, konzentrierte sich darauf, das Thema «Soldaten mit Migrationshintergrund» im Verteidigungsministerium strukturell nach vorn zu bringen. Schließlich nützt alles Engagement nichts, wenn wir nur hier und da auf das «Phänomen» Migrationswurzeln aufmerksam machen können und sonst nichts passiert. Das Ganze muss in der Hierarchie des Ministeriums verankert werden, damit sämtliche Etagen in den Streitkräften mitbekommen, dass sie sich darum kümmern müssen. Der moderne Begriff für dieses «Kümmern» ist Diversity Management. Es muss klar sein, dass das kein Nebenaspekt oder ein Nice-to-Have ist, sondern essenzielle Bedeutung für die Streitkräfte hat – und für die Gesellschaft insgesamt.

Unsere Kapazitäten sind begrenzt, die Vereinsarbeit ist nicht unsere Hauptbeschäftigung, aber was wir anstoßen und auf eine höhere Ebene bringen können, das tun wir. Zum 1. Mai 2016 wurde die kurz zuvor neu eingerichtete Stabsstelle im Verteidigungsministerium besetzt, die sich unter anderem dem Diversity Management widmet. Dass es dazu kam, ist auch ein Verdienst unseres Vereins und unseres persönlichen Einsatzes. Andere Gruppierungen haben ebenfalls ein Interesse daran, dass ihre Anliegen in einem institutionalisierten Rahmen behandelt und die Situation für Minderheiten verbessert wird, dazu gehören etwa Homosexuelle oder Frauen in den Streitkräften.

Entsprechend wirkt die neue Stabsstelle ein wenig wie ein Gemischtwarenladen. Der Name zeigt es schon: «Stabselement Chancengerechtigkeit, Vielfalt und Inklusion». In den wenigen Jahren ihres Bestehens hat es bereits drei Leiterinnen gegeben, die jeweils ihre Konzepte entwickelten. Der letzte Diversity-Tag im Bundesverteidigungsministerium im Juni 2018 etwa beschäftigte sich mit dem Thema Alter und Vielfalt.[8] Sicher auch ein wichtiger Aspekt, besonders vor dem Hintergrund des demographischen Wandels. Dennoch würde ich mir wünschen, dass die vielfältige Herkunft der bereits tätigen und der zukünftigen Soldaten mit Migrationshintergrund in größerem Umfang und systematischer behandelt würde. Es gibt schon hier und da Ansätze, aber meiner Ansicht nach müsste sich noch viel mehr tun.

In Artikeln und Vorträgen hat Dominik oft darauf hingewiesen, dass die Bundeswehr bei der strategischen Steuerung der Diversität noch deutlichen Nachholbedarf aufweist. Schon bei der Institutionalisierung sieht man, dass das noch nicht richtig angepackt wird. Denn auch die neue Stelle bedeutet noch keine grundsätzliche Veränderung, es ist auch keine neue Abteilung, sondern «nur» eine Stabsstelle. Ihre ursprüngliche Aufgabe bestand darin, die Chancengerechtigkeit von Männern und Frauen in der Bundeswehr zu fördern. Die Stelle wurde dem Abteilungsleiter Personal unterstellt und in Bonn angesiedelt. Das Riesenthema Diversity Management kam dann gleichberechtigt dazu. Das Ganze ist also nicht weit oben im Ministerium platziert, sondern in einem Paket mit vielen anderen Dingen auf der vierten Ebene der bürokratischen Hierarchie angesiedelt. Die Folge: Langwierige Abläufe und Entscheidungsprozesse sind programmiert, die Zustimmung vieler verschiedener Abteilungen, die von irgendwelchen Maßnahmen betroffen sein können, ist selbst für kleine Schritte notwendig. Außerdem beschäftigen sich auch andere Abteilungen mit Teilbereichen des Diversity Managements, was zu einer Zersplitterung der Kräfte und Vorhaben führt. Das Thema ist also präsent – irgendwie und ein bisschen. Aber mit dieser «Strategie» kommt eben nicht so viel herum, wie nötig und möglich wäre.

Andere machen es anders, besser. In den amerikanischen Streitkräften etwa ist das Diversity Management im Pentagon mit einer eigenen Abteilung vertreten, dem Office of Diversity Management and Equal Opportunity (ODMEO). Der Leiter hat den Rang eines Staatssekretärs. Hier laufen alle Fäden zusammen, es gibt, anders als bei uns, nicht die von vornherein zu erwartenden organisatorischen Reibungsverluste. Diese Konstruktion ermöglicht vielmehr eine wirksame, weitreichende Behandlung des Themas.

Die Mission des ODMEO ist klar: «The changing face of the Nation demands that we change. As the demographic make-up of the American population continues to evolve, it is imperative that the Department of Defense focus its efforts on emerging talent to ensure that we successfully attract, recruit, develop and retain a highly-skilled Total Force capable of meeting current and future mission requirements.»[9]

Meiner Ansicht nach ist die Bundeswehr beim Diversity Management vom amerikanischen Engagement noch weit entfernt. Sie agiert nicht, sondern reagiert, und das überwiegend defensiv. Probleme werden punktuell gelöst, aber die Entwicklung insgesamt wird nicht gesteuert. Es bedeutet, dass die vielen Chancen, die sich über ein strategisches Diversity Management bieten, nicht genutzt werden, jedenfalls nicht effizient genug.

Dass sich bei der Bundeswehr überhaupt etwas in dieser Richtung bewegt, ist vor allem dem Verein zu verdanken, insbesondere Dominik. 2013 richtete der German Marshall Fund in Washington eine Tagung zu Fragen von Diversity in den Streitkräften aus. Vertreter des Verteidigungsministeriums wurden entsandt, und auch Dominik Wullers nahm als Vorstandsmitglied unseres Vereins teil. Am Ende einer der Debatten äußerte ein deutscher Vertreter, dass es in der Bundeswehr keinerlei Probleme mit Migration oder gar ungelöste Aufgaben gebe. Im Grunde sei alles prima und keine weitere Beschäftigung damit nötig – was von der Realität meilenweit entfernt war und ist. Zum Glück gab es später noch eine Feedbackrunde von jüngeren Teilnehmern. Dominik stellte seine Ansicht dar: dass es auch in Deutschland einen Riesenbedarf für eine solche Tagung gebe, weil viele Probleme nicht nur nicht gelöst, sondern offenbar nicht einmal bekannt seien. Worauf die Organisatorin meinte, das sehe sie genauso und er solle sich der Sache doch am besten selbst annehmen, mit ihrer Unterstützung.

Dominik arbeitete damals gerade an seiner Dissertation, hatte also eigentlich bereits ohne eine solche Aufgabe alle Hände voll zu tun. Aber diese Chance auszuschlagen, das wäre fahrlässig gewesen. Er warf sich in das Projekt und schaffte es tatsächlich, eine internationale Konferenz in Berlin auf die Beine zu stellen. Sie fand anderthalb Jahre später statt, ihr Titel lautete: «Diversity and Inclusion in Armed Forces». Es nahmen 120 Entscheidungsträger aus verschiedenen Streitkräften, aus der freien Wirtschaft und aus der Politik teil und erörterten, wie man Diversity in der Bundeswehr erfolgreich managen könne und welche Konzepte sich aus anderen Bereichen auf die Streitkräfte übertragen ließen.

Dominik schaffte es sogar, Verteidigungsministerin Ursula von der Leyen für die Schirmherrschaft über die Veranstaltung zu gewinnen. Viele hochrangige ausländische Vertreter nahmen teil. Das hatte zur Folge, dass das Verteidigungsministerium mitziehen und ebenfalls die höheren Ränge schicken musste. Diese Tagung war ein Riesengewinn für uns. Ich glaube, dass dort vielen Generälen überhaupt erst einmal klarwurde, was Diversity für sie bedeutet. Und dass ihre Verantwortung für die Truppe es verlangt, auch dieses Thema anzupacken. Es war ein Supererfolg!

Dennoch bleibt natürlich noch jede Menge zu tun. Wir sind Externe, das heißt, wir können im Verteidigungsministerium nichts entscheiden. Wir können nur immer wieder Impulse geben und mit Workshops und auf anderen Veranstaltungen dafür sorgen, dass das Thema präsent bleibt und Fortschritte macht. Allerdings, ich bin ein ungeduldiger Mensch und meine: Es könnte alles noch viel schneller gehen. Das Ministerium ist ein Riesenapparat, eine Behörde, in der sich Veränderungen nur in kleinsten und kleinen Schritten vollziehen. Es gibt zu allem Hunderte von Beratungen, Meetings, Vorlagen, Abstimmungsprozesse, Protokolle, Ergänzungen, Zusätze, «politische» Hakeleien usw. Entscheider mit strategischen Konzepten haben es schwer. Veränderungen zu erzielen ist sehr, sehr mühsam. Aber wir haben uns mittlerweile einen Namen gemacht. Wir stehen auf der Liste des Protokolls und werden als

Verein immer dann eingeladen, wenn irgendetwas Offizielles stattfindet, das mit Diversity im weiteren oder engeren Sinne zu tun hat.

Eine gravierende Schwierigkeit, auch für die Verteidigungsministerin, besteht darin, dass viele der militärischen und der zivilen Angehörigen der Bundeswehr Diversity für ein «weiches» Thema halten, das sich auf derselben Relevanzebene wie Familie, Frauen oder Freizeitausgleich befindet. Sie sind der Ansicht, dass man sich zuerst mal um die «harten» Themen kümmern sollte, etwa gravierende Mängel bei der Ausstattung, fehlender Nachwuchs, belastbare Sicherheitsstrategie usw. Da gäbe es wirklich viel zu tun. Und wenn das alles geregelt wäre, dann ... ja, dann ... könne man sich auch noch um solche Extras wie Diversity kümmern. Im Grunde sind viele der Meinung, dass Diversity sowieso kein Thema der Streitkräfte ist, sondern irgendwo anders hingehört, ins Innenministerium oder zu Arbeit und Soziales vielleicht.

Aber ich meine: Das ist zu kurz gesprungen, und man sollte das eine nicht gegen das andere ausspielen. Klar, Ausrüstung etc. ist ein Riesenthema. Doch wo sollen denn die Menschen für die Truppe herkommen, die wir so dringend brauchen und die dann die Geräte bedienen? Wollen wir eine große und immer größer werdende Gruppe von potenziellen Soldaten außen vor lassen? Wir haben in der Gesamtbevölkerung einen Migrationsanteil von 22,5 Prozent, ein Drittel dieser Menschen ist hier in Deutschland geboren.[10] Ein gutes Fünftel der Deutschen hat nichtdeutsche Wurzeln – und das ist nur der Durchschnitt. In manchen Städten oder Stadtteilen ist der Anteil der Bevölkerung mit Migrationsgeschichte weit höher, bis zu 90 Prozent. Auch da müssen wir Flagge zeigen, denn da steckt für uns als Bundeswehr das Potenzial. Im Übrigen: Wenn man auf den Nachwuchs schaut, sieht es noch ganz anders aus, über 38 Prozent aller Kinder unter fünf Jahren haben einen Migrationshintergrund.

Die Jugendlichen aus diesen Milieus reagieren auf die Bundeswehr ganz anders, als viele Außenstehende meinen. Dominik Wullers ging als Offizier öfter in Schulen, um die Bundeswehr zu präsentieren, ihre Aufgaben und Pflichten. Aber er erläuterte dabei eben auch, welche Berufsbilder es gibt, wie man überhaupt Zugang zur Bundeswehr findet. Oft erlebte er dann, dass die Kinder und Jugendlichen aus arabischen, türkischen, afrikanischen, nahöstlichen und wer weiß welchen Familien fasziniert waren von seinen Ausführungen und sich sehr dafür interessierten, wie es bei der Bundeswehr zugeht. Gerade weil er mit seinem kapverdischen Elternteil selbst dunkelhäutig ist, bot er ihnen ein enormes Identifikationspotenzial. Bei einem Auftritt in einem Berlin-Neuköllner Gymnasium etwa bestürmten ihn die Jugendlichen nach seinem Vortrag mit Fragen: Wie hast du das geschafft? Wieso konntest du bei der Bundeswehr studieren? Hast du wirklich einen Panzer gefahren? Dürfen sich auch Frauen bewerben? Warum gefällt es dir bei der Bundeswehr? Bist du der Einzige, der dunklere Haut hat? Usw.

Die gute Nachricht, die in solchen Begegnungen steckt, lautet: Es besteht ein riesengroßes Interesse der Kinder und Jugendlichen an unserem Beruf. Die schlechte Nachricht: Diese Jugendlichen kommen von selbst gar nicht darauf, dass ihnen die Streitkräfte offenstehen, dass sie ihnen etwas bieten könnten. In ihrer Community spielt die Bundeswehr nicht die geringste Rolle, noch weniger als bei den anderen. Also verbinden sie auch keine Idee von Ausbildung, keinen Beruf für sich damit. Wenn sie hören, dass es in den Streitkräften über 1000 verschiedene Berufe gibt, fallen sie aus allen Wolken. Dass die Bundeswehr mehr ist als Grüßen, Marschieren und Kämpfen – davon haben sie keinen blassen Schimmer. Die Polizei berichtet über ähnliche Erlebnisse der Kollegen, die die verschiedenen Berufe bei der Polizei in Schulen präsentieren.

Es gibt sicher mehrere Gründe, warum sich Jugendliche mit Migrationshintergrund nicht bei staatlichen Sicherheits- und Ordnungskräften bewerben. Einer davon liegt zweifellos in einer vollkommen anderen Familienkultur. Bei uns in den Streitkräften ist noch immer nicht richtig angekommen, dass man sich um die Jugendlichen aus diesen Familien in anderer Weise bemühen muss als um die der «alten» Deutschen. Wir müssen uns in ihre Situation und in ihre Lebenswirklichkeit hineinversetzen und entsprechend handeln. In der Regel sind die Familienstrukturen mit Migrationshintergrund nicht so individualistisch ausgerichtet wie die der «Alt-Deutschen». Hier entscheidet nicht der Einzelne für sich, was er machen will. In allen bedeutenden Fragen, und die Berufsfindung gehört auf jeden Fall dazu, ist die Familie nach wie vor eine sehr, sehr wichtige Instanz, auch wenn die Jugendlichen schon die dritte oder vierte Generation der in Deutschland Geborenen darstellen. Das heißt: Wenn einer von den Jugendlichen auf die Idee kommt, zur Bundeswehr zu gehen, dann kann er das nicht einfach so entscheiden und sich bewerben, selbst wenn er älter als 18 Jahre ist. Er muss vielmehr Vater, Mutter, ältere Geschwister, Tanten, Onkel, Cousinen usw. von seinem Plan überzeugen. Er schuldet ihnen Rechenschaft. Und genau dafür muss die Bundeswehr ihm die Argumente liefern: dass Leute wie er oder sie willkommen sind, dass ihre Bedürfnisse berücksichtigt werden, auch die religiösen, dass es ein ehrenvoller Beruf ist und vor allem dass dieses Land ihr Land ist und sie gebraucht werden. Damit diese Botschaft bis zu den Empfängern durchdringt, braucht man ein strategisches Management, und das ist definitiv eine Führungsaufgabe.

Sich um diese Jugendlichen zu bemühen ist nicht nur ein lohnendes Engagement für die Bundeswehr, sondern für die gesamte Gesellschaft. Denn wenn wir auf Dauer eine solche Riesengruppe nicht davon überzeugen können, sich für Deutschland einzusetzen, und wenn wir ihnen für ihre Energien keinen adäquaten Raum bieten, dann gehen uns diese Talente verloren. Dann wird der Spalt in der Gesellschaft zwischen «alten» und «neuen» Deutschen immer breiter, bis er kaum noch überbrückt werden kann. Dann gibt es parallele Subgesellschaften, die nichts mehr miteinander zu tun haben. Wollen wir das? Die meisten werden sagen: Natürlich nicht. Das finde ich gut. Aber wenn man die «neuen» Deutschen wirklich einbinden will, dann muss man etwas dafür tun. Von selbst oder noch mit Methoden, die in früheren Zeiten entwickelt wurden, läuft es nicht.

Ganz abgesehen von den allgemeinen Integrationsüberlegungen: Es sind so viele Kompetenzen in diesen Gruppen vorhanden, die man nutzen könnte. Es ist doch absolut unökonomisch, das nicht zu tun. Speziell die Bundeswehr könnte noch viel mehr von Kameradinnen und Kameraden mit Migrationshintergrund profitieren. Sie verfügen in der Regel über Sprach- und Kulturkenntnisse, die gerade für die zunehmenden Auslandseinsätze von Vorteil sein können. Aber soweit ich weiß, werden diese Kompetenzen noch immer nicht systematisch erfasst. Das hat sich beispielsweise bei den Einsätzen der Bundeswehr im Rahmen der Flüchtlingshilfe in den Jahren 2015/16 gezeigt. Es gab keine Listen mit Arabisch sprechenden Kameraden. Die Leiter der jeweiligen Einrichtungen mussten sie mühsam identifizieren.[11] Vereinfacht kann man sagen: Die Bundeswehr wusste gar nicht genau, wer bei ihr arbeitet. Also konnte sie ihre vorhandenen Ressourcen nicht richtig ausschöpfen. Wie schade und wie unnötig! Und nicht nur das: Sie erkennt darüber hinaus noch immer nicht, welches Potenzial zukünftiger Soldatinnen und Soldaten mit Migrationshintergrund sie sich entgehen lässt. Es ist höchste Zeit, dass sich das ändert!

Staatsbürgerin in Uniform

«Der Bundespräsident hat insbesondere den Auftrag, im Sinne der Integration des Gemeinwesens zu wirken.» So formulierte es das Bundesverfassungsgericht 2014. Drei Jahre später erinnerte Dr. Norbert Lammert daran. Er war damals Präsident des Bundestages und qua Amt auch Präsident der Bundesversammlung. Lammert sprach zu den 1260 Mitgliedern der 16. Bundesversammlung, die den Nachfolger von Bundespräsident Joachim Gauck wählen würden. Es war eine grandiose, feierliche und zugleich optimistische Rede, die unter die Haut ging. Jedenfalls mir. Ich war nämlich dabei. Ich, Tochter marokkanischer Einwanderer und Muslima, war eine von den 1260 Deutschen, die das Staatsoberhaupt wählten. Mir war regelrecht schwindelig vor Ergriffenheit.

Ich war so stolz auf mein Land, auf die Ehre, die mir zuteilwurde, und auf die Pflicht, die ich erfüllen durfte. Meine Ernennung war ein sichtbares Zeichen dafür, dass der Verein Deutscher. Soldat. und ich als seine Vertreterin anerkannt wurden, ebenso die Arbeit, die wir oder ich leisten, unter anderem in der Kommission zu Fragen der Migration und Teilhabe des Niedersächsischen Landtags. Ich war als Mensch, als Bürgerin und als Vertreterin einer gesellschaftlichen Entwicklung aufgefordert, meine Stimme abzugeben.

Ich glaube, jeder Teilnehmer der Bundesversammlung hatte

ein Gefühl für die Bedeutung seiner Aufgabe. Die Bundestagsabgeordneten waren möglicherweise etwas weniger beeindruckt, weil sie einfach mehr politische Routine haben. Die Prominenten aus Film und Fernsehen und anderen künstlerischen und gesellschaftlichen Bereichen, die ebenfalls delegiert worden waren, waren relativ cool drauf, das waren ja Profis in ihrem Fach. Aber für einen Laien wie mich war das alles der helle Wahnsinn.

Wie kam ich überhaupt dahin? Im Grunde durch einen Telefonanruf. Im Oktober 2016 rief der damalige Landtagsvizepräsident Klaus-Peter Bachmann an, mit dem ich schon länger befreundet bin, und sagte: «Hör mal, Nari, Stephan Weil und ich haben dich heute als Mitglied der 16. Bundesversammlung vorgeschlagen. Was sagst du dazu?» Ich dachte natürlich, dass er einen Witz machte. Den Bundespräsidenten wählen, ausgerechnet ich! Ich war ja nicht mal Mitglied einer Partei. Er meinte, dass es gut sei, auch eine Frau mit Migrationshintergrund dabeizuhaben, einfach um alle gesellschaftlichen Gruppen zu repräsentieren. Wir plauderten noch ein bisschen, aber im Grunde war ich überzeugt davon, dass sich Bachmann einen Scherz erlaubt hatte, den ich nicht weiter ernst zu nehmen brauchte. Es gab viel anderes zu tun und ich vergaß den Anruf mehr oder weniger wieder.

Sechs Wochen später, am 14. November, klingelte mein Telefon, auf dem Display stand eine mir unbekannte Nummer mit Berliner Vorwahl. Michael Rüter meldete sich, damals Staatssekretär des Landes Niedersachsen und Ansprechpartner in Berlin für die Verfassungsorgane. Er bot mir sofort das Du an, worüber ich ziemlich perplex war, weil ich ihn ja kaum kannte, ich hatte ihn zuvor vielleicht zwei- oder dreimal gesehen. Aber natürlich lehnte ich nicht ab. «Also, Nari, Ministerpräsident Stephan Weil lässt fragen, ob du den nächsten Bundespräsidenten wählen möchtest. Das Land Niedersachsen kann zusätzlich zu den Bundestagsabgeordneten noch 63 weitere Mitglieder benennen, die SPD 23 davon. Eine von den 23 könntest du sein. Wir wollen nämlich, dass alle gesellschaftlichen Gruppen unter unseren Delegierten vertreten sind, auch eine Soldatin mit marokkanischen Wurzeln.» Ich war baff! So eine Chance gibt es nur einmal im Leben, und dass sie mir überhaupt geboten wurde, war eigentlich unvorstellbar. Selbstverständlich sagte ich zu, was sonst.

Ich wurde also auf die Liste gesetzt, und im Dezember stimmte der Niedersächsische Landtag den Fraktionsvorschlägen für die Delegierten zur Bundesversammlung zu. Es hatte keinerlei Gefahr bestanden, dass ich rausfallen oder mir sonst irgendetwas Unangenehmes passieren würde. Diese Listen waren unangreifbar. Dennoch erfüllte es mich mit Stolz, dass ich nun eine der einstimmig Gewählten war. Es fühlte sich einfach gut an. Noch besser fühlte es sich an, als im Januar ein Brief in meinem Postkasten lag, Absender Bundestagspräsident Norbert Lammert: «Nariman Reinke ist Mitglied der 16. Bundesversammlung … Alle Dienststellen, insbesondere die Polizeibehörden, werden gebeten, die Inhaberin bei der Ausübung ihres Mandats als Mitglied der Bundesversammlung zu unterstützen».

Wer denkt, die Wahl des Bundespräsidenten sei nur eine Art Grüßaugustnummer, der irrt. Man fährt nicht einfach nach Berlin, gibt seine Stimme ab, und das war's. Dieser Vorgang wird sorgfältig vorbereitet, auch wenn die Mehrheitsverhältnisse klar sind. Der Kandidat der Koalition, Frank-Walter Steinmeier, reiste vorher durch die Bundesländer und stellte sich vor. Am 9. Januar 2017 kam er nach Niedersachsen. Er war natürlich kein Unbekannter, zumal er während Gerhard Schröders Zeiten Leiter der Staatskanzlei in Hannover war. Aber das lag einige Jahre zurück, und nun ging es ja auch nicht um die Durchsetzung der SPD-Politik, sondern um einen Einblick, wie er seine Rolle als Bundespräsident über alle Parteigrenzen hinweg auffasste.

Die Veranstaltung begann um 14 Uhr, und ich kann von Glück sagen, dass ich es noch rechtzeitig schaffte. Ich nahm damals an einer Ausbildung an der Fachschule der Luftwaffe in Faßberg teil, rund 100 Kilometer von Hannover entfernt. Ausgerechnet an diesem Tag dauerte der Unterricht länger, ich saß wie auf glühenden Kohlen. Als endlich Schluss war, sprang ich ins Auto und fuhr, so schnell ich konnte, nach Hannover zum Landtag. Die Strecke ist unangenehm, viel Landstraße, und erst recht im Januar mühsam zu fahren. Ich passte auf wie ein Luchs. Das hätte noch gefehlt, dass ich Steinmeiers Auftritt verpasste, weil ich im Graben landete. In letzter Sekunde bog ich auf den großen Parkplatz des Landtags ein und flitzte hoch in den Fraktionssaal der SPD, wo er sich den Fraktionen der SDP und der Grünen vorstellte. Der Tag war lang und anstrengend gewesen. Ich fühlte mich ziemlich zermürbt, saß ungeschminkt und im Flecktarn unter lauter gutgekleideten Menschen und versuchte, nicht daran zu denken, wie ich aussah, blass und mit tiefen Augenringen, weil ich vor Aufregung viel zu wenig geschlafen hatte.

Anschließend präsentierte sich Steinmeier im Plenarsaal dem gesamten Landtag. Ich hatte mich mittlerweile halbwegs erholt und beschlossen, dass mir mein Aussehen in dem Moment egal war. Als die Fragerunde eröffnet wurde, fasste ich mir ein Herz, meldete mich und trat ans Mikrophon. «Herr Steinmeier, ich möchte Sie etwas fragen.» Herrje, was für ein blöder erster Satz! Worum sonst sollte es gehen als um eine Frage an ihn? Wir waren ja schließlich nur deshalb versammelt, um ihn zu allem Möglichen zu befragen. Mir brach in meinem Flecktarnanzug der Schweiß aus, ich setzte neu an, stellte mich erst mal vor: «Mein Name ist Nariman Reinke. Ich bin die Vorsitzende des Vereins Deutscher.Soldat. In Zeiten des steigenden Islamhasses …» Ich war so nervös, dass ich sogar ein bisschen stotterte. Ich versuchte, auf den Punkt zu kommen, drehte ein paar Schleifen und schaffte es schließlich doch noch, mein Anliegen loszuwerden: «Herr Steinmeier, wenn Sie Bundespräsident werden: Wie stehen Sie dann zu den Soldaten muslimischen Glaubens? Werden Sie sich um ihre Anliegen kümmern, und werden Sie für sie Partei ergreifen?» Mir zitterten die Knie, und ich schlotterte am ganzen Körper, aber war sehr froh, dass die Frage draußen war.

Was er genau antwortete, weiß ich nicht mehr. Ganz zufrieden war ich aber nicht, daran erinnere ich mich noch. Ich fand seine Antwort eher ausweichend, ein bisschen schwammig. Im Nachhinein denke ich, dass ich ihn wahrscheinlich mit der Unmittelbarkeit meiner Frage überfordert hatte. Dieser Aspekt der Integration war sicher sehr weit entfernt von seinem Alltagsgeschäft. Später, beim Empfang, ergab sich nochmals die Gelegenheit für ein kurzes Gespräch, und ich versuchte es erneut. Er äußerte sich auch dann nicht sehr konkret, aber ich hatte den Eindruck, dass ich nun zumindest das Thema besser platziert hatte.

Vielleicht war es der Flecktarn in der Vorstellungsrunde gewesen, vielleicht wäre es aber auch so gekommen: Der Ministerpräsident und der Landtagsvizepräsident fragten mich, ob es möglich wäre, dass ich in der Bundesversammlung in Uniform wählte. Ich hatte mir noch keine Gedanken dazu gemacht, aber eigentlich kam das meinen Wünschen entgegen: nicht tarnen, sondern Flagge zeigen – in dem Fall eben Uniform. Ich bat meinen Chef, Oberstleutnant Eckhardt, um die Erlaubnis zum Tragen der Uniform. Er wiederum fragte den damaligen Kommandeur der Fachschule der Luftwaffe im Fliegerhorst Faßberg, der sofort die Zustimmung erteilte. Ich war sehr zufrieden. Dass ich deutlich erkennbar als Soldatin mit Migrationshintergrund den Bundespräsidenten wählte – das würde ein starkes Zeichen setzen.

Am 11. Februar 2017 fuhr ich mit Klaus-Peter Bachmann gemeinsam in seinem Dienstwagen nach Berlin, und wir checkten in dem Hotel ein, das für die Delegierten der niedersächsischen SPD-Liste reserviert war. Die Fraktionsvorsitzende der SPD im Niedersächsischen Landtag zählte ab, ob wirklich alle da waren. Dann ging es in einem großen Bus zum Bundestag, wo Frank-Walter Steinmeier nochmals zu den Mitgliedern und Delegierten der jeweiligen Parteien sprach. Zum ersten Mal sah ich die SPD-Granden live, die ich bis dahin nur aus dem Fernseher kannte, Sigmar Gabriel, Martin Schulz, Thomas Oppermann, Wolfgang Thierse usw. Außerdem die prominenten SPD-Unterstützer wie Iris Berben, Peter Maffay, Renan Demirkan. Ich kam mir vor wie bei einem Festival, ein Promi nach dem anderen. Beim anschließenden «roten Abend» der SPD-Fraktion ging es dann noch etwas lockerer zu, alle waren in Erwartung der Wahl des künftigen Bundespräsidenten Steinmeier bester Laune.

Der folgende Tag war dann der Wahltag. Ich nahm am ökumenischen Gottesdienst teil und fuhr anschließend mit den anderen in einem Bus in den Reichstag. Die Delegierten sammelten sich nach und nach im Foyer. Ich trug meine Uniform, nicht den Flecktarn, sondern die einigermaßen schicke Ausgehuniform der Marine. Zufällig traf ich auf Bundeskanzlerin Dr. Angela Merkel, die mir zunickte – und mich mit meinem Namen begrüßte! Ich traute meinen Ohren nicht. Drei Monate zuvor war ich der Kanzlerin auf dem 9. Integrationsgipfel in Berlin begegnet, aber natürlich hatte ich nicht damit gerechnet, dass sie sich an mich erinnerte. Schließlich musste sie seitdem Tausende von Leuten gesehen haben. Und jetzt sprach sie mich direkt an?

Ich konnte es kaum glauben. «Frau Bundeskanzlerin, Sie kennen meinen Namen noch?» Sie lachte ein bisschen, auf ihre trockene, verhaltene Art. «Na, Frau Reinke, das ist ja nicht so schwer, der steht ja auf Ihrem Namensschild.» Ich genierte mich ein bisschen wegen meiner naiven Bemerkung und wurde verlegen. Aber sie hatte nicht nur das Schildchen gelesen, sondern wusste tatsächlich noch, wer ich war. «Nein, nein, keine Sorge, ich habe Sie nicht vergessen. Sie sind so direkt und geradeaus, das vergisst man nicht so schnell.» Meine Güte, so ein Lob von der Bundeskanzlerin! Es gibt sogar ein gemeinsames Foto von uns beiden. Ich schwebte auf Wolke 7.

Vor dem eigentlichen Wahlakt sprach Bundestagspräsident Norbert Lammert zu der Versammlung. Es ist eine der besten Reden, die ich je gehört habe. Er stellte die bevorstehende Wahl in den historischen Kontext, appellierte aber ebenso eindringlich an unsere derzeitige Verantwortung. Es gelte, den Blick nicht nur auf den Moment zu richten, sondern uns der Bedeutung für die Zukunft bewusst zu sein. Unser Tun sei zugleich eine Ehre und eine Pflicht. Nämlich für unsere Werte einzustehen und sie zu verteidigen: «Nicht etwa die Werte des Westens stehen in Frage […], aber unsere Haltung zu Menschenrechten, Gewaltenteilung, Rechtsstaatlichkeit und den Prinzipien der repräsentativen Demokratie.»

Dass das alles keine Floskeln waren, sondern unsere Werte ganz real bedroht sind, erlebte ich unmittelbar darauf. Lammert hob zwei wesentliche Aspekte des Amts eines Bundespräsidenten hervor: nämlich dass es die Verkörperung der Einheit des Staates bedeute und auf eine geistig-moralische Wirkung ausgelegt sei. Dann wandte er sich zu Joachim Gauck: «Ihnen, sehr geehrter Herr Bundespräsident Gauck, ist das in den vergangenen fünf Jahren auf überzeugende Weise gelungen.» Liest man das Protokoll, dann steht da in Klammern ganz allgemein: «Langanhaltender Beifall und die überwiegende Mehrheit der Mitglieder der Bundesversammlung erhebt sich.»[12]

Man könnte denken, ein paar Menschen mit Rückenproblemen seien vielleicht nicht aufgestanden. Dem war aber nicht so. Ich habe genau gesehen, wer sitzen blieb und die Respektsbekundung gegenüber dem noch amtierenden Bundespräsidenten verweigerte: Es waren die Mitglieder der AfD. Unter ihnen saß auch Uwe Junge, ehemals Oberstleutnant, der 2016 aus dem aktiven Dienst ausgeschieden war. Ich war entsetzt und habe mich selten so geschämt in meinem Leben wie in diesem Moment. Denn auch als Reservist sollte man doch dem Staatsoberhaupt die Ehre erweisen. Ein wirklich widerliches Verhalten!

Als anschließend beim eigentlichen Wahlgang mein Name aufgerufen wurde, war mir sehr feierlich zumute. Ich wollte, mein Vater hätte dabei sein können, als Zuschauer, vielleicht sogar an meiner statt. Es wäre die Krönung seines Lebens gewesen, da bin ich mir sicher. Aber *ich* war gefragt worden. So erfüllte ich meine staatsbürgerliche Pflicht, mit Stolz und mit Freude. Während ausgezählt wurde, traf ich draußen im Foyer auf Frank-Walter Steinmeier. «Herr Steinmeier, bitte: Wenn Sie die Wahl gewinnen, darf ich dann die erste Soldatin sein, die Ihnen mit einer Meldung gratuliert?» Man muss dazu wissen, dass er sich mit militärischen Gepflogenheiten auskennt; er hatte als junger Mann seinen Wehrdienst in der Luftwaffe in Goslar geleistet und als Minister sicher schon oft Meldungen erhalten, aber als Bundespräsident eben noch nicht. Steinmeier grinste ein bisschen, gab mir sein Wort und hielt es auch. Nach der Wahl stellte ich mich also vor ihn im Stillgestanden hin, hob die Hand an die Schläfe zum militärischen Gruß und meldete ihm: «Herr Bundespräsident! Oberfähnrich Reinke. Ich gratuliere Ihnen herzlich und wünsche Ihnen für Ihre bevorstehende Aufgabe alles Gute und Soldatenglück!» Er nickte und nahm die Meldung wohlwollend entgegen. Anschließend machten wir sogar noch das ganz dringend nötige Beweisfoto mit ihm: für meine Familie und meine Kameraden. Es ist eins meiner Lieblingsbilder, mit lauter lachenden, entspannten Menschen, Steinmeier so gelöst, wie man ihn selten zu sehen bekommt. Und ich direkt neben ihm, in meiner Ausgehuniform, mit Krawatte und allem Drum und Dran!

Noch sehr lange Zeit zehrte ich von diesem grandiosen Wochenende. Es gab mir einen regelrechten Energieschub. Auch weil ich den Eindruck hatte, dass der gewählte künftige Bundespräsident die Interessen der «neuen» Deutschen im Auge behalten würde. In der kurzen Ansprache nach der Wahl erinnerte Steinmeier an die Aussage einer jungen tunesischen Aktivistin, die den Deutschen attestiert hatte, dass sie ihr Mut machten. Er freute sich darüber: «Ist es nicht erstaunlich, wunderbar, dass dieses Deutschland […] für viele in der Welt ein Anker der Hoffnung geworden ist? Wir machen anderen Mut, nicht weil alles gut ist, sondern weil wir gezeigt haben, dass es besser werden kann!»[13]

Mein Glücksgefühl überlebte auch die hässlichen Nachwehen, die noch auftraten. Es gab ätzende Kommentare auf der Facebook-Seite unseres Vereins, die alte Leier natürlich: dass jetzt schon die Ausländer den Bundespräsidenten wählen dürften, während die Deutschen ... Als ob ich keine Deutsche wäre! Oder dass für Ausländer mit «Beziehungen» Ausnahmeregeln geschaffen würden. Ein großer Teil regte sich darüber auf, dass ich in Uniform den Präsidenten gewählt hatte. «Weder Sie als Offiziersanwärterin noch Ihr Verein noch das Parlament kennen das Soldatengesetz. Politische Tätigkeiten in Uniform sind aus gutem Grund gesetzlich untersagt», regte sich einer auf (die Rechtschreibung war im Original ziemlich weit von den Regeln entfernt). Ein anderer giftete: «Wurde nicht vor Kurzem noch ein Soldat verurteilt und durch den Dreck gezogen aufgrund einer politischen Aussage in Uniform? Und nun? Ausländische Wurzeln und für die richtigen Parteien darf man das?» Nach § 15 Soldatengesetz sei politische Betätigung nicht erlaubt.

Es ist wie immer: Knapp vorbei ist auch daneben. § 15 Soldatengesetz regelt tatsächlich die Möglichkeiten politischer Betätigung der Soldaten. Nur muss man halt genau hinschauen und lesen, was da steht. Absatz 1 sagt, dass ein Soldat sich im Dienst nicht zugunsten oder zuungunsten einer politischen Partei äußern darf. Absatz 3, dass er auf politischen Versammlungen nicht in Uniform erscheinen darf. Trifft irgendwas davon auf mich zu? Nein! Im Dienst habe ich mich weder zu Steinmeier noch zu seiner Partei geäußert. Ich bin auch nicht Mitglied der SPD, ebenso wenig wie viele weitere Delegierte, die auf der Liste der SPD standen. Die CDU und die anderen Parteien haben selbstverständlich ebenfalls viele Personen ernannt, die nicht Parteimitglieder sind. Und was das Erscheinen auf politischen Versammlungen angeht: Die Bundesversammlung ist keine politische Versammlung im Sinne des Soldatengesetzes. Sie ist ein nicht ständiges Verfassungsorgan, dessen Zweck darin besteht, den Bundespräsidenten zu wählen. Mehr verfassungsstützender Einsatz als meiner geht wohl kaum.

Dass eine Soldatin, die geschworen hat, die Bundesrepublik zu schützen und dafür gegebenenfalls auch ihr Leben einzusetzen, in Uniform an dieser Wahl teilnimmt, ist nicht nur erlaubt, sondern meiner Ansicht nach auch ein überzeugender Ausdruck dafür, dass die Bundeswehr ein Teil der Gesellschaft ist (oder wenigstens sein sollte) und die Soldaten wirklich Staatsbürger in Uniform sind. Das hatten die «Superdeutschen», die sich über mich aufregten, anscheinend nicht auf dem Schirm.

Offenbar scheinen auch im Verteidigungsministerium Beschwerden eingegangen zu sein. Schon am nächsten Tag rief mich ein Kamerad vom Social-Media-Telefon der Bundeswehr an und fragte, wer mir das Tragen der Uniform erlaubt habe. Wahrheitsgemäß antwortete ich, dass es mein Kommandeur gewesen sei. Ich informierte sicherheitshalber sowohl ihn als auch meinen Chef darüber, dass es Beschwerden gebe. Die Reaktion der beiden: Gelächter! Obwohl es eigentlich gar nicht zum Lachen war. Mein Chef schüttelte den Kopf und meinte: «Da sind sie, die Neider. Hat länger gedauert, als ich dachte.»

Ich fand diese Nachwehen ein bisschen traurig, aber ich ließ mir die gute Laune nicht verderben. Denn egal wer wie herumstänkerte, das konnte mir niemand mehr nehmen: Ich war Mitglied der 16. Bundesversammlung, das kann jeder überall nachlesen, wahrscheinlich noch in hundert Jahren. Eine deutsche Soldatin mit marokkanischen Wurzeln und muslimischen Glaubens hat den Bundespräsidenten mit gewählt und ihm als allererste Soldatin mit einer Meldung gratuliert.

Der Bundespräsident erinnert sich übrigens auch noch daran. Als ich 2017 zum Bürgerfest für ehrenamtlich Engagierte im Park und Schloss Bellevue eingeladen war und er mich dort entdeckte, lächelte er mir zu und sagte so etwas wie: «Ach nee!» Mein Kamerad Robert Kontny aus dem Vereinsvorstand meinte grinsend dazu: «Da hast du anscheinend Eindruck hinterlassen.» Hoffentlich!

DER ISLAM GEHÖRT ZU DEUTSCHLAND – ODER?

«Frau Ministerin, was machen Sie, wenn mir
im Einsatz etwas passiert? Wenn ich umkomme?
Dann haben Sie eine gefallene deutsche Soldatin
muslimischen Glaubens.
Was tun Sie dann? Stecken Sie mich in eine Uniform
in einem geschlossenen Sarg und schicken mich
zu meinen Eltern nach Hause, eine Woche später?
Wen beauftragen Sie, es meinen Eltern zu sagen?
Meinen Chef und einen Psychologen, der den sonst
üblichen Pfarrer ersetzen soll?»

*Meine Frage an Verteidigungsministerin von der Leyen
beim persönlichen Gespräch am 30. August 2016,
als Dominik Wullers und ich den Verein Deutscher.Soldat.
vorstellten*

Wer sind wir? Wir sind wir!

Gehört der Islam wirklich zu Deutschland? Oder definitiv nicht? Man muss sich schon wundern, dass im Frühjahr 2018 eine Diskussion entbrannte, als ob das Nachdenken darüber etwas ganz Neues, Überraschendes bringen könnte. Dabei hatten wir das doch schon alles. «Der Islam ist Teil Deutschlands und Europas.» Von wem stammt diese Aussage? Wer sich an Christian Wulffs Rede 2010 erinnert, denkt zwar in die richtige Richtung, liegt aber trotzdem falsch. Der Satz kam vielmehr aus dem Mund von Dr. Wolfgang Schäuble. Und zwar schon 2006! Auf seine Initiative als Bundesinnenminister fand zum ersten Mal die Deutsche Islam Konferenz statt, und in der Eröffnungsrede formulierte Schäuble ebendiese Aussage. Damals krähte kein Hahn danach oder jedenfalls kaum einer.

Vier Jahre später hielt Christian Wulff, damals Bundespräsident, seine Rede zum zwanzigsten Jahrestag der deutschen Einheit – und die schlug Wellen. Dabei führte er nach seinem Dafürhalten nur das Allerselbstverständlichste aus: «Das Christentum gehört zweifelsfrei zu Deutschland. Das Judentum gehört zweifelsfrei zu Deutschland. Das ist unsere christlich-jüdische Geschichte. Aber der Islam gehört inzwischen auch zu Deutschland.»

Ich fragte mich damals, was an solch einer Beschreibung falsch sein kann. Vielleicht war sie nicht ganz vollständig, er hätte sicher noch andere Religionen aufzählen können, und zweifellos gibt es Abstufungen der Intensität, schon rein zahlenmäßig. Aber ist es nicht doch erst mal ein Faktum, dass der Islam heute auch zu Deutschland gehört? Ja. Und nein. Es gibt unterschiedliche Ansichten, und zwar auch innerhalb einer Partei. Je genauer man sich umschaut, desto unübersichtlicher wird das Ganze. Man trifft auf Ablehner und Befürworter aus ganz unvermuteten Ecken. Hier eine kleine Auswahl: Dr. Markus Söder, CSU, damals bayerischer Innenminister, erklärte 2012 bei einem Kulturfest der türkischen Ditib-Gemeinde in Nürnberg: «Der Islam ist ein Bestandteil Bayerns.»[1] So ein Statement hätte ich ihm wirklich nicht zugetraut. Bundeskanzlerin Angela Merkel schwang sich am 12. Januar 2015 mit ausdrücklichem Bezug auf Christian Wulff zu der Aussage auf: «… der Islam gehört zu Deutschland – und das ist so, der Meinung bin ich auch.»[2]

Ihr Parteikollege Stanislaw Tillich, Ministerpräsident von Sachsen, blies hingegen im Mai desselben Jahres in ein anderes Horn: «Das bedeutet aber nicht, dass der Islam zu Sachsen gehört.»[3] Tja, wie soll man das nun alles zusammenbringen? Für die Ratlosen naht Hilfe. Innenminister Horst Seehofer klärte die Frage am 16. März 2018 in der Bild-Zeitung mit der großen Geste des «Ein für alle Mal», zwölf Jahre nach Wolfgang Schäuble: «Der Islam gehört nicht zu Deutschland.» Deutschland sei christlich geprägt. «Dazu gehören der freie Sonntag, kirchliche Feiertage und Rituale wie Ostern, Pfingsten und Weihnachten.» Punktum.

So einfach ist das also. Allerdings kann man es schon ein bisschen seltsam finden, dass weder Angela Merkel noch Wolfgang Schäuble – von etlichen anderen bei Grünen, FDP und SPD ganz zu schweigen – diesen offenbar eindeutigen Tatbestand nicht erkannt haben. Und nur mal nebenbei angemerkt: Wäre ich eine Christin, die ihre Religion ernst nimmt, würde es mich schwer irritieren, wenn jemand die höchsten christlichen Feiertage als «Rituale» bezeichnet – einerseits damit eine seltsame Distanz ausdrückt, andererseits einen in der Wellness-Branche inflationär gebrauchten Begriff verwendet. Weihnachten und Ostern zu feiern hat doch wohl eine andere Bedeutung als liebgewordene Gewohnheiten wie das Frühstücksei am Samstagmorgen oder das Entspannungsbad am Sonntagabend. Aber bitte, das ist nicht meine Baustelle.

Meine Baustelle ist der Islam. Wobei ich sagen muss, dass ich mittlerweile eine andere Haltung zu der Aussage einnehme als damals, als Christian Wulff damit am Tag der Deutschen Einheit so aneckte. Ich betrachte diesen Satz heute differenzierter. Zwar bekomme ich immer noch eine Riesenwut, wenn jemand einfach so auf den Tisch knallt, dass der Islam nicht zu Deutschland gehört, wie es eben Seehofer tut. Weil ich die Absicht dahinter spüre, diesen Abgrenzungs- und Ausgrenzungswillen, das Spalterische. Das ist nämlich das Perfide an so einer Aussage. Sie treibt einen Keil in die Gesellschaft, statt eine sinnvolle Debatte zu beginnen. Sie beleidigt alle, die sich um Klärung und Entwicklung bemühen. Und sie stürzt jeden ins Zweifeln, der sich für den islamischen Glauben entschieden hat oder in ihn hineingeboren wurde, ob Deutschland seine Heimat sein kann.

Generalaussagen wie «Der Islam gehört zu Deutschland» oder «Der Islam gehört nicht zu Deutschland» bringen einen nicht weiter. Wie im Tischtennis geht es hin und her – gehört dazu, nein, doch, nein, doch … Das führt zu nichts. Mir ist jedenfalls klar geworden, dass man so nicht über das reden kann, was hier in Deutschland stattfindet bzw. eben (noch) nicht gelungen ist. Wulff wollte wahrscheinlich sagen, dass wir in Deutschland nach dem Prinzip «Einheit in Vielfalt» oder auch «Vielfalt in Einheit» leben sollen. Das ist wichtig, auf jeder Ebene. Denn «der» Islam ist genauso eine Schimäre wie «das» Christentum. Ebenso wenig wie das Christentum ist der Islam eine Religion mit einem einheitlichen Gesicht: Es gibt Sunniten, Schiiten, Aleviten, Sufis, Splittergruppen wie die Ahmadiyya und wahrscheinlich noch ein paar mehr. Ja, und radikale Salafisten gibt es auch. Im Vergleich zum Christentum erscheint mir das Verschiedene jedoch noch halbwegs übersichtlich. Römisch-Katholische, Altkatholische, Orthodoxe in sehr vielen verschiedenen Varianten, Lutheraner, Reformierte, Anglikaner, Mennoniten, Evangelikale usw. usf. – alle glauben im Kern dasselbe, aber die jeweilige Auslegung führt zu ganz unterschiedlichen Glaubenstraditionen.

Im Übrigen existiert keine Religion als Gedankenkonstruktion oder Offenbarung einfach irgendwo im Universum. Die Gläubigen sind die Träger eines Glaubens, die Menschen sind «der Islam» und «das Christentum»! Wenn man also sagt: «Der Islam gehört nicht zu Deutschland», bedeutet das doch, dass man die Menschen, die ihm anhängen, hier nicht haben will. Okay, schließen wir also die Tore, lassen wir keine mehr rein. Das löst aber das Problem nicht, denn was machen wir mit denen, die schon hier sind, deren Eltern und Großeltern hier geboren sind? Sollen die alle auswandern? Wenn ja, wohin denn? Welches wäre denn ihr Land? Oder sollen alle konvertieren? Wenn ja: Was soll's denn sein, welche Konfession wäre wohl richtig? Und würde das in den Augen ihrer Kritiker überhaupt reichen?

Eine dritte Möglichkeit wäre natürlich ebenfalls denkbar: Die Muslime könnten doch auch alle abschwören. Heutzutage gibt es schließlich sehr viele Menschen, die an gar nichts glauben. Die Muslime könnten einfach ihre Religion an den Nagel hängen; sie schafft doch nur Probleme, und damit wäre man sie dann alle los. Sollen sie sich zu diesen Menschen ohne Religion schlagen, zu diesen «Ungläubigen»?

Klar, ich überzeichne hier kräftig. Aber ich denke halt einfach die Konsequenzen von diesen Reden durch. Denn dadurch sieht man besser, welche bizarren Ausschläge solch eine Deklaration hervorbringt.

Das Hauptproblem liegt darin, dass dieser Satz in seiner scheinbaren Klarheit so ungenau ist, dass er so viele Bedeutungen haben kann. Man braucht sich nur mal das Verb anzuschauen: zugehören bzw. gehört zu. Damit lässt sich eine Aussage über den Teil eines Ganzen treffen («Diese Jacke gehört zu jenem Rock»), eine Eigentumsanzeige anmelden («Dieser Teller gehört zu meinem Geschirr») oder eine besonders enge Verbindung mit einer emotionalen Komponente unterstreichen («Meine Kinder gehören zu meinem Leben»). Es ist also sehr unwahrscheinlich, dass alle dasselbe meinen, wenn sie sagen, dass der Islam zu Deutschland gehört oder eben nicht.

Dann das Wort Islam. Meint eigentlich wirklich jemand die Religion, den Glauben, wenn er von «dem Islam» spricht? Oder wabert da vielleicht eine unterstellte muslimische Kultur mit ihren Werten herum? Wenn ja, dann sehr pauschal. Wie schon gesagt, es gibt verschiedene Spielarten muslimischen Glaubens. Dazu kommen noch die unterschiedlichen Traditionen in muslimischen Ländern, etwa in Indien, den Maghrebstaaten, der Türkei, den arabischen Staaten und vielen anderen. Aber eigentlich müsste man das doch kennen: Der Katholizismus in Mexiko sieht auch deutlich anders aus als der in Deutschland. Ebenso unterscheidet sich beispielsweise der Islam in Saudi-Arabien von dem in Bosnien. Aber wer weiß, vielleicht ist ja gar nicht immer die Religion gemeint, sondern ein soziales Verhalten, das man mit «dem Islam» verknüpft, dessen Ursachen aber ganz woanders liegen. Man hat ein Etikett, und das klebt man halt auf etwas, das einem nicht passt.

Fehlt noch das dritte wichtige Wort aus dem Satz, nämlich Deutschland. Was ist Deutschland? Eine geographische Beschreibung, ein staatliches Konstrukt, ein geschichtlicher Raum, eine kulturelle Einheit? Ein irgendwie identitätsstiftendes Gebilde für 82 Millionen Menschen – aber nur wenn sie Christen sind, ob tatsächlich überzeugte Gläubige oder lediglich dem Namen nach? Was ist mit den anderen, den Ausgetretenen, den Laschen, den Atheisten und Agnostikern? Das passt doch alles hinten und vorne nicht zusammen und führt nur von einer Sackgasse in die nächste.

Viele ziehen sich ja gern auf die jüdisch-christliche oder christlich-jüdische Kultur zurück, die über Jahrhunderte hier prägend gewesen sei, auch Christian Wulff und Angela Merkel tun das. Das sieht aus wie eine schöne Kompromissformel, mit der viele Menschen – anders als diese beiden – eine Abwehrhaltung gegenüber muslimischem Leben in Deutschland begründen. Ihre Ausgrenzung der Muslime stellen sie damit scheinbar auf ein geistig-kulturelles Fundament. Aber Vorsicht, das täuscht!

Mich hat sehr gefreut, dass sich im Zuge der Debatte im Frühjahr 2018 auch andere Stimmen meldeten, die sich gegen diese Formel wehrten: weil sie sich ungefragt vereinnahmt fühlten. Der deutsch-britische Publizist Alan Posener schrieb in der *Welt am Sonntag*, dass der jüdische Aspekt der deutschen Geschichte vor allem in Diskriminierung, Gettoisierung, Verfolgung und Ermordung bestehe und dass es ein jüdisch-christliches Abendland im Sinne einer Wertegemeinschaft niemals gegeben habe.[4] Starker Tobak!

Warum dann diese Bindestrich-Konstruktion, in der das Jüdische immer mitgenannt wird? Posener meint, der wichtigste Zweck bestehe darin, mit dieser Redewendung eine Rückversicherung gegen antisemitische Tendenzen zu bilden. Wird diese Floskel aber verwendet, um zu begründen, warum der Islam nicht zu Deutschland und Europa gehört, dann «werden die Juden für einen Zweck vereinnahmt, der ihnen allzu bekannt vorkommt: die Diskriminierung von Menschen aufgrund ihrer Herkunft und Religion. Die wenigsten Juden dürften diese Instrumentalisierung billigen.» Gut pariert, oder? Da fällt die schöne historisch-kulturelle Abwehrbarrikade einfach in sich zusammen, weil der eine Teil nicht mitspielt.

So geht es also offenbar nicht. Und jetzt? Ich sage ja: Der Satz ist eine Sackgasse. Damit kommt man nicht weiter. Und so wird man auch des Problems nicht Herr, dass es – aus welchen Gründen auch immer – Strömungen oder zumindest Haltungen bei Menschen mit muslimischem Glauben gibt, die heikel sind und gefährlich werden können. In Abwandlung einer deutschen Redewendung meine ich: Wenn man alle in einen Sack steckt und draufhaut, dann trifft man fast nur die Falschen.

Eine Freundin von mir hat in ihrer Doktorarbeit unter anderem über Aspekte des Antisemitismus in Deutschland geschrieben und nebenbei kleine Experimente veranstaltet. Sie fragte zahlreiche «ganz normale Leute» nach ihrer Einschätzung, wie viele Juden in Deutschland leben. Kaum jemand, die gemeinhin gut Informierten eingeschlossen, lag auch nur halbwegs richtig. Keiner schätzte zu niedrig, alle gingen von einer zu hohen Zahl aus. Teilweise wurden sogar irrwitzige

Vorstellungen geäußert, etwa dass mehrere Millionen Menschen jüdischen Glaubens hier leben. Was jedoch vollkommen falsch ist. Zählt man die Mitglieder aller jüdischen Gemeinden in Deutschland zusammen, kommt man auf nicht mal 100 000.[5] Es gibt sicher auch noch etliche, die nicht in den Gemeinden gemeldet sind, aber selbst wenn es doppelt so viele wären, bildeten sie keine wesentliche Größenordnung im Verhältnis zu einer Bevölkerung von über 82 Millionen.

Ich fand das kleine Experiment interessant und habe es selbst ausprobiert. Vollkommen unwissenschaftlich, rein nach Zufallsprinzip, habe ich etliche Menschen gefragt, wie viele Muslime ihrer Ansicht nach in Deutschland leben. Ich hatte es geahnt, die meisten lagen ziemlich daneben. Ebenfalls interessant: Kaum jemals war die Zahl zu niedrig. Fast alle tippten zu hoch, kamen sogar über 10 Millionen. Wahr ist, dass es etwas mehr als 4 Millionen sind, gerade einmal 5,5 Prozent der Bevölkerung. Die Hälfte von ihnen sind Muslime mit ausländischem Hintergrund, 1,7 bis 2 Millionen sind deutsche Muslime mit Migrationshintergrund und 13 000 bis 100 000 sind deutsche Muslime ohne ausländische Wurzeln. 29 Prozent sind in Deutschland geboren, 45 Prozent eingebürgert. Die meisten leben in Nordrhein-Westfalen, Baden-Württemberg und Bayern – in Brandenburg und Sachsen hingegen sind es jeweils nicht mal 1 Prozent.[6]

Warum diese Zahlen? Ich bin schließlich keine Sozialwissenschaftlerin. Außerdem weiß ich, dass die Statistik nichts darüber aussagt, wie es im Einzelnen aussieht, in welchen Vierteln großer Städte es zu ungünstigen Konzentrationen kommt, wie sich Muslime individuell integrieren, wie sie sich selbst separieren oder danebenbenehmen. Oder sich gar radikalisieren. Trotzdem erscheint mir ein gelegentlicher Fakten-

Check ganz nützlich. Das rückt die Verhältnisse wieder ins rechte Licht und hilft, sich die Dimensionen zu vergegenwärtigen, um die es geht. Und vielleicht trägt es auch dazu bei, sich ein wenig von seinen Emotionen bei diesem Thema zu lösen.

5,5 Prozent der Bevölkerung ist zu wenig, um befürchten zu müssen, dass der Islam das Christentum hier in Deutschland überrollt. Gleichzeitig handelt es sich aber um so viele Menschen, dass kein Weg daran vorbeiführt, sie als das zu akzeptieren, was sie sind. Sie sind zu einem großen Teil Deutsche muslimischen Glaubens. Sie sind wir. Wobei die Formulierung eigentlich nicht stimmt. Sie müsste lauten: Wir sind wir.

Ja, so müsste man es sagen, aber ich habe noch niemanden gehört, der das formuliert hat. Stattdessen erlebe ich oft, dass mir jemand erklärt, «ihr seid ...» oder «ihr könnt doch nicht ...» oder «wie habt ihr denn ...». Gern wird mir erläutert, was der Koran uns alles gebietet oder verbietet. Es sind quasi nie muslimische Theologen oder Islamwissenschaftler, die sich da äußern, sondern Nichtmuslime, mehr oder weniger muslimisch gebildet. Viele zitieren sogar die ein oder andere Sure, aber letztlich: überwiegend Quatsch. Aus dem Kontext gerissen – und ohne jeglichen Blick auf den extrem differenzierten Alltag.

Es gibt sie natürlich, die Frommen, für die der Koran die Richtschnur ihres Lebens ist. Wie auch manche Christen sehr genau die Vorschriften der Bibel und ihrer Kirche befolgen. Aber wie es die meisten Christen, die ich kenne, in ihrem Leben halten, so arrangieren sich auch die meisten Moslems auf pragmatische Art. Sie beten wie vorgeschrieben, trinken aber auch gern mal ein Glas Schnaps. Sie haben Sex vor der Ehe, sogar mit einem Mann respektive einer Frau, den oder die sie hinterher nicht heiraten wollen. Sie kriegen auch keinen Herzinfarkt, wenn sie einem Homosexuellen begegnen, und essen Fleisch von Tieren, die nicht nach *Halal*-Vorschriften geschlachtet wurden. Wir sind deutsche Muslime, außerdem deutsche Einzelhändler, Ehefrauen, Kinder, Intellektuelle, Kriminelle, Lehrer, Beamte, Azubis, Karrierebewusste, Rumhänger usw. Also prinzipiell wie alle anderen auch, ganz normal und ganz verschieden. Diese Individualität wird jedoch nicht richtig wahrgenommen. In den Augen der anderen sind wir eine große, ununterscheidbare Masse von Muslimen, wahlweise auch von Türken oder Arabern. Das heißt, der einzelne muslimische Mensch kommt gar nicht richtig vor. Es gibt nur «die Muslime».

Ich bin deutsche Soldatin muslimischen Glaubens. Im Grunde bin ich nicht besonders fromm, ich gehe nicht sehr oft in die Moschee. Ich merke aber, dass ich in den letzten Jahren «muslimischer» werde. Damit meine ich nicht, dass ich stärker im Glauben werde, sondern dass ich gegen meinen Willen in eine bestimmte Ecke gedrängt werde, die ich dann auch verteidige. Wieder und wieder werde ich damit konfrontiert, dass man mich als Außenseiterin betrachtet oder zumindest als jemanden, auf den man keine Rücksicht nehmen muss. Das kränkt mich. Und es macht mich wütend. Vor allem, weil es vielen anderen ebenso ergeht wie mir – zum Beispiel in der Bundeswehr.

Beistand – für alle

«Falls ich bei meinem Einsatz in Afghanistan getötet werde, soll folgendermaßen mit meinem Leichnam umgegangen werden: Nach islamischem Ritus soll der Körper auf die rechte Seite Richtung Mekka gedreht und in Tücher gehüllt werden. Der Transport soll nicht in einem Sarg, sondern in einem Leichensack erfolgen. Meinen Eltern soll die Nachricht überbracht werden durch den Imam der Türkischen Moschee am Weidendamm in Hannover. Die Telefonnummer steht auf der Liste der Ansprechpartner, rot markiert. Dort finden Sie, für den Fall, dass Sie ihn nicht erreichen, noch zwei andere Ansprechpartner, ebenfalls rot markiert. Bei meinen persönlichen Gegenständen finden Sie ein weißes Leinentuch, das bitte als Leichentuch verwendet werden soll. Bitte benachrichtigen Sie zuerst meine Cousine. Sie wird Ihnen dann erklären, wie Sie mit meinen Eltern umgehen sollten ...» Diese Sätze sind ein Auszug aus meiner «Bedienungsanleitung», die ich vor meinem ersten Einsatz in Afghanistan 2008 verfasste und meinem Vorgesetzten überreichte. Er war ein bisschen perplex. Dass man vor einem gefährlichen Einsatz im Ausland sein Testament schreibt, das kannte er natürlich, auch wenn man es nicht ihm zur Aufbewahrung überreichen würde. Dass jemand eine Anweisung verfasst, wie im Fall der Fälle mit der eigenen Leiche umzugehen sei, das war ihm noch nie untergekommen.

Wenn ich heute an sein Gesicht denke, muss ich ein bisschen lachen, obwohl die Sache insgesamt ja wirklich nicht komisch ist. Damals war ich sogar verzweifelt, weil ich nicht wusste, was ich machen sollte und wie ich es am besten hinbekäme, dass alles richtig ablaufen würde. Wie gesagt, ich bin nicht besonders fromm. Aber ich bin Muslima und muslimisch erzogen worden. Der Vollzug der Riten in existenziellen Situationen ist mir wichtig. Und welche Situation wäre existenzieller als das eigene Sterben? Es sollen vor dem Eintritt des Todes die richtigen Gebete gesprochen werden, die Behandlung des Leichnams soll den Vorschriften entsprechen usw.

Ich glaube, die meisten meiner Kameraden können dieses Bedürfnis nachvollziehen. Bestimmt regelten sie vor Einsatzbeginn, wer benachrichtigt werden soll usw. Aber ich bezweifle, dass sie sich zu den Einzelheiten über den Umgang mit ihrem Leichnam Gedanken machten. Nicht weil es ihnen egal gewesen wäre. Sondern weil sie darauf vertrauen konnten, dass das Richtige geschehen würde. Ihr Vorgesetzter und der Militärgeistliche würden selbstverständlich wissen, was zu tun wäre. Und aller Wahrscheinlichkeit nach würde es auch einen Gottesdienst im Feldlager geben, in dem die Kameraden ihre Trauer, ihre Verstörung und sicher auch ihre Angst vor Gott bringen könnten – oder in einem seelsorgerischen Einzelgespräch mit dem Geistlichen hätten bereden können. Ja, in dieser traurigen Situation wären sie nicht ohne Beistand geblieben.

Und wenn ich gestorben wäre? Hätte man dann alles so machen können wie immer?

Ich bin nicht im Einsatz gestorben. Ich bin nicht einmal verwundet worden. Aber auch so hatte ich das Bedürfnis nach seelischem Beistand. Ich habe mir sehr gewünscht, ab und zu jemanden zu haben, mit dem ich hätte beten können. Oder mit dem ich über die Angst hätte sprechen können, die einen gefangen hält, wenn das Camp mehrmals in der Woche beschossen wird. Oder wenn wir uns auf heikle Fahrten begeben mussten, immer in Gefahr, auf Minen zu fahren oder in Fallen zu geraten. Klar, für die mutmaßlich einzige Muslima in der Einsatzgruppe kann man nicht fünf Monate lang einen muslimischen Seelsorger im Lager beherbergen. Aber es hätte vielleicht andere Möglichkeiten gegeben. Dass mal ein islamischer Geistlicher für eine Woche kommt zum Beispiel. Man kann so was schon organisieren, wenn man das möchte. Aber genau da liegt der Hase im Pfeffer. Es möchte keiner. Es kommt einfach keiner auf die Idee. Niemand in der Bundeswehr scheint es für nötig zu halten, auf struktureller Ebene anders und weiterzudenken als bisher, wenn es um die Fürsorge für die Soldatinnen und Soldaten geht.

Vor allem ein Auslandseinsatz zerrt an den Nerven. Er belastet die Psyche, er bringt uns an unsere Grenzen. Wir sind weit weg von zu Hause, von unserer Familie und unseren Freunden in Deutschland. Nur gelegentlich sind Telefonate möglich. Wir machen uns Gedanken, manchmal auch Sorgen über das, was in der Heimat vor sich geht, und fürchten uns darüber hinaus vor dem, was uns selbst geschehen könnte. Wir fühlen uns einsam, gleichzeitig hocken wir sehr eng aufeinander und haben über Monate so gut wie keine persönliche Bewegungsfreiheit. Nicht dass ich falsch verstanden werde. Ich beklage mich nicht über diese Umstände, ich beschreibe sie zunächst nur. Und falls jemand meint, das sei weinerliches Mädchengedöns: Das ist es keineswegs, das will ich sicherheitshalber noch mal deutlich machen. Es geht vielen, wahrscheinlich den allermeisten, so.

Gerade in solchen Situationen tut es gut, wenn man mit einer spirituell verwandten Seele ein Gespräch führen kann. Der Tod ist ein Tabuthema, jedenfalls für die meisten Menschen. Und auch wir, die wir als Soldatinnen und Soldaten noch eher als andere damit rechnen müssen, im Dienst zu sterben, blenden ihn aus Selbstschutz aus, so weit es geht.

Jeder hat seine eigene Art, damit umzugehen. Manche tun so, als ob ihnen der Gedanke daran gar nichts ausmacht. Aber meistens stimmt das nicht. Ich habe mal eine Reportage gesehen, da antwortet ein Soldat auf die Frage eines Journalisten, ob er Angst vor dem Einsatz habe: «Nein, Angst habe ich keine, aber Respekt.» Dass ich nicht lache. Vielleicht glaubte er in der Sekunde wirklich selbst daran, aber wahr ist: Alle haben Angst. Ich habe in meinen beiden Einsätzen in Afghanistan gestandene Männer gesehen, die zitterten wie Espenlaub. Manch einem liefen bei Raketenbeschuss die Tränen übers Gesicht. Denn egal, was manche über uns sagen (und wie einige von uns in der Öffentlichkeit auftreten): Wir sind keine Kampfmaschinen. Wir sind Menschen, denen ihr Leben lieb ist.

Als ich auf dem Weg zu meinem ersten Einsatz in Afghanistan war, habe ich gebetet, dass ich das halbe Jahr gut überstehe, dass es meiner Familie gutgeht, dass meine Freunde ein unbeschwertes Leben führen. Ich saß auf dem Weg nach Kundus nach dem Umstieg in Usbekistan in der Transall, zog die Hände aus den Jackentaschen, drehte die Innenflächen nach oben und fing an, schweigend zu beten: dass der schwierige Anflug gelingen würde, dass wir heil ankämen und möglichst alle zusammen nach einem halben Jahr unversehrt wieder nach Hause fliegen würden. Ein Kamerad sah mich an: «Betest du?» – «Ja.» – «Warum?» Es war ein komischer Unterton in der Stimme, er klang ein bisschen herablassend. «Ich bete, weil es mir hilft.» Er grinste und machte noch ein oder zwei spöttische Bemerkungen dazu, wie man zu etwas beten könne, das es gar nicht gebe. Aber ich ließ mich nicht beirren.

Wenige Tage später war ich ganz in seiner Nähe, als ungefähr 50 Meter hinter ihm eine Rakete einschlug. Und siehe da: Er fing an zu beten, ganz schlicht, wie ein kleines Kind. Lieber Gott, bitte hilf mir, lass mich nicht im Stich. Mach, dass ich hier heil rauskomme. Bitte mach, dass das Schießen aufhört, ich halte es nicht mehr aus. Bitte, lieber Gott ... In diesem Stil ungefähr. Ich habe mich nicht darüber gewundert. Denn egal wie selbstbewusst vor allem die Männer vorher auftreten, solange noch alles in Ordnung ist – wenn Leben und Tod nur noch eine Haaresbreite voneinander entfernt sind, sieht alles ganz anders aus. Dann ist Gott das Letzte, was dir bleibt, das Einzige, was noch hilft. Egal wie aufgeklärt und rationalistisch sich viele heutzutage geben, keiner ist gänzlich ohne Glaube oder das Bewusstsein von Religion aufgewachsen, da bin ich sicher.

Auch die «geistlichen Profis» erleben, dass sie in Krisensituation noch mehr gefordert sind als sonst, auch von eher kirchenfernen Kameraden. Der katholische Militärdekan Bernd Schaller beispielsweise war 2010 Seelsorger in Kundus, und zwar genau zu der Zeit, als die ISAF-Truppen dort ihre größten Verluste erlitten. ISAF war die Sicherheits- und Wiederaufbaumission unter NATO-Führung, die bis 2014 lief. 2010 fielen im Rahmen dieser Mission sieben deutsche Soldaten: drei bei dem sogenannten Karfreitagsgefecht, vier weitere ein paar Tage später bei einem Anschlag und dem anschließenden Gefecht, darunter ein Oberstabsarzt des beweglichen Arzttrupps. Viele Soldaten wurden verletzt, zum Teil schwer. Militärdekan Schaller kommt in einem Artikel auf bundeswehr.de mit seinen Erinnerungen zu Wort. Er beschreibt, dass sich alle militärisch und psychologisch gut auf ihren Einsatz vorbereitet fühlten, jedoch: «Auf den Tod kann man sich nicht vorbereiten.»

Die überlebenden Soldaten waren erschüttert. Sie hatten gute Kameraden verloren oder mit ansehen müssen, wie jemand neben ihnen verwundet wurde – und sie fragten sich, warum es die anderen traf und sie selbst verschont wurden. Sie fühlten sich schuldig, weil sie froh waren, dass sie überlebt hatten. Manche entwickelten dazu noch ein lähmendes Schuldbewusstsein, dass sie Gegner getötet hatten. War das dann illoyal gegenüber den gefallenen oder verwundeten Kameraden? Wie kommt es überhaupt zu solchen Gefühlen?

Diese Zerrissenheit der Seele ist extrem belastend. Alle möglichen Gedanken treiben einen um. Man will oder muss sie mit jemandem besprechen, der die Frage nach dem Warum zwar auch nicht beantworten kann – aber vielleicht doch einen spirituellen Trost vermittelt. Wie etliche andere Seelsorger, die in Militäreinsätzen tätig waren, hat auch Schaller beobachtet, dass Glaube und Religion für viele Soldaten im Einsatz eine neue Bedeutung bekommen. Sie hinterfragen ihren Einsatz, ihr Leben und sich selbst.[7]

Weder der katholische noch der evangelische Militärgeistliche würde mich wegschicken, wenn ich im Einsatz um ein Gespräch bäte – zu Hause übrigens auch nicht. Sie würden sicher keine meiner Fragen – ob nach Gott, dem Leben oder dem Tod – abwehren. Sie würden mich verstehen, würden wissen, warum ich komme und was mir fehlt. Wir könnten vielleicht ein philosophisch angehauchtes Gespräch über die letzten Dinge führen. Aber sie wären nicht in der Lage, mir das zu sagen, was ein islamischer Geistlicher oder Seelsorger mir sagen könnte. Ihnen würden die richtigen Worte fehlen, die hilfreichen Passagen aus dem Koran, die tröstenden Gebete, einfach alles, was zu meinem Glauben gehört, mit dem ich groß geworden bin.

Ich höre schon die alten Haudegen, die das abtun als Luxusproblem verweichlichter jüngerer Generationen – oder gar von «Migranten», die jetzt auch noch die religiöse Vollversorgung bei der Bundeswehr wollen. Es ist aber kein Luxusproblem, sondern berührt das Fundament unserer Aufgaben. Wer so abwehrend darüber denkt, hat vielleicht selbst ein Problem damit, eine tragfähige Wertehaltung zu entwickeln – über das alltägliche Arbeiten und Amüsieren hinaus.

Wir setzen unser Leben ein. Da ist es alles andere als unverschämt, nach einer adäquaten geistlichen Betreuung zu verlangen. Nach jemandem, mit dem wir gemeinsam zu Gott, Allah oder Jahwe sprechen können. Dass das möglich ist, habe ich einmal selbst erlebt: 2015 war ich im Zentrum Zivil-Militärische Zusammenarbeit eingesetzt. Einmal im Jahr findet dort die Übung Joint Cooperation statt, eine internationale Krisenstabsübung in Nienburg an der Weser. Daran nehmen viele Nationen teil, 2017 waren es rund 20. Es werden auf Brigadeebene die taktische Feldarbeit wie auch Planungs- und Führungsarbeit im Stab geübt. Rund 350 Soldaten sind beteiligt, außerdem bis zu 200 «Rollenspieler» aus der örtlichen Verwaltung, der Wirtschaft und der Bevölkerung. 2015 nahm ich ebenfalls teil. Kommandeur Oberst i. G. Wolfgang Paulik veranlasste, dass die Übung mit einem multireligiösen Gottesdienst eröffnet wurde, zum ersten Mal überhaupt. Imam Yusuf Kara, Rabbiner Dr. Gábor Lengyel, der katholische Pastoralreferent Stefan Hagenberg und der evangelisch-lutherische Militärpfarrer Dr. Jobst Reller zelebrierten diesen Gottesdienst der Weltreligionen. Ich weiß es zum einen so genau, weil ich damals die Zeitung zur Übung erstellte. Zum anderen erinnere ich mich so gut daran, weil es für mich zu den bewegendsten spirituellen Ereignissen gehört, die ich innerhalb der Bundeswehr je erlebt habe.

Die große Schweinerei

Ich habe das Thema Islam in diesem Kapitel gleich mit der Hardcore-Version begonnen, nämlich mit dem Auslandseinsatz und der dort nicht vorhandenen Seelsorge. Nun besteht unser Beruf zum Glück nicht nur aus Einsätzen, sondern überwiegend aus dem Leben im Normalfall. Aber dieser Normalfall ist eben auch ziemlich umfassend und unterscheidet sich von einem Bürojob. Ein Großteil von uns arbeitet, isst und schläft in der Kaserne oder auf dem Schiff, befindet sich auf einem Lehrgang oder wo er eben gerade zu tun hat. In der Regel handelt es sich um vorhersehbare, alltägliche Bedingungen. Da könnte man doch meinen, dass es relativ einfach wäre, Essen für Muslime zu organisieren. Leider falsch gedacht! Ich bin überzeugt davon, dass es eigentlich nicht so schwer sein kann, das zu bewerkstelligen. Dennoch klappt es nicht. Weil keiner daran denkt. Weil keiner Interesse hat, daran zu denken.

Ein Beispiel: Während meines Offizierslehrgangs an der Marineschule Mürwik fand einmal der sogenannte lebenskundliche Unterricht in Hamburg statt, zwei Tage lang. Den Unterricht erteilt ein Militärgeistlicher, der jedoch nicht die Spezifika seiner Konfession behandelt, sondern allgemeine ethische oder gesellschaftsrelevante Fragen erörtert. Wie die anderen Kameradinnen und Kameraden aus meinem Hörsaal (so der Fachausdruck für eine Klasse an der Marineschule) meldete ich mich an und fügte für die Verpflegungsliste noch hinzu, dass ich kein Schweinefleisch esse. Als ich dann zur ersten Mahlzeit erscheine, ist es wie fast immer: Kein Mensch hat berücksichtigt, dass eine Muslima angemeldet war, die die Speisevorschriften beachtet. Der ganze Speisesaal riecht nach Eintopf mit Bockwurst. Mir wird fast schlecht von dem Dampf. Der Küchenmensch weiß von nichts. «Wie, Sie essen kein Schweinefleisch? Hm, Ersatz habe ich aber auch keinen.»

Ich hocke also dort in der Kantine, esse nichts und bin in Mörderlaune. Ich zahle über die Verpflegungspauschale, die für Reisen dienstlicher Art erhoben wird, für ein Essen, das ich nicht verzehren kann, bzw. für bestelltes Essen, das ich nicht bekomme. Unfreiwillig ziehe ich außerdem die Aufmerksamkeit der ganzen Gruppe auf mich, weil ich Schwierigkeiten mache. Ich störe den Betriebsfrieden, weil ich eine «Extrawurst» brauche.

In solchen Momenten bekommt meine Religionszugehörigkeit eine Riesenbedeutung – und zwar nur weil die Verpflegung schlecht organisiert ist.

Ich begreife einfach nicht, warum das so sein muss! Ich kann das nicht akzeptieren, weil es einfach keine plausible Erklärung dafür gibt. Es ist doch eine vollkommen simple Sache, Mahlzeiten ohne Schweinefleisch zu kochen. Ich kann verstehen, dass das unter unvorhergesehenen Bedingungen manchmal nicht möglich ist. Aber das hier war doch eine geplante Veranstaltung, mit rechtzeitiger Erstellung von Listen aller Art. Deutscher geht es doch kaum. Ich möchte ja nicht mal Fleisch, das *halal* ist, also von Tieren, die nach muslimischem Ritus geschlachtet werden. Wobei selbst solches Fleisch in Großstädten heutzutage ohne größeren Aufwand zu bekommen ist, das nur nebenbei.

Es klappt doch auch anderswo. Vor und auf jedem Langstreckenflug beispielsweise wird man gefragt, ob man besondere Speise- oder Ernährungsvorschriften befolgt. In jedem Tagungshaus, in jeder Reha-Klinik und in jeder besseren Kantine eines Betriebs gibt es eine mal kleinere, mal größere Auswahl an Speisen für verschiedene Bedürfnisse. Aber nicht bei der Bundeswehr oder jedenfalls nur sehr eingeschränkt. Ich muss sehr oft vegetarisch essen – wenn fleischloses Essen überhaupt angeboten wird. Häufig besteht vegetarisches Essen einfach nur aus den Beilagen, was mit vegetarischer Ernährung im eigentlichen Sinn ja auch nicht gemeint ist.

Es gibt zig Kochsendungen im Fernsehen, in jeder Zeitschrift und Zeitung finden sich Rezepte, Warenkunden, Tipps von A bis Z, Diäten zum Abnehmen und für jede Art von Unverträglichkeit – Essen ist in Deutschland ein Thema wie sonst kaum etwas anderes. Und im Übrigen gibt es außer Schweinefleisch noch Huhn, Pute, Rind, Lamm, Fisch. Das würde auch den nicht vegetarischen Menschen entgegenkommen, die einfach so kein Schweinefleisch essen wollen. Davon gibt es auch immer mehr. Wo also ist das Problem? Warum ist in – gefühlt – 90 Prozent der Fälle Schweinefleisch in den Mahlzeiten der Bundeswehr enthalten? Ich weiß es nicht. Einen rein sachlichen Grund sehe ich nicht. Es ist eine Frage der Aufmerksamkeit, der Wahrnehmung, der Fürsorge.

Ich kann mich in vielen Fällen wehren, und das tue ich auch. Auf meinem Feldwebellehrgang in Münster 2006/2007 gab es Schwein rauf und runter. Nach ein paar Tagen ging ich zum Rechnungsführer, der die Verpflegung abrechnete, und sagte ohne Umschweife: «Es gibt kein Essen für mich, also bezahle ich auch nicht.» Der guckte erst groß, verstand aber schnell, was ich meinte und warum ich nicht «verhandelte», also ein bisschen bettelte, damit wir noch irgendwas deichseln könnten. Ich wollte, dass es bekannt wurde und die Führung wusste: Hier gibt's ein Problem, darauf müssen wir in Zukunft besser achten. Oder: Hier sind berechtigte Anliegen zu erfüllen, lasst uns überlegen, wie wir das endlich gut hinkriegen.

Der Rechnungsführer und ich verfassten eine Schadensmeldung, weil die falsche Verpflegung angefordert worden war – das ist nämlich bei einer Behörde (und so was Ähnliches sind wir ja) ein «Schaden». Die Meldung wurde auf den Weg geschickt, und siehe da – kurze Zeit später funktionierte es, ich bekam Mahlzeiten ohne Schweinefleisch. Gerade im Gefechtsdienst, wenn man die meiste Zeit im Wald verbringt, ist es wichtig, dass man ausreichend isst. Innerhalb des «normalen» Tagesdienstes habe ich mich selbst verpflegt.

Seitdem hat sich schon einiges verbessert, die Inhaltsdeklarationen sind mittlerweile sehr viel genauer als früher, schon wegen der Vegetarier und Allergiker. Aber die Motivation erscheint mir eher defensiv: Wir müssen das angeben, weil wir gesetzlich dazu verpflichtet sind, also machen wir es notgedrungen. Die Frage, wie man es den Kameraden leichtmacht, wie man ihnen das Gefühl erspart, sie seien Störfaktoren, weil sie aus religiösen oder anderen Gründen kein Schweinefleisch essen – die wird nicht gestellt. Abgesehen von den persönlich-emotionalen Aspekten wäre es übrigens auch sinnvoll im Hinblick auf die Erhaltung der Leistungsfähigkeit. Gerade in Phasen mit hoher körperlicher Belastung wäre es gut, wenn Soldaten muslimischen oder jüdischen Glaubens sich nicht nur von Salaten und unbelegtem Brot ernähren müssten.

Was mich manchmal fertigmacht, ist der Eindruck, dass ich immer wieder von vorn anfange. Dass ich seit Jahren um solche Selbstverständlichkeiten Kämpfe führen muss. Das ist zermürbend. Dabei bin ich eher der zupackende Typ, nenne die Dinge beim Namen und werde auch laut, wenn es sein muss.

Ich bin jetzt Offizier, da wird es möglicherweise auch noch ein bisschen einfacher. Aber ein Mannschaftsdienstgrad, also ein Angehöriger der niedrigsten Hierarchiestufe, muss sich schon überwinden, um sich sein persönliches Recht zu verschaffen. Denn das ist es: Jeder Soldat hat nach § 36 Soldatengesetz das Recht auf freie Religionsausübung.

Vor einiger Zeit hatte ich mit einem Gefreiten zu tun, 30 Jahre alt. Der war aus Ghana geflohen, hatte in Deutschland Asyl erhalten und wollte jetzt, als eingebürgerter Deutscher, aus Dankbarkeit dem Land etwas zurückgeben. Wir waren eine ganze Woche lang auf einem Truppenübungsplatz in Baumholder zum Schießen, und er hatte gesehen, dass mir zu den Mahlzeiten Thermoboxen rausgebracht wurden, auf denen groß und auffällig «Moslem» stand (nicht gerade eine elegante Lösung, aber in diesem Fall unbeabsichtigt sehr nützlich). Also fühlte er sich ermutigt, mich anzusprechen wegen seines Problems. «Frau Hauptfeldwebel, Sie sind Moslem, ich auch. Das habe ich aber keinem gesagt. Sonst gibt's nur Bemerkungen. Normalerweise brauche ich kein extra Essen, ich sage, dass ich Vegetarier bin. Aber heute Abend gibt's ein Problem beim Abschlussgrillen. Wie machen Sie das denn?»

«Warum sagen Sie denn nicht, dass Sie Moslem sind?»

«Ach, besser nicht, die Kameraden sind hier doch immer ein bisschen komisch wegen des Islams.»

«Hat man Sie diskriminiert?»

«Nein, das würde ich nicht sagen, aber es kommen entweder blöde Witze, oder die Kameraden reden schlecht über den Islam.» Das war kurz nach Silvester 2016 und den Vorkommnissen in Köln, jeder Moslem wurde dafür verantwortlich gemacht, und der Islam litt unter einem ganz schlechten Image, um es mal so zu sagen. Kein Wunder, dass der Gefreite es nicht wagte, sich als Moslem zu outen. Bis dahin hatte er es deichseln können, unauffällig zu bleiben, aber beim Grillen würde es schwierig.

Ich erklärte ihm: «Vom Grill esse ich nichts, die schmeißen ja alles durcheinander drauf, Schwein, Kartoffeln und Gemüse. Das kann ich nicht essen. Lassen Sie es uns so machen: Ich fahre gleich in den Ort und besorge uns was.» Er war erleichtert. Aber ich fand, das müsste doch noch auf eine andere Ebene gehoben werden, und ging zum Chef. «Herr Major, der Kamerad ist Moslem, traut sich aber nicht, das zu sagen. Die Thermoboxen mit der Aufschrift ‹Moslem› sind ihm zu auffällig.» Mein Chef holte tief Luft und meinte dann: «Das ist schlecht. Und er hat recht, diese Beschriftungen sind nicht gut. Die wirken stigmatisierend. Das müssen wir ändern. Für heute gebe ich Ihnen erst mal 10 Euro, fahren Sie nach Baumholder rein und besorgen Sie etwas für Sie beide.»

Es war für den Moment eine unkomplizierte, kameradschaftliche Lösung. Ich hoffe, dass der Vorfall dort ein positives Nachspiel hatte und zu einer Veränderung im Umgang, zu einer erhöhten Aufmerksamkeit führte. Ob sie es geschafft haben, die auffälligen Moslemschilder zu ersetzen, weiß ich nicht. Auf jeden Fall bleibt festzuhalten: Wenn so etwas klappt, dann nur, weil sich vor Ort jemand darum kümmert und eine Entscheidung für seinen Verantwortungsbereich trifft. Strukturelle Veränderungen: Fehlanzeige!

Ich nehme oft selbst etwas für mich mit und sorge für meine Verpflegung. Man kommt schon irgendwie klar. Aber eben nur wenn man es selbst regelt oder Verbündete findet, die einem helfen, sei es auf der Ebene der Vorgesetzten oder der Kameraden. Doch meiner Ansicht nach dürfte das nicht so sein. Wir müssten doch zu anderen Lösungen kommen können, als dass sich die Muslime in der Bundeswehr immer irgendwie durch die Verhältnisse wurschteln müssen.

Zusammenarbeit ausgeschlossen?

«Mit Moslems kann man nicht zusammenarbeiten» – den Satz habe ich öfter gehört. Wenn ich frage, warum nicht, oder den Sprecher dazu auffordere, ein Beispiel dafür zu bringen, kommt erst mal nichts. Dann folgt häufig: «Ja, im Ramadan, da können die ja nicht ...» Was können wir da nicht? Arbeiten? Können wir! Unsere Pflicht erfüllen? Können wir auch! So eine Aussage bleibt immer im Ungefähren, solch ein Vorbehalt ist eher eine Vermutung als eine wirkliche Erfahrung. Da fällt es besonders schwer, sich dagegen zu wehren, weil es kaum zu packen ist.

Christen kennen das Fasten, vor Ostern zum Beispiel, da verzichten sie auf bestimmte Speisen, etwa Fleisch. Bei uns im Ramadan läuft es ein bisschen anders ab, wir verzichten während der Fastenzeit tagsüber komplett auf Essen und Trinken. Die Spanne ist festgelegt, sie umfasst 29 oder 30 Tage, je nach Mondphase, und dann jeweils vom Sonnaufgang bis zum Sonnenuntergang. Wann *genau* Sonnenaufgang bzw. -untergang ist, wird in einem komplizierten Verfahren berechnet. Wer nicht fasten kann, weil er krank ist oder sich auf einer großen Reise befindet, kann seinen Ramadan zu einem späteren Zeitpunkt nachholen. Denn, so heißt es in der zweiten Sure, Vers 185: «Gott will es euch leichtmachen, nicht schwer.» Ja, Gott macht es mir leicht ...

Ich habe nicht in jedem Ramadan gefastet, wie gesagt bin ich gar nicht besonders fromm. Es gab Zeiten, da wusste ich nicht einmal, dass wir Fastenzeit hatten. Meine erste Seefahrt etwa war eine Ausbildungsfahrt auf einem Flottendienstboot im östlichen Mittelmeer. Dort haben wir für den Ernstfall alles Mögliche geübt, ich den Vollzug meiner Pflichten als Fernmeldeunteroffizier. Zwei Fischer vor der Küste Marokkos, deren Funkverkehr ich zufällig abhörte, unterhielten sich darüber, wann die rechte Zeit sei zu fasten. Da wurde mir erst klar, dass wir Ramadan hatten. Ich war froh, dass ich es wenigstens auf diese Weise erfahren habe. Doch wie bekam ich jetzt raus, ab wann ich essen durfte?

Auf See hat man dafür zum Glück Experten. Natürlich sind sie keine Fachleute, die speziell für die Berechnung der Ramadanzeiten zuständig sind. Aber Navigationsoffiziere beispielsweise können extrem hilfreich sein. Ich fragte einen der Unteroffiziere, ob er mir nicht helfen könne, er berechne im Rahmen seiner Aufgaben ja sowieso ständig den Stand der Sterne und des Monds. «Klar, Nari, kein Problem, das erledige ich für dich.» Und er schrieb mir eine schöne Liste mit den Daten für jeden Tag, bis wann bzw. ab wann ich essen durfte. Diese Zeiten stimmten natürlich nicht mit den allgemeinen Essenszeiten überein. Änderungen oder Ausnahmen? Die kamen für den Großen Smut, den Küchenchef, nicht in Frage. Die Essenszeiten werden eingehalten, und damit basta. Da könnte ja jeder kommen, und wo kämen wir da hin usw.

Nun kann man auf einem Schiff der Marine nicht einfach mal zwischendurch in die Kombüse gehen und sich etwas zu essen machen, wenn die Liste des Navigationsunteroffiziers anzeigt, dass man jetzt zu Abend essen darf. Wer hat mir geholfen? Natürlich ein Mannschaftsdienstgrad, der Kleine

Smut, ganz unten in der Hierarchie. Der war ein lieber Kerl, der verstand, dass es mir wichtig war, das Richtige zu tun. Er war kein Moslem, er hat sich einfach nur in meine Lage versetzt und half mir aus meinen Problemen heraus. Jeden Morgen weckte er mich rechtzeitig und bereitete für uns beide ein Frühstück zu, das wir noch vor dem errechneten Sonnenaufgang verspeisten. Für mein Abendessen sorgte er ebenfalls. Für den Großen Smut war das nicht vorstellbar gewesen, weil es nicht in sein System passte. Der Kleine Smut machte es passend. Und das System wurde nicht im Mindesten beschädigt, die Disziplin der Mannschaft inklusive der Muslima brach nicht zusammen, das Flottendienstboot ging nicht unter. Wer hätte das gedacht?!

Das Essen ist das eine. Das Beten ist noch mal etwas anderes. Ein manche strenggläubiger Moslem sollte fünfmal am Tag beten. Es gibt festgesetzte Zeiten, aber wie beim Fasten auch kann man seine Pflichten unter gewissen Umständen an die individuellen Möglichkeiten anpassen. Der Gefreite, der aus Ghana stammte und mich in Baumholder wegen des bevorstehenden Grillabends angesprochen hatte, erzählte mir einmal von einem weiteren Problem: von den Verrenkungen, die er unternehmen musste, um zum Beten zu kommen. «Frau Hauptfeldwebel, ich melde mich wegen des Nachtübungsschießens bei Ihnen, in persönlicher Angelegenheit. Das kann ich nur Ihnen erzählen ...» An normalen Übungstagen stand er vor allen anderen auf und betete, am Abend wartete er, bis seine Kameraden im Betreuungsraum saßen (eine Art Aufenthaltsraum), vollzog die vorgeschriebenen Waschungen und holte dann auf der Stube seine Gebete nach – immer in der Sorge, dass die anderen zu früh zurückkehrten und ihn «erwischten». Beim angesetzten Nachtschießen würde sein Verfahren aber nicht funktionieren, da wären wir erst nachts um zwei oder drei Uhr zurück. Kein Mensch ging dann noch in den Betreuungsraum, sondern alle würden froh sein, endlich ins Bett zu kommen. Nicht die geringste Chance, auf der mit vielleicht 20 Mann belegten Stube in Ruhe zu beten.

«Frau Hauptfeldwebel, was soll ich also machen?»

«Kein Problem, Gefreiter, wir sind gleich fertig, und dann können Sie schnell vorausfahren in die Kaserne. Bis wir dann nachkommen, sind Sie mit dem Beten schon fertig. Ich sage dem Spieß und dem Chef Bescheid. Das hätten Sie aber eigentlich auch selbst tun können.»

«Frau Hauptfeldwebel, Sie wissen doch, es gibt immer diese Bemerkungen, die sind halt ein bisschen unangenehm, wenn es um Islam geht.»

Ich geriet gleich in Wallung. «Wie: unangenehm? Hat man Sie beleidigt?» – «Nein, das nicht, aber diese Halbsätze und so ...»

Ja, diese Halbsätze und so, die nicht von den Rechten oder gar Nazis stammen, sondern einfach aus Respektlosigkeit, Unwissen oder schlichtweg Blödheit fallen – die treiben einen zu Heimlichkeiten.

Eigentlich ist es eine paradoxe Situation: Man fürchtet sich vor «dem Islam», weil man nicht so recht weiß, was da vor sich geht. Gleichzeitig lässt man oftmals die Chance ungenutzt, ihn als normalen Bestandteil des Alltags zu etablieren. Ein lockerer, zugewandter Umgang mit den Kameraden muslimischen Glaubens könnte viel Gutes bewirken, auch für einen selbst.

Wo bleibt der islamische Militärseelsorger?

«Bundeswehr stellt muslimische Seelsorger und Geistliche ein. Herzliche Begrüßung an den Standorten ...» Das wäre eine echte Nachricht für die rund 1600 muslimischen deutschen Soldaten und ihre nicht muslimischen Kameraden. Aber diese Schlagzeile ist noch nicht veröffentlicht worden. Und ob das je geschehen wird, keine Ahnung. In nahezu jeder Talkshow oder politischen Veranstaltung, zu der ich eingeladen werde, komme ich auf das Thema zu sprechen. Es führt zu großem Staunen – und weiter passiert nichts. Dabei bin ich ja nicht allein, alle möglichen Seiten unterstützen die Forderung, auch der evangelische und der katholische Militärbischof. Der Bundeswehrbeauftragte ist dafür, der Zentralrat der Muslime, die Lehrstuhlinhaber für islamisches Recht und islamische Theologie in Tübingen und Osnabrück sind dafür, der ehemalige Generalsekretär und jetzige Parlamentarische Staatssekretär Dr. Peter Tauber ebenso.[8] Ich könnte noch sehr viele weitere Befürworter und Unterstützer aufführen. So richtig dagegen ist keiner, jedenfalls nicht offen. Ich habe noch nirgendwo gehört, dass jemand offiziell gesagt hätte: «Brauchen wir nicht», oder: «Brauchen die nicht.» Trotzdem: Es tut sich nichts.

Vordergründig gibt es rationale Ursachen, die gern im bürokratischen Gewand erscheinen. Die Lage stellt sich so dar: Evangelisch sind rund 63 000, katholisch 48 000 Soldaten.[9] Das weiß man, weil die Bundeswehr Kirchensteuer für sie abführt. Für sie sind insgesamt rund 180 evangelische und katholische Militärpfarrämter zuständig. Es gibt einen Betreuungsschlüssel im Staatsvertrag mit der evangelischen Kirche, der besagt, dass pro 1500 Soldaten ein Geistlicher zur Verfügung stehen sollte. Das ist keine Verpflichtung, wird aber so gehandhabt und kann auch auf die anderen Konfessionen übertragen werden. Rein rechnerisch würde das also auch für wenigstens einen muslimischen Geistlichen sprechen. Aber es gibt keinen.

«Die Militärseelsorge in der Bundeswehr ist der vom Staat gewünschte und unterstützte und von den Kirchen geleistete Beitrag zur Sicherung der freien religiösen Betätigung und der seelsorgerlichen Begleitung der Soldatinnen und Soldaten.» So lautet die Erklärung in der Zentralen Dienstvorschrift (ZDv) A-2600/1 der Bundeswehr. Der ganze Abschnitt ist im Teil «Innere Führung» angesiedelt. Unter Punkt 6.3.6 heißt es: «Alle Soldatinnen und Soldaten haben einen gesetzlichen Anspruch auf Seelsorge und ungestörte Religionsausübung.» Klar und wahr (was bei den Dienstvorschriften nicht immer der Fall ist, hier aber schon). Der Staat wünscht und unterstützt die Seelsorge, die Soldaten haben einen gesetzlichen Anspruch darauf. Im Soldatengesetz steht es genauso, § 36: «Der Soldat hat einen Anspruch auf Seelsorge und ungestörte Religionsausübung.» Bleiben da noch Fragen offen? Eigentlich nur eine: Warum gibt es dann noch immer keine muslimische Seelsorge, geschweige denn einen muslimischen Militärgeistlichen? Es tut sich auf dem Gebiet nichts, obwohl das Thema schon seit Jahren auf der Agenda steht.

Im letzten Jahresbericht des Bundeswehrbeauftragten Hans-Peter Bartels vom 20. Januar 2018 heißt es «... nach mehr als sechs Jahren des ergebnislosen Prüfens [macht sich] langsam Ernüchterung breit».[10] Der Wehrbeauftragte muss das vielleicht so zurückhaltend formulieren, obwohl ich diesen Satz auch schon für ziemlich deutlich halte. Ich jedoch bin nicht ernüchtert, sondern wahnsinnig wütend, aus verschiedenen Gründen. Zum einen wegen der mangelnden Fürsorge für die Soldaten, die sich in dieser Vernachlässigung eines zentralen Anliegens zeigt. Zum anderen weil man sich damit so viele Chancen vergibt. Es wäre doch ein überaus starkes Signal für die muslimischen Communitys und die 4 Millionen Muslime, die in Deutschland leben. Es würde zeigen, dass wir einen Schritt weitergekommen sind auf dem Weg zur Normalität, zum selbstverständlichen Leben miteinander. Aber nein, sechs Jahre Prüfen ohne Ergebnis.

Wie bereits erwähnt gibt es in der Bundeswehr etwa 1500 bis 1600 Muslime. Man weiß es nicht genau, denn es gibt für sie keine Meldepflicht. Die Angabe der Religionszugehörigkeit ist freiwillig. Ich kann es nicht belegen, aber ich bin überzeugt davon, dass das die allerunterste Grenze ist. Ich brauche ja nur an solche Menschen zu denken wie den Mann aus Ghana, der sich nicht outet, einfach um keine dummen Sprüche zu provozieren. Es gibt sicher einige wie ihn. Die Katze beißt sich einfach in den Schwanz, wenn man mit der geringen Zahl argumentiert: Es sind wenige, also ist die Organisation einer Betreuung nicht ganz so dringend. Der Effekt ist, dass es nicht mehr werden, weil sich unter diesen Umständen erst recht keiner zu erkennen gibt.

Für diejenigen Muslime, die sich für den Dienst in der Bundeswehr interessieren könnten, ist das sicher auch ein Stolperstein, ganz besonders dann, wenn sie in konservativen Familien aufgewachsen sind und diesen plausibel machen wollen, dass sie zum Militär gehen wollen. Wenn sie auf die Fragen nach den Möglichkeiten einer muslimischen Lebensweise überzeugend antworten könnten, das stelle kein Problem dar, weil sie geistlich betreut werden und ihren religiösen Pflichten nachkommen können, würde das manches für sie vereinfachen.

Jemand, der in einem Chemieunternehmen arbeitet oder in einer Zahnarztpraxis kann sich vielleicht gar nicht vorstellen, wofür man einen Seelsorger bei der Arbeit brauchen könnte. Der Dienst in den Streitkräften ist halt doch ein bisschen anders, eben wegen seines speziellen Auftrags, das Land und seine Bürger mit der Waffe zu verteidigen. Unsere Arbeit ist Teil einer staatlichen Hoheitsaufgabe, die im Ernstfall Leben kosten kann, das eigene oder das eines anderen. Es gibt nur einen einzigen Berufsstand in der Bundesrepublik, dessen Mitgliedern befohlen werden kann, ihr Leben aufs Spiel zu setzen, eben den des Soldaten. Das allein ist schon etwas Besonderes.

Hinzu kommen die äußeren Umstände, etwa das Zusammenleben in Kasernen, getrennt von der Familie, Auslandseinsätze, kurzfristige Versetzungen usw. Man muss sich das vor Augen führen, um zu begreifen, dass es bei der Frage der Seelsorge nicht um irgendeine Art von Zusatzangebot geht, ein psychologisches Extrabonbon oder so etwas, sondern dass Seelsorge entscheidend zur geistigen und moralischen Stabilität des einzelnen Soldaten – und seiner Familie – beitragen kann.

Seelsorge hat in Deutschland und anderswo eine lange Tradition. Für die Bundeswehr wurden die Verträge zur katholischen und evangelischen Seelsorge in den 50er Jahren geschlossen. Das Bundesministerium der Verteidigung übernimmt die Finanzierung. Inhalte und Personal zu stellen ist Sache der Kirchen. Sie tragen aus Kirchensteuern auch solche Angebote, die vom Staat nicht übernommen werden. Kirche und Staat sind also klar voneinander getrennt.

Die Geistlichen sind keine Soldaten, sondern von ihren jeweiligen Heimatgemeinden für sechs oder mehr Jahre zum Dienst als Militärseelsorger abgeordnet. Sie melden sich allerdings freiwillig für den Dienst, gegen seinen Willen wird man nicht zur Bundeswehr gesandt. Die Geistlichen tragen weder Waffen noch Uniform, in Einsätzen oder bei Übungen aber eine «Schutzbekleidung», die quasi eine Uniform ist. Das unterstreicht die Zugehörigkeit zur Truppe, es zeigt die Verbundenheit mit ihr. Im Alltag sieht man sie meist in normaler Kleidung. Militärgeistliche haben keinen Rang. Sie nehmen immer den Rang desjenigen an, der ihnen gegenübersteht. Sie empfangen also keine Befehle, und sie können auch keine erteilen. Dementsprechend tragen sie auch keine Abzeichen, lediglich eine Kennzeichnung als Geistlicher auf der Schulterklappe sowie das Hoheitszeichen.

Diese Konstruktion ist sehr gut. Dass die Geistlichen außerhalb der Hierarchie und der Befehlskette stehen, erhöht das Vertrauen in sie – und schafft für viele Betroffene überhaupt erst die Möglichkeit, sich rückhaltlos zu äußern. Die Geistlichen selbst bringt das vielleicht manchmal ein bisschen in die Bredouille zwischen Schweigepflicht und Unterstützung. Denn es verbietet sich für sie, Probleme oder Missstände im Klartext anzusprechen, wenn die «Quelle» leicht erkannt werden könnte. Aber etwas unternehmen, um den Kameraden zu helfen, möchten sie natürlich auch. In der Regel finden sie eine Lösung und können trotzdem die Vertraulichkeit wahren.

Strukturell gibt es kleine Unterschiede zwischen den Kirchen, aber im Wesentlichen sind die Aufgaben und Ziele gleich:

1. Begleitung der Soldaten und Soldatinnen an den Standorten und im Einsatz. Rund 20 Prozent der Militärgeistlichen sind im Einsatz, das heißt im Ausland und in einem Konfliktge-

biet. Die Begleitung bezieht sich nicht nur auf den jeweiligen Bundeswehrangehörigen, sondern schließt auch seine Familie ein.

2. Beratung durch Seelsorge, die dem Schweigegebot unterliegt.
3. Verkündigung, also Gottesdienst, Gedenkfeiern, Beerdigungen usw.
4. Lebenskundlicher Unterricht zur Orientierung in ethischen Fragen.
5. Betreuung der Rückkehrer aus Auslandseinsätzen, vor allem, wenn sie Belastungsstörungen aufweisen und das Erlebte nicht verarbeiten können.

Die meisten Angebote sind ökumenisch ausgerichtet und können außerdem auch von Nichtchristen wahrgenommen werden. Ungefähr die Hälfte der Soldaten gibt ohnehin kein öffentliches Bekenntnis zu einer Religion ab. Dennoch sind die meisten bestrebt, ein sehr bewusstes, werteorientiertes Leben zu führen, und teilweise nehmen sie dabei auch die christliche Perspektive ein.[11]

Ich stelle die Rahmenbedingungen nur deshalb so deutlich dar, damit man überhaupt sieht, worum es geht; nicht um Mission oder um Infiltration oder um die Aufweichung der Kampfkraft durch exzessives Beten. Vielmehr um die Stärkung der Fähigkeit, als verantwortungsbewusster Mensch mit den Anforderungen des Dienstes klarzukommen. Deshalb erhalten wir ja bei unserer Forderung nach muslimischer Seelsorge sogar Schützenhilfe von den beiden christlichen Kirchen. Die verstehen nämlich besser als jeder andere, wie wichtig es ist, dass man in seinem religiösen Wertekontext Unterstützung erhält, dass man Lebenshilfe in sehr beanspruchenden Lebensumständen bekommt.

Worüber wird dann eigentlich seit Jahren geredet oder eben nicht geredet, warum kommt die Einrichtung muslimischer Seelsorge einfach nicht zustande? Eine Sache ist die schon erwähnte Richtgröße von 1500. Im Militärseelsorgevertrag zwischen der Bundeswehr und der Evangelischen Kirche in Deutschland (EKD) ist vorgesehen, dass je 1500 Soldaten ein Geistlicher zur Verfügung steht. Für die katholische Kirche gilt Ähnliches. Wenn es aber um unsere Belange geht, kommen Abwehrargumente: zum Beispiel, dass sich die 1500 oder 1600 Muslime, von denen wir wissen, quasi in den rund 170 000 Soldaten und Soldatinnen verlieren. Da kann man dann für sie leider nichts machen.

Mit Verlaub, das halte ich für großen Quatsch und für ein Ausweichmanöver. Man stelle sich nur mal vor: 1500 muslimische Soldaten gehen in den Einsatz nach Afghanistan, sollen die ohne geistlichen Beistand bleiben? Nein, sicher nicht. Das sähe jeder ein. Man würde sich etwas einfallen lassen. Es sieht aus, als wären das zwei verschiedene Fälle – die Einzelnen und die Gruppe –, das sind sie aber nicht. Dieser Zahlenfetischismus lenkt nämlich davon ab, dass es sowieso immer um den Einzelnen geht. Und dass es kein quantitatives Argument gibt, um sich der Organisation einer qualitativen Betreuung zu entziehen.

Ich habe schon gesagt, dass sowohl die katholische als auch die evangelische Militärseelsorge unser Anliegen unterstützen, teilweise sogar vehement. Beide Seiten formulieren Kriterien, die sie selbst erfüllen müssen und die auch auf die islamische Seelsorge übertragen werden sollen: Ein islamischer Geistlicher muss demnach die deutsche Staatsangehörigkeit besitzen. Er muss einen in Deutschland erworbenen oder in Deutschland anerkannten Hochschulabschluss in islamischer

Theologie (nicht: Islamwissenschaft) vorweisen. Er beherrscht die deutsche Sprache in Wort und Schrift und verfügt über ausreichende pastorale Praxis, sprich Gemeindeerfahrung. Außerdem muss er von einem islamischen Dachverband akzeptiert und entsandt werden.

Letzteres ist der neuralgische Punkt. Die vielfältige Struktur des Islams wird gern als Argument dafür benutzt, dass die Einrichtung einer muslimischen Militärseelsorge institutionell nicht möglich ist: Auf der muslimischen Seite fehle schließlich der Ansprechpartner. Wie ist das zu verstehen? Der Staat und die Religionsgemeinschaften (bisher eben nur die EKD und die Katholische Kirche) haben Verträge geschlossen. Beide Kirchen sind als Religionsgemeinschaften im Sinne des Grundgesetzes anerkannt. Für die Muslime gibt es bisher jedoch keine analoge Einrichtung. Wir haben mehrere Verbände, unter anderem den Zentralrat der Muslime und den Islamrat für die Bundesrepublik Deutschland. Keinem wird aber Sachautorität «für identitätsstiftende religiöse Aufgaben» zugesprochen, die bis in die Moscheegemeinden Geltung hat. Das wurde noch einmal deutlich, als es um die Einführung islamischen Religionsunterrichts an Schulen in Nordrhein-Westfalen ging. Das Oberverwaltungsgericht in Münster hat am 9. November 2017 ausdrücklich verneint, dass diese beiden Dachverbände den Status einer Religionsgemeinschaft einnehmen.

Das ist in der Tat ein Problem. Ich muss außerdem zugeben, dass die islamischen Organisationen im Moment kein Bild der Einigkeit abgeben. Aufgrund dieser mangelnden Kooperation hat sich beispielsweise die Gründung des Instituts für Islamische Theologie an der Berliner Humboldt-Universität Anfang 2018 stark verzögert. Ursprünglich waren fünf islamische Verbände im Beirat vertreten, dann nur noch drei. Ditib, der von der Türkei gesteuerte Moscheeverband, sowie der sehr konservative Verband Islamischer Kulturzentren schieden aus, weil sie ihre Forderungen, etwa nach einer Sperrminorität bei der Besetzung von Professorenstellen, nicht durchsetzen konnten. Sehr ärgerlich!

Dass der Dachverband Ditib unter der Kontrolle des Präsidiums für religiöse Angelegenheiten der Türkei steht, macht es auch nicht einfacher, hinsichtlich der muslimischen Betreuung in der Bundeswehr weiterzukommen. Dennoch: Ich meine, wem daran gelegen ist, das Gespräch aufzunehmen, der findet eine Möglichkeit und einen Partner. Der hakt halt nicht einfach stur die Formalia ab und stellt dann – wie schon selbst vorhergesehen – fest: Das geht nicht. Da können wir leider nichts machen. Ihr müsst euch halt anders organisieren. Die klassische Selffulfilling Prophecy. Wie wär's, wenn man das Ganze ein bisschen anders gestaltet und schaut, was sich doch machen lässt, sodass allen geholfen werden kann? Wenn man wenigstens versuchte, einen Zipfel zu packen und einen Anfang zu wagen?

Neue Wege suchen

Man kann das bisherige Verfahren auch so beurteilen: «Nun scheint es aber wenig hilfreich, und aus Gründen der Garantie der Religionsfreiheit auch illegitim, einer Religionsgemeinschaft die Form einer angemessenen Institutionalisierung vorschreiben zu wollen. Für den staatlichen Dienstherrn bedeutet das, Formen der Institutionalisierung einer Militärseelsorge mit dem Islam in Deutschland zu entwickeln, die dem Selbstverständnis der Religionsgemeinschaft nicht widerspricht, zugleich aber auch die Vergleichbarkeit mit der christlichen Seelsorge sicherstellt.» Das muss man sich auf der Zunge zergehen lassen: Es ist illegitim, wenn der Dienstherr die Form der Institutionalisierung seinem Partner vorschreiben will. Der *Dienstherr* muss nach Formen suchen, in der beide Parteien ihre Vorstellungen verwirklichen können.

Noch interessanter wird dieses Statement, wenn man weiß, von wem es kommt. Diese Forderung stammt nämlich nicht von einem muslimischen Funktionär, sondern von einem katholischen Geistlichen, Monsignore Reinhold Bartmann, Priester der Diözese Regensburg, seit Ende 2013 Militärgeneralvikar und Leiter des Katholischen Militärbischofsamts, also sozusagen der zweithöchste Katholik in der Bundeswehr.[12]

Über alles Trennende hinweg stellt Monsignore Bartmann das Ziel ins Zentrum der Überlegungen: Muslimen den geistlichen Beistand zu verschaffen, auf den sie ein Recht haben, und sie nicht gegenüber den christlichen Kameraden zu benachteiligen. Alle Seiten, der Staat und die muslimischen Verbände, müssen sich bewegen, das ist vollkommen klar. Beide Seiten müssen die ein oder andere Hürde nehmen. Aber ich meine, der Zweck ist doch eindeutig und letztlich im Kern unumstritten: Es gibt einen Anspruch auf Seelsorge für jeden Soldaten. Also bitte ...

2015 wurde die Zentrale Ansprechstelle für Soldatinnen und Soldaten anderer Glaubensrichtungen eingerichtet. Sie ist angesiedelt im Zentrum Innere Führung der Bundeswehr in Koblenz und soll im Auftrag des Bundesverteidigungsministeriums «evaluieren», ob Bedarf an seelsorgerischer Begleitung außerhalb der christlichen Bekenntnisse besteht. Es soll ein «Netzwerk religiöse Vielfalt» entwickelt werden, damit sich die Vertreter anderer Glaubensrichtungen austauschen können. Dazu gehört auch die Organisation von Veranstaltungen.

Wie klingt das? Für mich klingt es wie gut gemeint. Aber am Thema und am Bedarf vorbei. Das ist halt wieder eine behördenartige Konstruktion, in der sich – zweifellos qualifizierte und gutwillige – Menschen damit beschäftigen, irgendwas zu untersuchen und daraus irgendwann mal Schlüsse zu ziehen. Aber soweit ich sehe, gibt es keinen klaren Auftrag, der lauten würde: Leute, wir brauchen ein Konzept für außerchristliche Seelsorge in der Bundeswehr. Entwickelt da mal etwas Tragfähiges, mit dem alle leben können – die islamischen Gläubigen und die Institutionen –, und denkt daran, dass wir gegebenenfalls etwas Adäquates für weitere gebrauchen könnten.

Der Effekt dieser Zentralen Ansprechstelle besteht im Moment erst mal darin, dass gern auf sie verwiesen wird, wenn man als Moslem – oder als Angehöriger einer anderen Glaubensrichtung – ein Problem hat. Das ist ja gut und schön, nur nützt es in den meisten Fällen nichts. Das ist schließlich eine Art Behörde, die dort Arbeitenden sind Soldaten, aber keine Geistlichen. Der einzige Vorteil, den ich sehe, besteht darin, dass die Anzahl der Anfragen dort unterstreicht: Islamische Seelsorge ist notwendig, und es gibt einen Bedarf. Der Bundeswehrbeauftragte Hans-Peter Bartels schreibt in seinem Bericht für das Jahr 2017, dass immerhin 60 von 117 Anfragen von muslimischen Soldaten stammten.[13] Dafür, dass die Zentrale Ansprechstelle meiner Einschätzung nach unter den Kameraden nicht besonders bekannt ist, erscheint mir das ziemlich viel. Man kann natürlich noch genauer evaluieren, es gibt sicher viele interessante Aspekte, die es wert sind, untersucht zu werden. Man könnte sich aber auch direkt auf den Weg machen.

Die Deutsche Islam Konferenz wurde 2006 gegründet, auf Initiative des damaligen Innenministers Wolfgang Schäuble. Auf höchster Staatsebene sollte ein langfristiger Dialog mit den Muslimen in Deutschland in Gang kommen, eine solche Aktion war einzigartig in Europa. Teilnehmer waren bzw. sind Vertreter von Bund, Ländern und Kommunen und verschiedenen muslimischen Verbänden wie etwa Ditib, Zentralrat der Muslime, Islamrat, Verband islamischer Kulturzentren, Verbände der Marokkaner und Bosniaken, außerdem einige Einzelpersonen. Von Anfang bestand ein gravierendes Problem darin, dass es keinen repräsentativen Ansprechpartner der verschiedenen muslimischen Gruppen gab – und bis heute nicht gibt. Die Verbände repräsentieren außerdem längst nicht alle Muslime in der Bundesrepublik, weil nicht alle organisiert sind. Das erschwert die Anerkennung als Religionsgemeinschaft, die wiederum Voraussetzung für einen Staatsvertrag mit der Bundesrepublik Deutschland ist.

Man kann viel an der Deutschen Islam Konferenz kritisieren: das schleppende Tempo, in dem Ergebnisse erzielt werden, die politische und religiöse Ausrichtung der Verbände, die wenigen beteiligten liberalen Muslime und Islamkritiker, die Aussparung bestimmter kritischer Themen, die Suche nach allerkleinsten gemeinsamen Nennern. Dennoch wurde auch einiges erreicht. Die Einrichtung des islamischen Religionsunterrichts und der islamischen Theologie an öffentlichen Hochschulen wurde angestoßen, außerdem «leidenschaftliche innermuslimische Diskussionen», wie der Psychologe und Islamismusexperte Ahmad Mansour, selbst bis 2013 Mitglied der Deutschen Islam Konferenz, bei aller Kritik hervorhebt.[14]

Seit 2016 ist das Schwerpunktthema die Seelsorge in öffentlichen Einrichtungen. Grundlage dafür ist das im März 2014 in der 18. Legislaturperiode verabschiedete Arbeitsprogramm: «Wir sehen die Islam Konferenz als einen geeigneten Rahmen, um Fragen der religiösen Organisation der islamisch-religiösen Betreuung auf Ebene des Bundes, der Länder und Kommunen (z. B. Militärseelsorge, Seelsorge in Justizvollzugsanstalten und Krankenhäusern) zu erörtern und den Erfahrungsaustausch zu fördern.» Auch hier besteht natürlich das Problem, dass die institutionalisierte Anstaltsseelsorge (so lautet der Oberbegriff für Seelsorge etwa beim Militär, in Altenheimen etc.) nur von Religionsgemeinschaften im Sinne des Artikels 141 der Weimarer Verfassung, die das Grundgesetz übernommen hat, geleistet werden darf. Die verschiedenen Verbände erfüllen dieses Merkmal jedoch (noch) nicht. Aber, so das Papier des Arbeitsausschusses der Deutschen Islam Konferenz: Der Staat wäre verfassungsrechtlich nicht daran gehindert, unterhalb dieser Schwelle Konzepte zu entwickeln, etwa Seelsorge auf Vertragsebene zu installieren.

Gleichzeitig sind die Muslime gefordert, sich Gedanken darüber zu machen, wie muslimische Seelsorge überhaupt funktionieren kann. Denn das Konzept der Seelsorge hierzulande stammt aus den christlichen Kirchen. Der Pfarrer ist auch immer Seelsorger, ein Imam nicht unbedingt. Er ist in erster Linie Theologe. Islamische Seelsorge fand – bisher – eher in der Familie statt, nicht so institutionalisiert wie in der christlichen Gemeindearbeit. Aber das beginnt sich zu ändern, auch weil sich das Leben der Muslime verändert. Meiner Wahrnehmung nach gibt es schon gute Angebote, etwa in Berlin ein muslimisches Seelsorgetelefon sowie Seelsorger in Gefängnissen und Krankenhäusern. Nur: Häufig handelt es sich um Ehrenamtliche, die sich hier engagieren. Sie qualifizieren sich in Kursen, adaptieren auch manche Methoden der christlichen Kollegen. Aber ihr Hauptberuf ist ein anderer. Der muslimische Seelsorger in der Justizvollzugsanstalt Münster etwa war im Hauptberuf Busfahrer. So entsteht ein Konflikt: Wenn die muslimische Seelsorge systematisiert und professionalisiert wird, müssten sich diese Ehrenamtlichen zwischen ihrem Beruf und der Seelsorge entscheiden. Das wird viele in Schwierigkeiten bringen und möglicherweise das ohnehin noch schwache und löcherige Netz der muslimischen Seelsorge ungewollt ausdünnen.

Es wird parallel an der Professionalisierung gearbeitet. Seit wenigen Jahren sind Studiengänge für muslimische Seelsorge an den Universitäten Münster, Tübingen, Osnabrück und Erlangen-Nürnberg im Aufbau. Es wird jedoch noch einige Zeit dauern, bis die ersten dieser Seelsorger einsatzbereit sind. Im Anschluss müssen sie dann auch noch erste Erfahrungen sammeln. Doch es liegen große Chancen in dieser Entwicklung. Denn diese jüngeren, gut ausgebildeten Seelsorger werden sicher ein weiter gefasstes Verständnis ihrer Aufgabe entwickeln als die teilweise noch traditionell orientierten Spitzen der Verbände. Ich hoffe sehr, dass diese neue Generation auch die Gräben zwischen den verschiedenen muslimischen Gruppen bzw. Verbänden überwinden kann. Dr. Jan Felix Engelhardt, Geschäftsführer der Akademie für Islam in Wissenschaft und Gesellschaft an der Goethe-Universität Frankfurt, meint, dass «diese jungen Seelsorger in vielen Fällen schon über die kulturelle Zersplitterung hinaus sind. Für die jetzigen Studierenden spielt die Herkunft oft kaum noch eine Rolle oder gar keine mehr, das läuft sowieso alles auf Deutsch.»

Also, hier und da bewegt sich etwas, nur noch nicht bei uns, bei den Streitkräften. Es werden immer dieselben alten Argumente gegen die Einrichtung eines muslimischen Seelsorgers aufgebracht: zu wenig muslimische Soldaten, kein Bedarf, zu verstreut, lässt sich nicht organisieren. Na, da fiele mir schon etwas ein. Ich habe ein paar Vorschläge, wie man das organisieren könnte! Natürlich nicht mit dem Riesenapparat der evangelischen und katholischen Kirche. Aber mit kleinen, flexiblen Lösungen und vertraglichen Vereinbarungen. Etwa mit temporären Besuchen von islamischen Seelsorgern bei den Truppen im Einsatz. Warum soll nicht mal ein Imam oder einer der neuen qualifizierten Seelsorger aus Deutschland für eine Woche nach Afghanistan in eins unserer Feldlager kommen und sich um die muslimischen Kameraden kümmern? Man könnte auch für den Dienst in Deutschland etwas installieren, beispielsweise eine Kontaktliste der Lehrenden an den oben genannten Universitäten. Wenn etwas passiert, einem Kameraden oder jemandem aus seiner Familie, stehen die Kontaktpersonen zur Verfügung und können ohne großen Aufwand für eine Notfallseelsorge in Anspruch genommen werden. Klar, da müssen vorher Sicherheitsüberprüfungen laufen usw. Aber das alles lässt sich doch mit ein bisschen Engagement regeln, wo ist das Problem?

Es kann gar nicht überschätzt werden, welchen positiven Effekt allein das Bemühen um eine Lösung hervorbringen würde. Wenn ich mir vorstelle, dass in der Bundeswehr gefragt würde: Wer ist Moslem, und wer möchte sich auf eine Liste eintragen, damit wir im Ernstfall schnell eine seelsorgerische Betreuung für Sie und Ihre Familie organisieren können? Das wäre ein unglaublich starkes Signal. Natürlich müsste das ein paarmal wiederholt und die Fragestellung variiert werden. Denn nach den langen Zeiten der Vernachlässigung muslimischer Belange in der Truppe wird die Zurückhaltung erst mal stark ausgeprägt sein. Ich erinnere nur an den Gefreiten aus Ghana, der alle möglichen Tricks anwandte, um nicht als Moslem erkannt zu werden. Das legt man ja nicht einfach so ab.

Es gibt sicher noch viele weitere Möglichkeiten. Vielleicht muss man sich je nach Standort oder nach Waffengattung Verschiedenes überlegen. Warum nicht? Wir Deutsche sind doch Weltmeister im Organisieren. Wir könnten doch wenigstens versuchen, hier auch etwas auf die Beine zu stellen.

Andere Armeen haben schon Lösungen gefunden. Wirklich überraschend ist das nicht, oder? Wir könnten doch einfach auch mal schauen, wie sie es machen. Wir müssen ja nicht alles selbst und neu erfinden.

Beispiel Großbritannien: 2003 beschwerte sich ein britischer Offizier, dass er an der Ausübung seiner Religion gehindert würde. Das Verteidigungsministerium reagierte direkt darauf. Mittlerweile gibt es in den britischen Streitkräften für rund 600 muslimische Soldatinnen und Soldaten zwei Imame, voll finanziert durch das Verteidigungsministerium. Auch die

Kleiderordnung sowie der Haar-und-Bart-Erlass wurden angepasst. Es stehen Gebetsräume zur Verfügung, und im Ramadan wird Rücksicht genommen, soweit es den Dienstbetrieb nicht behindert. Ende 2017 setzten die Britischen Streitkräfte sogar Werbefilme in Umlauf, mit denen sie explizit um Muslime warben. Außerdem gibt es einen Verband, die Armed Forces Muslim Association, die sich für die Belange der Muslime in den Streitkräften einsetzt.

Der amerikanische Verbindungsoffizier, den ich an der Marineschule in Mürwik kennenlernte, sagte mir, dass Muslime in der Army nichts Besonderes seien, weil man es zu nichts Besonderem habe kommen lassen. Das wiederum erscheint mir von meiner deutschen Warte aus etwas ganz Besonderes zu sein, davon sind wir noch meilenweit entfernt. Die amerikanischen Streitkräfte umfassen ungefähr 1,4 Millionen aktive Soldatinnen und Soldaten. Um die aktiven rund 3700 muslimischen Soldaten kümmert sich gut ein Dutzend islamische Feldgeistliche.[15]

Aber auch unsere direkten Nachbarn haben auf dem muslimischen Sektor etwas zu bieten: Seit Sommer 2015 steht österreichischen Soldaten muslimischen Glaubens ein Imam zur Verfügung. Der gebürtige Bosnier ist im Hauptberuf islamischer Religionslehrer an einem Wiener Gymnasium und betreut auf Basis eines Werkvertrags zwischen der islamischen Glaubensgemeinschaft und dem Bundesheer auch die Soldaten in Wien und Niederösterreich. Der Imam gibt lebenskundlichen Unterricht, hält einmal im Monat das Freitagsgebet in deutscher Sprache und betreut je nach individuellem Bedarf die Soldaten seelsorgerisch. 15 Prozent der Soldaten in Wien und Niederösterreich sind Muslime. Sensationell war, dass dieser Imam am Nationalfeiertag im Oktober 2015 sogar bei der

Angelobung der Rekruten, also der Vereidigung, auf dem Heldenplatz eine Rede hielt.[16]

Kleiner Wermutstropfen: Schaut man auf der Seite des Bundesheers unter «Militärseelsorge» nach, findet man nur die Kontaktdaten der katholischen, evangelischen und orthodoxen Kirche. Die Adresse des muslimischen Seelsorgers muss man sich anscheinend anderswo besorgen.

Fazit: Es wäre für alle vorteilhaft, wenn sich die Bundeswehr und das Verteidigungsministerium hinsichtlich der adäquaten Versorgung und Betreuung von Muslimen in den Streitkräften mehr engagieren und eindeutige Zeichen setzen würden. Die Signalwirkung nach innen und nach außen wäre enorm, der Aufwand dafür eher gering. Andere Länder machen es uns bei ihren Streitkräften vor.

Es wäre wohl auch für alle anderen Konfessionen und Glaubensrichtungen günstig, wenn die Bedingungen für die Seelsorge flexibler gestaltet werden als bisher. Als nämlich die Verträge mit der katholischen und der evangelischen Kirche in den 50er Jahren geschlossen wurden, waren die Angehörigen der Bundeswehr zu 96 Prozent christlich, ungefähr 51 Prozent evangelisch, 45 Prozent katholisch. Das ist 60 Jahre her, und in den folgenden zwei oder drei Generationen hat sich die Bundesrepublik in vielerlei Hinsicht vollkommen verändert, auch im Hinblick auf die Religionszugehörigkeit der Bürger. Das macht sich selbstverständlich auch in der Bundeswehr bemerkbar. Stand März 2016 sind 29 Prozent der Soldatinnen und Soldaten evangelisch, 26 Prozent katholisch. Auch wenn das Bekenntnis der Religionszugehörigkeit freiwillig ist, weiß man das, weil die Bundeswehr als Arbeitgeber zur Abführung von Kirchensteuer verpflichtet ist.[17] Man muss hier also einen dramatischen Rückgang feststellen, selbst wenn es über diese

Zahlen hinaus noch eine Menge «Kulturchristen» gibt, die nicht kirchlich gebunden sind.

Über kurz oder lang wird sich zudem die personelle Situation etwa der katholischen Kirche stark verändern. Immer weniger Priester werden geweiht und Ortsgemeinden zu größeren Verbänden zusammengelegt. «Die qualifizierte Begleitung der Soldaten durch Seelsorger und Seelsorgerinnen sicherzustellen ist aktuell die zentrale Herausforderung für die Militärseelsorge», sagt Militärbischof Franz-Josef Overbeck.[18] Ich gehe davon aus, dass man sich auch für diese Entwicklungen bald etwas einfallen lassen muss.

Also, das «Problem» des qualifizierten Personals und der geringen Anzahl von Gläubigen stellt sich über kurz oder lang nicht nur für uns Muslime. Und auch jetzt gibt es schon noch kleinere Gemeinschaften als unsere. Wir haben auch jüdische Kameraden, und zwar ungefähr 150 bis 200 Berufssoldaten. Genau weiß man es auch bei ihnen nicht, denn die Angabe ist freiwillig. Nur wer sich als jüdischer Soldat registrieren lässt, kann an den jüdischen Feiertagen vom Dienst freigestellt werden. 2017 regte der Zentralrat der Juden an, Militärrabbiner einzustellen. Als Seelsorger für die jüdischen Soldaten, aber auch um im Rahmen des lebenskundlichen Unterrichts den anderen Wissenswertes über das jüdische Leben zu vermitteln. Der Präsident des Zentralrats der Juden, Josef Schuster, meinte: «Militärrabbiner wären ein starkes Zeichen für die Verankerung der Bundeswehr in der Gesellschaft.»[19] Ja, und Imame eben auch. Gerade jetzt und gerade in der Bundeswehr.

SKANDALÖS: FRAUENFEINDLICHKEIT UND RECHTSRADIKALISMUS

«Bundeswehr? Ein Haufen von Sexnazis!»

Ein Post auf Facebook

Sexuelle Belästigung und Machtmissbrauch

2017 war ein ziemlich übles Jahr für uns, ein Bundeswehrskandal nach dem anderen tobte durch die Republik und wirbelte die Streitkräfte gehörig durcheinander. Sexismus, Rechtsradikalismus, Schikanen – es war alles dabei. Ich selbst bin niemals in der Bundeswehr in irgendeiner Weise sexuell bedrängt worden. Es gab vielleicht hier und da mal eine anzügliche Bemerkung oder einen schlechten Witz. Aber das würde ich in die Rubrik «Ordinäre Zeitgenossen mit schlechtem Stil» einordnen, mehr war es nicht, auf keinen Fall eine systematische, womöglich bundeswehrtypische Frauenfeindlichkeit. Ich erinnere mich nicht mal mehr an die Einzelheiten, so belanglos war das für mich. Ich bin sehr froh darüber, dass ich das so sagen kann. Aber natürlich ist mir bekannt, dass es sexualisierte Gewalt auch bei uns gibt, selbst wenn ich nicht davon betroffen war und auch niemals Zeugin davon wurde, dass sie anderen Menschen (Frauen oder Männern) angetan wurde.

Ich meine nicht, dass die Bundeswehr ein *besonders* frauenfeindlicher Haufen ist. Es gibt natürlich Blöd«männer», die einfach aufgrund ihres Geschlechts glauben, dass sie überlegen seien. Solche sind in der Bundeswehr und außerhalb zu finden, leider. Wenn viele Männer zusammenkommen, scheint das diese Art von falsch verstandener Männlichkeit zu fördern. Wir Frauen sind bei den Streitkräften in der Minderheit, wir machen nur 12 Prozent aus. Das ist der Durchschnitt, aber in den einzelnen Bereichen gibt es große Unterschiede. Relativ viele Frauen sind im Sanitätsdienst vertreten. Dort ist sogar der Anteil der weiblichen Offiziere hoch, er beträgt 43 Prozent. Das liegt unter anderem daran, dass Frauen schon seit 1991 dort Dienst tun, sich also über längere Zeit diese «klassische» Frauendomäne herausgebildet hat.

Nur wenige Frauen dienen beispielsweise im Heer, gerade mal 6,4 Prozent, in anderen Waffengattungen ist es ähnlich. Das heißt, dass wir immer eine Art Ausnahme darstellen. Wir fallen rein optisch auf, wir sind nicht «normal», weil wir nicht so viele sind wie die Jungs. In meinem Offizierlehrgang in der Marineschule war ich die einzige Frau in meinem Hörsaal, in der gesamten Schule außerdem die einzige Frau mit sichtbarem Migrationshintergrund. Zwar steigt der Frauenanteil insgesamt ein wenig, aber das verändert die Lage noch nicht grundlegend.

Die Bundeswehr ist in dieser Hinsicht keine Ausnahme. Auch außerhalb, in vielen Studiengängen und Branchen, existiert dieses Ungleichgewicht der Geschlechter. Beispiel Ingenieurwissenschaften: ein Männerbezirk. Versicherungsmathematiker: überwiegend Männer. Kfz-Mechaniker: Männer. Man braucht nicht alles aufzuzählen, die Sache ist klar. Und betrachtet man die Hierarchieebenen, sieht es genauso oder schlimmer aus. In den Vorständen der umsatzstarken Unternehmen muss man die Frauen mit der Lupe suchen. Wir immerhin haben eine Verteidigungsministerin. Aber in der Statistik macht sie sich nicht bemerkbar, im Alltag der Truppe stellen wir Frauen einfach eine kleine Minderheit dar.

Darüber hinaus kennzeichnen einige Besonderheiten die Bundeswehr: Wir haben ein sehr strenges System der Hierarchie sowie von Befehl und Gehorsam. Das gibt es so in keinem Unternehmen, egal wie straff es geführt wird. Ebenfalls einzigartig ist die Kameradschaft. Sie stellt für uns einen sehr hohen Wert dar. Dabei geht es nicht darum, dass wir alle besonders gut miteinander befreundet sein wollen, sondern dass wir uns auch in lebensbedrohlichen Situationen aufeinander verlassen können, unabhängig von der persönlichen Wertschätzung oder Zuneigung. Kameradschaft ist für uns lebenswichtig: Wer gegen die Regeln der Kameradschaft verstößt, ist unten durch, er muss unter Umständen sogar die Bundeswehr verlassen.

Außerdem verlangt unser Dienst körperliche Leistungsfähigkeit und die mentale Vorbereitung auf Extremsituationen. All das muss geübt werden. Für diese teilweise harte Ausbildung wie für den allgemeinen Umgang miteinander existieren klare Regeln, die Innere Führung. Das betrifft sowohl die Vorgesetzten als auch die Mannschaftsdienstgrade untereinander. Aber: Es gibt immer wieder einige, die sich nicht daran halten und denen offenbar auch sonst etwas Wichtiges fehlt, zum Beispiel der ganz normale Anstand und der Respekt vor seinen Mitmenschen. Wir haben es, trotz aller «Uniformität» der Bundeswehr, immer mit Individuen zu tun. Es gibt diejenigen, die die Werte ihres Dienstes sehr ernst nehmen, sich für ihre Kameraden einsetzen oder als Vorgesetzte versuchen, ihren Leuten in jeder Hinsicht ein Vorbild zu sein. Am anderen Ende des Spektrums sind die «Schnürschuhe», die innerhalb des Systems ihren Vorteil suchen und ihren Instinkten freien Lauf lassen. Manche glauben, dass sie zu einer Eliteeinheit gehören und bestimmte Regeln daher für sie nicht gelten würden. Andere betrachten etwa die Kameradschaft als Schutzraum, in dem sie sich Dinge leisten können, die außerhalb verboten sind.

Zum Glück gibt es nur sehr wenige von ihnen, aber sie können Schlimmes anrichten, wenn sie nicht in ihre Schranken gewiesen werden. Die große Mehrheit stellen diejenigen dar, die weder im Positiven noch im Negativen herausragen, aber sehr gute Kameraden und Soldaten werden, wenn sie die richtigen Vorgesetzten haben, die das Wirken für die gemeinsame Aufgabe in den Vordergrund stellen. Ich denke, diese Art der sozialen Dynamik gibt es überall. Bei uns tritt aufgrund der besonderen Situation manches möglicherweise etwas deutlicher zutage, wird vielleicht sogar dadurch gefördert.

Wie gesagt, ich selbst bin nie sexuell belästigt worden und kann dazu aus eigener Erfahrung nichts sagen. Aber im Bericht des Wehrbeauftragten und in der Presse werden immer wieder Beispiele von sadistischen Ausbildungspraktiken, Mobbing und sexueller Belästigung ausgebreitet. Es sind übrigens nicht nur Frauen betroffen. Auch Männer, die den Anforderungen nicht genügen oder die einem falschen Bild von Elite nicht entsprechen, werden gemobbt, etwa Homosexuelle.

2017 gingen beim Wehrbeauftragten 235 Meldungen wegen möglicher Straftaten gegen die sexuelle Selbstbestimmung ein, das sind fast doppelt so viele wie im Jahr zuvor. Innerhalb der Bundeswehr sollen davon 172 Fälle stattgefunden haben, in fünf waren Frauen die Beschuldigten. 19 Fälle betrafen Vergewaltigungen oder Vergewaltigungsversuche.[1] Ob es tatsächlich mehr von diesen Übergriffen als früher gegeben hat oder ob aufgrund einer gestiegenen Sensibilität mehr Fälle gemeldet wurden, lässt sich nicht entscheiden. Es wurden allerdings auch einige Fälle aus vergangenen Jahren nachgemeldet, was möglicherweise auf diesen sensibleren Umgang hindeutet. Unbedingt muss man bei all diesen Zahlen daran denken, dass es sich zunächst einmal um Meldungen handelt. Es sind keine disziplinar- oder strafrechtlich festgestellten Vergehen. Damit will ich die Zahlen nicht relativieren, sondern nur auf eine juristisch relevante Unterscheidung aufmerksam machen. Die Dunkelziffer ist wahrscheinlich sogar höher, denn es wird sicher nicht alles gemeldet, was vorfällt.

Wie schon gesagt, 2017 war ein Horrorjahr für die Bundeswehr und ihre Angehörigen, vor allem wegen der Vorkommnisse im Ausbildungszentrum Pfullendorf. Was da stattgefunden hat, war eine Katastrophe, es ist ekelhaft, primitiv und beschämend. Leutnant Nicole E. hatte sich schon im Jahr zuvor beim Wehrbeauftragten gemeldet und Missstände bei der Kampfsanitäterausbildung geschildert. Kampfsanitäter erhalten eine spezielle Ausbildung, weil sie im Einsatz unter extremen Bedingungen ihre Arbeit tun müssen. Unter anderem sprach sie darüber, dass sie gemobbt wurde und an einer Stange tanzen sollte (quasi als Stripperin), damit sie in das Ausbilderteam aufgenommen würde. Die Ausbildung sei herabwürdigend, das Trainieren medizinischer Fertigkeiten werde als Vorwand für sexuelle Handlungen genommen. Lebensbedrohliche Blutungen zu stoppen wird normalerweise an Puppen geübt oder an Soldaten und Soldatinnen, die ihre Unterwäsche tragen. In Pfullendorf zwangen die Ausbilder allerdings die Lehrgangsteilnehmer, sich komplett auszuziehen, und machten sich an den nackten Männern und Frauen zu schaffen. Sie tasteten Brüste und Genitalien ab und sorgten sogar noch für fotografisches «Beweismaterial». Im Aufenthaltsraum befand sich außerdem über längere Zeit als «Abschiedsgeschenk» für einen Ausbilder eine Tanzstange und eine Leine mit Slips, auf der Tafel stand dazu ein obszönes Wort. Der Wehrbeauftragte monierte später mit großer Schärfe, dass jeder Vorgesetzte diese Sache sofort hätte beenden müssen. Dass es nicht getan wurde, sei ein massiver Verstoß gegen die Grundsätze der Inneren Führung.[2]

Die Untersuchung der Vorfälle nahm zunächst das Ausbildungskommando in Leipzig auf, es ist der Pfullendorfer Einheit vorgesetzt. Die Ermittler stießen auf eine Mauer der Kumpanei. Sämtliche Befragte wiegelten ab, so sei das doch alles gar nicht gewesen und so schlimm sowieso nicht. Die zuständige Staatsanwaltschaft sah davon ab, ein Verfahren einzuleiten. Man könne nicht nachweisen, dass Druck ausgeübt wurde, der die Grenze zur Nötigung überschreite. Das sei aber allein der strafrechtliche Aspekt. Was moralisch verwerflich oder dienstrechtlich zu ahnden sei, müsse die Bundeswehr selbst regeln, so die Staatsanwaltschaft. Damit lag der Ball wieder bei den Vorgesetzten. Der Pfullendorfer Kommandeur kümmerte sich jedoch nicht richtig um die Angelegenheit und der Chefausbilder des Heeres, General Walter Spindler, schickte seinen Vertreter. Es passierte nicht viel. Schließlich untersuchten General Wolfgang Richter und ein Team im Auftrag des damaligen Generalinspekteurs Volker Wieker die Vorgänge. Richter besucht jährlich zahlreiche Ausbildungseinheiten, hat also wirklich Erfahrung und einen großen Überblick. In seinem Bericht an den Verteidigungsausschuss wirkt er erschüttert: «Ich hätte nicht gedacht, dass es so etwas in der Bundeswehr noch gibt», zitiert der *Spiegel* daraus.[3] Von mafiösen Strukturen ist die Rede, die Soldaten sprachen anscheinend ihre Aussagen untereinander über WhatsApp ab. Man musste den Eindruck gewinnen, dass diese sexistischen, menschenverachtenden Praktiken im Ausbildungszentrum systematisch gedeckt wurden, auch von der Führung. Worum es dabei ging, konnte jeder in der Republik nachlesen: Die unappetitlichen Details wurden landauf, landab in zig Presseberichten serviert.

Zwar wurden Disziplinarmaßnahmen veranlasst, einige der Führungskräfte versetzt und am Ende mehrere Soldaten entlassen. Doch können diese Konsequenzen die Ereignisse natürlich nicht ungeschehen machen, weder bei den Betroffenen, die unter diesen Verhältnissen zu leiden hatten, noch im Hinblick auf das schlechte Bild, das die Bundeswehr abgab. Diese Vorkommnisse machten vieles kaputt, was zuvor mühsam aufgebaut worden war, die Agenda Attraktivität, das Werben um Frauen als Nachwuchs für die Streitkräfte, die Modernisierungsoffensive – der Pfullendorfer Skandal überlagerte alles. Und natürlich wurde alles in einen Topf geworfen. Pfullendorf wurde nicht als Einzelfall gesehen, sondern es war «die Bundeswehr», ein total verkommener, maroder Verein, in dem perverse Sadisten nach Lust und Laune ihr Unwesen treiben können. Man kann hundertmal versuchen, die Dinge zu klären, sie ins rechte Verhältnis zu rücken, ich kann hundertmal sagen, dass ich so etwas noch nie erlebt habe: Gegen diese Art der pauschalen Verurteilung gibt es keine Mittel.

Öl ins Feuer goss dann noch der von der Ministerin bestellte Kriminologe Prof. Dr. Christian Pfeiffer, der untersuchen sollte, ob übertriebener Korpsgeist in den Streitkräften zu solchen Fehlentwicklungen führt. Er wusste allerdings schon ganz genau Bescheid, bevor er überhaupt mit der Befragung der Soldaten begann. In der ZDF-Sendung «Berlin direkt» am 30. April 2017 äußerte er sich so: «Ich rechne damit, dass es Vergewaltigungen gibt; dass es wüste sexuelle Orgien gibt, die bei Ritualen, wenn ein Neuling kommt, üblich sind. Das gibt es in Gefängnissen, das gibt es in Internaten, das gibt es in allen geschlossenen Organisationen, dass da Dinge laufen, die verboten sind und die schlimm sind und die massive Belastungen für die Betroffenen darstellen. Und da muss man ran.»[4]

Das war, gelinde gesagt, das Allerletzte. Dass Pfeiffer ohne die geringste Ahnung, aber mit großer, allwissender Geste uns mit einem Gefängnis verglich, dass er ganz selbstverständlich davon ausging, Pfullendorf in dieser Art verallgemeinern zu können – ich glaube, so viel Zorn in der Truppe hatte schon lange niemand hervorgerufen. Wir regten uns als Einzelne auf, der Bundeswehrverband protestierte, einfach alle waren stocksauer.

Ende Juni suchte der Beirat Innere Führung des Ministeriums das Gespräch mit Pfeiffer. Der Beiratsvorsitzende schrieb anschließend an die Ministerin: «Prof. Dr. Pfeiffer konnte in seinem Vortrag und dem anschließenden Gespräch den Beirat nicht davon überzeugen, dass er eigentlich ‹das Gute› in der Bundeswehr ans Tageslicht fördern wolle, wie er seine Absicht formulierte. Insbesondere seine öffentlichen Einlassungen, aber auch schon seine dem Verteidigungsausschuss zugeleitete Projektskizze (‹Spitze des Eisberges›) lassen den Beirat an einer unvoreingenommenen und ergebnisoffenen Untersuchung zweifeln.»[5]

Soweit ich weiß, ist bisher noch nicht entschieden, ob und von wem ein solches Forschungsvorhaben zur inneren und sozialen Lage der Bundeswehr überhaupt realisiert wird.

Pfullendorf ist vielleicht kein Einzelfall, aber mit Sicherheit eines der schlimmsten Vorkommnisse dieser Art. Doch es ist nicht repräsentativ für die Bundeswehr. Wenn Pfullendorf überhaupt für etwas steht, dann für die Tatsache, dass es noch immer ein Machtgefälle zwischen Männern und Frauen gibt. Dass Männer noch immer in beherrschenden Positionen sitzen, in denen sie glauben, sich ungehemmt sexistisch verhalten zu können, im tatsächlichen oder erzwungenen Einverständnis mit Kollegen oder eben auch Kameraden. Und die

Gefahr solchen Machtmissbrauchs ist sicher dort am größten, wo Frauen in der Minderheit sind oder wo man «Abweichungen» wie etwa Homosexualität für verachtenswert hält. Dass es überhaupt Menschen gibt – bei der Bundeswehr und anderswo –, die sich erlauben, andere Menschen so zu behandeln: Das ist der eigentliche Skandal!

Ein gutes halbes Jahr nach Pfullendorf startete die Me-Too-Bewegung. Sie begann im Oktober 2017 in den USA mit einem Artikel über den Hollywoodproduzenten Harvey Weinstein. Er soll junge Schauspielerinnen ausgenutzt haben, indem er sexuelle Dienstleistungen für ihre Besetzung in seinen Filmen verlangte. Die Schauspielerin Alyssa Milano rief kurz nach der Veröffentlichung des Artikels dazu auf, dass alle Frauen, die jemals Opfer von sexualisierter Gewalt geworden seien, auf Twitter unter #MeToo eine Statusmeldung schreiben sollten. Es entstand eine Welle, die von Tag zu Tag mächtiger wurde. Im Nullkommanichts gab es Hunderttausende von Meldungen. Entlarvte Politiker traten zurück, Kevin Spacey wurde aus einem Film herausgeschnitten, in weiteren Ländern meldeten sich Millionen Frauen. In Deutschland betraf der erste große Fall den Regisseur Dieter Wedel, ein WDR-Redakteur wurde ebenfalls beschuldigt. Weitere Enthüllungen folgten, auch im Sport.

Es ist gut, dass das Thema auf dem Tisch liegt und offen darüber gesprochen wird. Dass die Opfer sich mit ihrem Leid nicht auch noch verstecken müssen. Doch andererseits muss man sagen: Je mehr von diesen Beschuldigungen zutage tritt, desto deprimierender wird es. Wir tun immer so modern, so aufgeklärt, so zivilisiert. Aber in Wahrheit scheint sich seit Beginn der Zeit nichts verändert zu haben. Viele Mächtige, in der Regel eben Männer, nutzen die von ihnen Abhängigen auf verbotene Art aus. Das ist und bleibt offenbar so. Und es ist egal, um welche Berufe oder Branche es sich handelt. In der *Welt am Sonntag* war im Juli 2018 ein Bericht über Start-ups und ihre Unternehmenskultur zu lesen, über junge, hippe Gründer mit unkonventionellen Ansichten und Arbeitsweisen, die die Zukunft gestalten wollen.[6] Und die doch in wesentlichen Dingen genauso sind wie viele etablierte, «konservative» Unternehmen: In den Führungsetagen sind die Männer in der absoluten Mehrheit, und die Mitarbeiterinnen klagen über Sexismus und sexuelle Übergriffe ihrer Vorgesetzten und Kollegen, die im Gewand lockerer Umgangsformen daherkommen und noch schwerer abzuwehren sind also sowieso schon.

Im Ministerium und in der Bundeswehr arbeiten wir daran, dass sich Fälle wie Pfullendorf nicht wiederholen. Es ist eine Ansprechstelle Diskriminierung und Gewalt eingerichtet worden, die allen aktiven und ehemaligen zivilen und militärischen Angehörigen der Bundeswehr offensteht. Sie wird genutzt, ebenso wie Eingaben beim Bundeswehrbeauftragten und Gespräche mit den Gleichstellungsbeauftragten weiterhin möglich sind. Dass die Zahl der gemeldeten Vorkommnisse steigt, betrachte ich, so traurig diese Geschichten auch sind, als gutes Zeichen. Offenbar wagen Soldatinnen und Soldaten doch mittlerweile häufiger, solche Dinge anzuzeigen. Sicher auch weil sie davon ausgehen können, dass sie damit nicht alleingelassen werden. Die Führungskräfte werden noch stärker als früher dazu angehalten, hinzusehen und durchzugreifen, wenn Fehlverhalten vorliegt. Der Inspekteur des Heeres drückte es in einem Tagesbefehl so aus: «Verschweigen, Weghören, Wegschauen ist falsch verstandene Kameradschaft, Eingreifen und Verhindern eine Frage der Ehre.»[7] Das sehe ich genauso. Und meine Kameradinnen und Kameraden ebenfalls.

Was ist eigentlich aus Franco A. geworden?

Wie gesagt, 2017 war furchtbar für uns. Die Skandale in Pfullendorf und in Sondershausen, wo offenbar übertriebene Härte bei der Ausbildung angewandt worden war, waren erst der Anfang. Als wäre das nicht schon schlimm genug gewesen, folgte im Frühjahr noch der «Fall Oberleutnant Franco A.». Würde es sich um den Plot eines Krimis am Sonntagabend handeln, wäre er von den Kritikern und Zuschauern in der Luft zerrissen worden. Man hätte kein gutes Haar daran gelassen: Die Figuren sind ziemlich seltsam, es ist sehr unwahrscheinlich, dass so viele außergewöhnliche Faktoren zusammenkommen, und das Ganze wirkt überhaupt wie ein absurdes Theater. Aber leider war es keine Erfindung, sondern die bittere Realität, und eine besonders bizarre noch dazu. Im Fall Franco A. passt nichts zusammen, es gibt jede Menge innere Widersprüche, und die Gerichte streiten sich bis heute um die Bewertung der Vorgänge. Deshalb ist es noch immer nicht zu einem Prozess gekommen (Stand Juli 2018), geschweige denn zu einem Urteil. Davon lässt sich aber kaum jemand beeindrucken. Die meisten Medien und ihre Nutzer wussten sofort, was Sache ist, und trompeteten ungehemmt herum, dass dieser Fall von Rechtsradikalismus mal wieder «typisch Bundeswehr» sei. In den Schlagzeilen hieß es: «Wie rechts ist die Bundeswehr?» Durch die Formulierung der Frage war also schon mal eins klar, nämlich dass die Bundeswehr auf jeden Fall rechts *ist*. Man musste sich nur noch darauf einigen, *wie sehr* rechts. Ich gebe zu, dass die Bundeswehr in diesem Fall wirklich kein gutes Bild abgab, trotzdem: Typisch für uns ist Rechtsradikalismus nun wirklich nicht.

Gerade weil viele Menschen eine feststehende Meinung zu den Verwicklungen haben, stelle ich den Fall Franco A. sehr ausführlich dar. Inklusive der juristischen und anderen Details, die sonst schon mal unter den Tisch fallen. Die Vorurteilsfalle «Rechtsradikalismus» schnappt nämlich sofort zu, wenn es um Verfehlungen von Bundeswehrsoldaten geht. Die Fakten spielen dann keine große Rolle mehr, den Fall kann man scheinbar sofort zu den Akten legen. Wenn ein rechtsradikaler Soldat entdeckt wird, sehen die Medien und im Anschluss fast jeder das als Beweis, dass die ganze Bundeswehr ein brauner Sumpf ist. So ist es aber nicht, auch der prominente Fall Franco A. kann dafür nicht als Beleg dienen. Das ging leider unter in einer Menge Fehler, dumm gelaufener Entscheidungsprozesse, Unaufmerksamkeit und allem Möglichen, das sich zu einem großen Brei verquirlte, der der Bundeswehr und ihren Angehörigen sehr geschadet hat.

Deshalb noch einmal: Worum ging es eigentlich? Franco A. soll 2016/17 mit zwei Komplizen einen Terroranschlag auf Politiker vorbereitet haben, den er angeblich einem Asylbewerber unterschieben wollte. Österreichische Behörden fassten ihn Anfang Februar 2017 auf dem Flughafen Wien. Er wollte aus dem Putzschacht einer Toilette eine Schusswaffe inklusive Munition holen, die er ein paar Tage zuvor dort deponiert hatte. Als die Polizei seine Fingerabdrücke abglich, stellte sich heraus, dass er als Asylbewerber aus Syrien registriert war und in einer Unterkunft in Erding in Bayern untergebracht sein sollte. Die Österreicher informierten die deutschen Behörden, die verdeckt weiterermittelten.

Am 26. April 2017 wurde Franco A. festgenommen. Er war seltsamerweise nicht nur Asylbewerber, sondern gleichzeitig Oberleutnant im Jägerbataillon 291 in Illkirch im Elsass. Dort ist die deutsch-französische Brigade stationiert. Man fand rechtsextremes Gedankengut in Aufzeichnungen, Videos und Textnachrichten von ihm. Wie er es schaffte, diese beiden Leben miteinander zu vereinbaren, ist mir ebenso wie vielen anderen ein Rätsel. Warum er überhaupt mit seiner Syriengeschichte so lange durchkam, obwohl er nicht einmal Arabisch spricht, ein noch größeres. Ebenfalls wurde gegen Maximilian T. ermittelt, Kamerad von Franco A. im selben Bataillon. Der dritte Verdächtige war ein Student namens Mathias F., in dessen Studentenbude man erhebliche Mengen an Patronen für unterschiedliche Waffen fand, unter anderem für das Sturmgewehr G36, das auch von der Bundeswehr benutzt wird.

Was im Zuge der Ermittlungen über Franco A. herauskam, ist so peinlich und so verrückt, dass man es kaum glauben kann, wie sogar der Chef des MAD, Christof Gramm, in einem Interview mit *Spiegel Online* zugab: «Ich konnte es erst gar nicht glauben. Der Fall wirkte auf mich wie ein sehr schlechtes ‹Tatort›-Drehbuch, in dem der Autor eine völlig unglaubwürdige Geschichte zusammengebaut hat. Wir haben einen solchen Fall in der Extremismusabwehr des MAD noch nie gehabt, er sprengt alle Maßstäbe.»[8]

Im Dezember 2015 hatte Franco A. mit falscher Identität als christlicher Syrer namens David Benjamin in Gießen in der Erstaufnahmeeinrichtung einen Asylantrag gestellt. Die eigentliche Asylbefragung erfolgte aber erst elf Monate (!) später in Zirndorf, einer Außenstelle des Bundesamts für Migration und Flüchtlinge (BAMF). Knapp anderthalb Stunden widmeten sich die Mitarbeiter gemeinsam mit einer Arabisch-Dolmetscherin den Lügenmärchen von Franco A. Wenn es nicht so bescheuert und so schrecklich wäre, könnte man an eine Geschichte aus Tausendundeiner Nacht denken. Er stamme aus einer Familie von Obstbauern aus der Nähe von Aleppo mit französischen Wurzeln. Er sei in eine französische Schule gegangen, deshalb spreche er auch besser Französisch als Arabisch. Er müsse befürchten, für Assads Armee rekrutiert zu werden, und wegen seines jüdisch klingenden Namens würde ihn der Islamische Staat verfolgen. Frech gelogen ist halb gewonnen! In Wahrheit stammt seine Mutter aus Hessen, der Vater aus Italien. Ich weiß nicht, ob einem so eine Geschichte heute noch jemand im BAMF glauben würde, aber damals ging alles drunter und drüber wegen der vielen Flüchtlinge, und kein Mensch wusste mehr, was plausibel war und was nicht. Jedenfalls erhielt Franco A. subsidiären Schutz, verbunden mit der Zuweisung einer Unterkunft und finanziellen Leistungen nach dem Asylbewerbergesetz sowie Sozialhilfe.

Die Ermittler gingen später davon aus, dass Franco A. diese Camouflage inszenierte, weil er einen Anschlag auf «asylfreundliche» Politiker plante, der – eben wegen seiner Registrierung als Asylbewerber – den Flüchtlingen in die Schuhe geschoben würde. Man fand unter seinen Sachen Notizen und Listen mit Namen von Personen des öffentlichen Lebens wie Bundestagsvizepräsidentin Claudia Roth, Ministerpräsident Bodo Ramelow, Bundesjustizminister Heiko Maas, Bundespräsident Joachim Gauck, außerdem Organisationen wie den Zentralrat der Muslime, den Zentralrat der Juden und die Amadeu Antonio Stiftung, die sich dem Kampf gegen Rassismus und Antisemitismus verschrieben hat und deshalb von Rechten häufig bedroht wird. An den Namen standen Buchstaben, die die Menschen in Kategorien einteilten, so ähnlich wie es auch der norwegische rechtsextreme Attentäter Anders Breivik gehalten hatte. Ziemlich krause, hasserfüllte Bemerkungen tauchten ebenfalls in Franco A.s Aufzeichnungen auf. In den Medien wurde von «Todeslisten» gesprochen, die Aufregung war groß. Einige der Experten meinten allerdings schon bald, die Angelegenheit sei überbewertet. Sie hielten nicht nur den Fall als solchen für ziemlich chaotisch, sondern auch die «Arbeit» von Franco A.: «Da war null Planungsleistung erkennbar», meinte der Berliner Polizeipräsident Klaus Kandt.[9]

Ich weiß nicht, was ich in diesem unglaublichen Fall am schlimmsten finden soll: dass ein Kamerad so etwas macht, dass es möglich war, so viele Institutionen so lange zu hintergehen, ohne dass jemand etwas bemerkt hat, dass unsere Führung und der MAD ahnungslos waren oder welche katastrophale Folgen dieser Mist für das Ansehen der Bundeswehr hatte. Man hätte schon sehr früh wissen können, dass Franco A. rechtsextreme Ansichten hatte. Wobei ich genauer sagen muss: Man wusste es ja, nur erreichte dieses Wissen nicht die richtigen Stellen. Konsequenzen gab es erst recht keine. Schon Ende 2013 nämlich fiel seine Gesinnung auf, und zwar an der französischen Militärakademie Saint-Cyr, an der er studierte und seine Masterarbeit mit dem Titel «Politischer Wandel und Subversionsstrategie» einreichte. In dieser Arbeit vertrat er verschwurbelte völkisch-nationalistische Thesen, unter anderem, dass «Fremde» und die «Durchmischung der Rassen» den Niedergang von Kulturen verursachten.

Der französische Schulkommandeur, der die Arbeit las, bewertete sie zum einen als «nicht bestanden», zum anderen informierte er den Leiter der deutschen Stabsgruppe in Frankreich über die verquasten rechten Thesen des Autors. Der deutsche Kommandeur sprach daraufhin mit Franco A. und fragte ihn, was mit ihm los sei. Der hatte einige Ausreden parat: Er habe unter Zeitdruck gestanden – und die Arbeit in Französisch abzufassen sei schwieriger gewesen als erwartet. Außerdem habe ihm die wissenschaftliche Begleitung gefehlt. Aber eine extremistische Haltung nehme er nicht ein. Der Militärhistoriker und Privatdozent Jörg Echternkamp, damals wissenschaftlicher Mitarbeiter am Zentrum für Militärgeschichte und Sozialwissenschaften der Bundeswehr, heute dort Wissenschaftlicher Direktor, wurde eingeschaltet. Er nahm die ganze Arbeit auseinander, und danach blieb nichts übrig, was den formalen, geschweige denn den inhaltlichen Anforderungen an eine Masterarbeit entsprach. Echternkamp fällte ein vernichtendes Urteil, nämlich dass es sich auf keinen Fall um eine wissenschaftliche Arbeit handele, sondern um einen rassistischen Appell und gefährliche nationalistische Gedankenkonstruktionen.[10]

Man möchte doch meinen, dass diese eindeutigen Aussagen zu klaren Konsequenzen hätten führen müssen. Aber was geschah? Fast nichts, auf jeden Fall nicht das Richtige. Franco A. wurde noch einmal befragt und bekam eine Verwarnung. Er wurde «nachdrücklich darauf hingewiesen, dass er in Zukunft mehr Sorgfalt bezüglich seines dienstlichen Verhaltens als Offizier der Bundeswehr walten lassen muss».[11]

Man fand entschuldigende Erklärungen für den ersten misslungenen Versuch. Der Wehrdisziplinaranwalt, der als Berater hinzugezogen worden war, meinte, dass «der Soldat angesichts der ihm unzweifelhaft zugeschriebenen hohen Intellektualität ein Opfer seiner eigenen intellektuellen Fähigkeit in der Darstellung geworden ist [...]. Aufgrund des gewonnenen Persönlichkeitsbildes sind Zweifel an der erforderlichen Einstellung zur Werteordnung nicht nur nicht belegbar, sondern auszuschließen.»[12]

Eine bemerkenswerte Formulierung: Jemand soll ein Opfer seiner intellektuellen Fähigkeit geworden sein. Soll das heißen, dass man sich vor lauter Schlauheit selbst auf den rechten Leim gehen kann? Und dann ein Zeugs schreibt, das der Historiker eines bundeswehrnahen wissenschaftlichen Instituts als gefährliche nationalistische Konstruktion bewertet? Da braucht man schon viel Interpretationskunst, um zu dem Schluss zu kommen, dass der Autor ein Opfer seiner selbst ist und die Einstellung zur demokratischen Werteordnung tadellos.

Auf jeden Fall informierte niemand den MAD, der manche Passagen und die Intellektualität von Franco A. vielleicht anders interpretiert hätte als die Vorgesetzten und der Wehrdisziplinaranwalt. Und der MAD hätte vielleicht auch gern nachgeforscht, ob Franco A. ein Einzelgänger war oder ob es sich um eine «Terrorzelle» oder ein «rechtes Netzwerk» handelte, wie später in den Medien immer behauptet wurde. Das ist unterblieben, eben weil der MAD keine Informationen bekam. Von einem «Muster des Wegsehens» bei der Bundeswehr sprach später der damalige Generalinspekteur Volker Wieker.[13]

Franco A. durfte dann eine neue Arbeit schreiben, mit der er im Sommer 2014 seinen Abschluss erlangte. 2015 wurde er zum Berufssoldaten ernannt. Es gab keine Einwände, niemand grub etwas aus, das gegen seine Ernennung gesprochen hätte.

Dass die deutschen Vorgesetzten nicht erkannt haben, welchen Typ Franco A. verkörpert, dass sie Prüfungsdruck als Erklärung für rassistische Parolen gelten ließen und entgegen den Regeln nicht den MAD einschalteten – das ist die eine

Seite. Die Disziplinarverfahren gegen den Vorgesetzten und den Disziplinaranwalt, die im Mai 2017 eingeleitet wurden, kamen jedenfalls zu dem Ergebnis, dass bei keinem der beiden Verfehlungen vorlägen.

Bis jetzt weiß man letztlich nicht genau, wozu Franco A.s Doppelleben eigentlich dienen sollte und ob er wirklich fest entschlossen war, einen Anschlag auszuführen. Auch wenn mittlerweile alle glauben, über Franco A. und seine rechtsextremem Terrorpläne Bescheid zu wissen, und der Bundeswehr Nachlässigkeit oder gar bewusste Verschleierung vorwerfen: Was er wirklich vorhatte, liegt nach wie vor im Dunkeln. Es fand nämlich bisher noch kein Prozess statt (Stand Juli 2018). Und warum nicht? Weil die verschiedenen Gerichte die Situation unterschiedlich bewerten. Deshalb kann die Anklage nicht formuliert werden, und deshalb ist nicht geklärt, welches Gericht überhaupt zuständig ist.

Es gibt nämlich zahlreiche Ungereimtheiten in der Sache. So passte beispielsweise die Munition, die Franco A. offenbar entwendet und bei dem Studenten Mathias F. gehortet hatte, nicht zu den vorhandenen Waffen. Auch die «Auswahl» der Personen, gegen die möglicherweise ein Attentat verübt werden sollte, fügt sich nicht so recht zum anderen Teil der Geschichte. Wie hätte man einem (fiktiven) Flüchtling die Schuld an einem Terrorakt gegen «asylfreundliche» Personen unterschieben können? Welches Motiv hätte er haben sollen, ausgerechnet die umzubringen, die sich für ihn einsetzen? Nur sicherheitshalber, damit ich nicht missverstanden werde: Ich ergreife nicht Partei für Franco A. Ich wiegele nicht ab oder rede klein, was vorgefallen ist. Ich versuche nur, so genau wie möglich zu sein und nicht auf Vorurteile hereinzufallen, nur weil sie x-mal veröffentlicht wurden.

Wie komplex der scheinbar so eindeutige Fall ist, zeigt das Hin und Her der Gerichte. Die Bundesanwaltschaft ging bei der Festnahme von Franco A. im April 2017 von einem geplanten Terrorakt aus, er kam in Untersuchungshaft. Aber schon im November 2017 setzte der Bundesgerichtshof den Haftbefehl außer Vollzug, weil kein dringender Tatverdacht bestehe. Ein halbes Jahr zuvor war man noch der Meinung gewesen, dass Franco A. hoch gefährlich war, aber die Beweislage war trotz monatelanger Recherchen so dürftig, dass sich das nicht ohne weiteres aufrechterhalten ließ.

Die Bundesanwaltschaft blieb dennoch bei der Ansicht, dass Franco A. gefährlich war, und erhob trotz der Einschätzung des Bundesgerichtshofs Anklage wegen einer schweren staatsgefährdenden Gewalttat – ohne Erfolg. Die Terroranklage wurde vom Oberlandesgericht Frankfurt nicht zugelassen, der Fall wurde stattdessen an das Landgericht Darmstadt verwiesen. Die Anklage bezog sich nun auf Vergehen weit unterhalb eines terroristischen Akts: Verstöße gegen das Waffengesetz, Diebstahl von Munition und Asylbetrug. Gegen diese Anklage legte der Generalbundesanwalt wiederum Beschwerde beim Bundesgerichtshof ein. Er will weiterhin nachweisen, dass Franco A. ein Rechtsterrorist ist, nicht nur ein Asylbetrüger. Jetzt werden also noch einmal alle Beweismittel geprüft (Stand Juli 2018), und dann wird entschieden, wie die Anklage lauten wird: ob auf Vorbereitung einer staatsgefährdenden terroristischen Tat oder eben nur auf Verstoß gegen das Waffengesetz, Diebstahl und Asylbetrug.

Franco A. wurde im November 2017 aus der U-Haft entlassen und ist seitdem auf freiem Fuß, muss aber bestimmte Auflagen erfüllen (Stand Juli 2018). Bereits während der U-Haft wurde er vorläufig des Dienstes enthoben, er darf die Uniform nicht tragen. Maximilian T., der wie Franco A. in Illkirch stationiert war, wurde ebenfalls aus der U-Haft entlassen und ist weiterhin Soldat.[14] Außerdem übt er eine Nebentätigkeit aus: Er ist stundenweise Mitarbeiter von Jan Nolte, AfD-Bundestagsabgeordneter und Mitglied des Verteidigungsausschusses.[15]

Dieses langwierige Vorbereiten eines Prozesses kritisieren manche vielleicht als Verschleppung – sofern sie die feinen juristischen Verästelungen überhaupt wahrnehmen und nicht beleidigt sind, dass es mit dem «Terror-Offizier» und dem «rechtsextremistischen Netz in der Bundeswehr» nicht in ihrem Sinne weitergeht. So oder so: Es wird alles noch mal zur Sprache kommen, die Mängel im Asylverfahren, die ungenügende Aufmerksamkeit oder vielleicht gar das Verharmlosen von rechtsextremer Gesinnung, die scheinbar niedrigen Hürden auf dem Weg zur Vereidigung als Berufssoldat und noch einiges mehr, woran wir jetzt gar nicht denken oder wovon wir nichts wissen.

Ob es die große oder kleine Anklage wird, ist für uns Soldaten schon beinahe egal: Der Fall hat die Streitkräfte ordentlich durcheinandergewirbelt. Im Zuge der Aufarbeitung wurden ein neuer Traditionserlass entwickelt und die neue Ansprechstelle Diskriminierung und Gewalt eingerichtet, einige Vorgesetzte wurden von ihren Posten entfernt. Man packte viele heiße Eisen an. Das ist auf jeden Fall positiv. Aber wie diese Aufarbeitung vonstattenging, hat viele Kameradinnen und Kameraden sehr verunsichert und auch empört. Kurz nach der Verhaftung von Franco A. warf in einer ZDF-Sendung die Verteidigungsministerin der Bundeswehr, also uns allen, «ein Haltungsproblem und eine offensichtliche Führungsschwäche» sowie Vernachlässigung der Inneren Führung vor. Das hat sehr viele tief verletzt und eine Menge Vertrauen gekostet, schließlich ist sie unsere oberste Vorgesetzte, die uns gegenüber eine Fürsorgepflicht wahrnehmen sollte.

Der Vorsitzende des Bundeswehrverbands, André Wüstner, berichtete, dass er innerhalb weniger Stunden nach der Sendung über hundert SMS und Mails erhielt, auch aus den Einsatzgebieten und von Angehörigen. Sogar Bürgermeister von Städten, in denen sich Bundeswehrstandorte befinden, hätten sich gemeldet. Sie könnten diese pauschale Kritik nicht nachvollziehen.[16]

Dass die Ministerin sich nicht vor uns stellte, sondern uns öffentlich herabwürdigte, haben ihr viele übelgenommen. Zwar entschuldigte sie sich wenige Tage nach dieser Äußerung, aber manche meiner Kameraden werden das sicher nicht vergessen. Zerschlagenes Porzellan lässt sich halt nicht wieder kitten, ohne dass man hier und da einen Riss sieht.

Vor allem zu Beginn des großen Aufräumens nach den Entdeckungen bei Franco A. wurden grobe Fehler gemacht – vielleicht geschah das im Bemühen, keine Zeit und keine Gelegenheiten verstreichen zu lassen, aber es passierten eben Dinge, die nicht korrekt waren. Anfang Mai 2017, also kurz nach Franco A.s Verhaftung, wurde die Begehung aller Kasernen und sonstiger Räumlichkeiten der Bundeswehr angeordnet. Jede Ecke wurde untersucht, ob irgendwo rechtsextremes Schrifttum oder nationalsozialistische Symbole wie Hakenkreuze oder Wehrmachtsdevotionalien usw. zu finden wären – und man stöberte tatsächlich etliche Orden, Medaillen, Panzermodelle usw. auf, nicht nur aus Wehrmachtszeiten, sondern auch viel ältere Dinge. Prinzipiell ist ein solch entschiedenes Vorgehen gegen falsche Traditionspflege zu befürworten. Die Durchsuchungen von Stuben fanden allerdings teilweise in Abwesenheit der Kameraden und ohne vorherige

Information statt. Das entspricht nicht unserer Zentralrichtlinie «Leben in der militärischen Gemeinschaft». Und der Effekt ist klar: Wenn sich unsere Vorgesetzten nicht danach richten, dann kann man die Mannschaften kaum dazu anhalten, diese Richtlinie zu respektieren.

Im Bericht des Wehrbeauftragten heißt es dazu, dass einige Soldaten enttäuscht waren und beklagten, «durch diese Maßnahme sei bei ihnen der Eindruck entstanden, sie alle stünden unter Generalverdacht. Hinzu kam, dass viele unbeteiligte Soldatinnen und Soldaten und auch deren Familien sich durch die Geschehnisse und ihre teilweise übertriebene mediale Darstellung sowie die daraus resultierende öffentliche Diskussion in ihrem persönlichen Umfeld massiver Kritik ausgesetzt sahen. Doch wie reagieren, wenn die tatsächlich ermittelten Sachverhalte durch vorgesetzte Dienststellen nicht öffentlich korrekt und im richtigen Maßstab eingeordnet werden?»[17]

Es traf aber nicht nur die Mannschaften, sondern auch die höheren Ränge. Auch die Art, wie Vorgesetzte wegen vermuteter Fehler abberufen wurden, stand in der Kritik und wurde im Wehrbericht aufgeführt. «Richtig wäre gewesen, als erstes mit ihnen zu reden, einen konkreten Vorwurf zu formulieren und die Entscheidung zu begründen, bevor eine Information an die Presse gegeben wird oder ‹durchsickert›. Das sollte sich von selbst verstehen.»[18]

Diese Formulierungen sind ziemlich deutlich, aber noch zurückhaltend, wenn man bedenkt, was da bei uns los war. Dauernd erschienen in der Presse neue Berichte zu Franco A. im Speziellen und zur Bundeswehr im Allgemeinen. Dass so ein wahnsinniger Fall möglich war, bestätigte alle Vorurteile … Sodom und Gomorrha … die linke Hand weiß nicht, was die rechte tut usw. Wir Soldaten gerieten unter starken Druck. Ich habe mich quasi permanent fremdgeschämt und die meisten meiner Kameraden ebenso. «Wie konnte das passieren?» – «Wie soll man das jemandem erklären?» Solche Fragen stellten wir uns dauernd, natürlich ohne dass wir eine wirklich schlüssige Antwort darauf gefunden hätten. Es wusste ja niemand, was da wirklich passiert war. Weil die Zeitungen und das Fernsehen aus persönlichkeitsrechtlichen Gründen Franco A. nicht abbilden konnten, behalfen sie sich mit «allgemeinen» Fotos. Jedem Artikel oder Beitrag waren zur Illustration Fotos marschierender Soldaten, Rangabzeichen, Gewehre, Kasernen usw. beigefügt. Und die sozialen Netzwerke kochten förmlich über. So viel Bundeswehr war selten in den Medien, das prägte sich wirklich ein – und zwar total negativ, weil immer in diesem rechtsradikalen Zusammenhang. Dazu kamen noch die internen Querelen und das Gefühl, selbst auch im Verdacht zu stehen, dass weder die Truppe noch die Vorgesetzten in der Lage seien, rechtsextreme Umtriebe zu erkennen. Oder dass wir solche Tendenzen sogar willentlich unter den Teppich kehren. Doch das stimmt nicht, jedenfalls nicht zu 100 Prozent. Die Kameraden sind aufmerksam, sie nehmen es nicht schweigend hin, wenn jemand «Heil Hitler» schreit. Wer dummes rechtes Zeug redet, wird zur Diskussion aufgefordert oder zurechtgewiesen. Es merkt nur draußen keiner, dass diese Selbstregulierung in den allermeisten Fällen funktioniert. Es ist halt keine Nachricht, dass etwas klappt. Wenn Dialog nicht hilft, melden wir Vorkommnisse dem Vorgesetzten oder dem Wehrbeauftragten, wozu wir übrigens nach dem Soldatengesetz verpflichtet sind. Daraus entstehen dann aber wieder schlechte Nachrichten, weil die Zahl der «gemeldeten Vorfälle» steigt. Es ist eine ganz dumme Situation.

2017 wurden beim Wehrbeauftragten 167 Vorfälle mit Verdacht auf Gefährdung des demokratischen Rechtsstaats, Volksverhetzung etc. gemeldet.[19] Das sind deutlich mehr als in den Jahren zuvor. Ehe man aber sofort «Aha!» denkt und seine Vorstellung von der rechten Bundeswehr bestätigt sieht: Man kann davon ausgehen, dass durch die gestiegene Sensibilität gegenüber diesem Thema, auch nach Franco A., mehr Meldungen eingehen als früher. Und man muss sich unbedingt vor Augen halten, dass das ja zunächst einmal nur Meldungen sind, nicht nachgewiesene rechtsradikale Vergehen. In 47 Fällen (von den 167) wurden keine Dienstvergehen festgestellt.

Auch der MAD verzeichnete 2017 mehr gemeldete rechtsextreme Verdachtsfälle, nämlich 379 gegenüber 230 im Jahr zuvor. Auf eine Kleine Anfrage von Abgeordneten der Bundestagsfraktion Die Linke zu rechtsextremen Vorfällen in der Bundeswehr wurde ein umfangreiches Konvolut erstellt, das im Detail die Zahlen aus den vergangenen Jahren auflistet, die Fälle beschreibt und die jeweiligen Maßnahmen, die ergriffen wurden. Wenn man sich durch diese Listen wühlt, entsteht ein zwiespältiger Eindruck. Vieles ist lächerlich oder blöd, manches alarmierend. Aber es lohnt sich auf jeden Fall, genauer hinzuschauen. Diese «Vorkommnisse mit rechtsextremem Hintergrund» werden dann in ihrer Dimension einfach konkreter.

Es wurde beispielsweise ein Vergehen gegen §§ 80 bis 92 sowie §§ 94 bis 100a Strafgesetzbuch untersucht. Diese Paragraphen betreffen Friedensverrat, Hochverrat und die Gefährdung des demokratischen Rechtsstaats – sind also ganz ordentliche Kaliber. Welche Tat kann sich hinter so einem Vorkommnis mit rechtsextremem Hintergrund verbergen? Zum Beispiel diese hier: Ein diensthabender Schießsicherheitsfeldwebel legte in der Leit- und Kontrollstelle eine Zeitung vor. Es ging um die Kreuzworträtselseite, die teilweise ausgefüllt war. Das Delikt bestand darin, dass in eins der Kästchen mit Bleistift ein Hakenkreuz gezeichnet worden war. Der Täter konnte nicht ermittelt werden, das Verfahren wurde eingestellt.[20] Ohne dass ich dabei gewesen oder in irgendeiner Form dafür zuständig wäre: So was fällt für mich in die Kategorie «irrelevant». Es wäre selbstredend besser, wenn niemand Hakenkreuze malte, aber ich glaube, ein echter Rechtsextremer hält sich sowieso nicht mit so was auf. Der Kamerad, der den Zeitungsfund meldete, hat richtig gehandelt. Wenn man jedoch an andere, schwerwiegende Vorfälle denkt, kommt einem dieses Bleistift-Hakenkreuz in einem Kreuzworträtsel im Vergleich unbedeutend vor. Aber es bereichert die Statistik um eine Meldung zu möglichem Friedens- und Hochverrat sowie Gefährdung des Rechtsstaats …

Es gibt gravierendere Fälle, samt Konsequenzen. Ein paar Beispiele, damit man überhaupt weiß, wovon gesprochen wird: Ein freiwillig Wehrdienstleistender begrüßte bei einem Kontrollgang den Diensthabenden mit «Sieg Heil». Gegen ihn wurde ein Disziplinararrest von sieben Tagen verhängt, der Fall außerdem an die Staatsanwaltschaft übergeben.[21] Eine «unzulässige politische Betätigung» nach §§ 8, 15 Soldatengesetz sowie Verstöße gegen einige andere Vorschriften, etwa aus dem Bundesbeamtengesetz, beging ein Soldat, der bei einem Treffen von ehemaligen SS-Offizieren in Estland gewesen sein soll und über Verbindungen zur «nationalen Szene» sowie zur sogenannten Identitären Bewegung verfügte. Er wurde entlassen.[22] Gegen § 130 Volksverhetzung verstieß ein Kompanieführer. Für seine ausländerfeindlichen Sprüche wurde er mit einer Disziplinarbuße in Höhe von 1800 Euro bestraft, außerdem versetzt. § 130 Strafgesetzbuch wurde ebenfalls gegen zwei Soldaten geltend gemacht, die in stark alkoholisiertem Zustand Landserlieder sangen. Es wurden gerichtliche Disziplinarverfahren eingeleitet und die Fälle an den MAD übergeben.[23]

Es ist im Übrigen für die Bundeswehr als Arbeitgeber gar nicht immer einfach, harte Maßnahmen durchzuziehen, etwa jemanden zu entlassen. Manchmal stehen arbeitsrechtliche Probleme dagegen. Am 7. Juni 2017 etwa wurden mögliche rechtsradikale Neigungen und Äußerungen eines Soldaten auf Zeit gemeldet, die nach § 130 Strafgesetzbuch Volksverhetzung strafbar wären. Er wurde aus dem Dienstverhältnis entlassen und der Fall an die Staatsanwaltschaft übergeben. Der Soldat klagte jedoch gegen die Entlassung und musste wieder eingestellt werden.[24] Wie gesagt, die aufgelisteten Fälle sind ein willkürlich gewählter Ausschnitt.

Man hört oft, dass seit Aussetzung der Wehrpflicht die Extremisten in der Bundeswehr mehr werden, einfach weil nicht mehr der Querschnitt der Bevölkerung bei uns dient. Auf den ersten Blick mag das plausibel erscheinen, die Zahlen des MAD geben das aber nicht her. Mittlerweile haben wir eine Sicherheitsüberprüfung für die Bewerber. Der MAD prüft alle, seien es Schulabgänger, Quereinsteiger oder ungediente Bürger, die sich als Reservisten engagieren wollen. Auch die Angehörigen der Bundeswehr, die sicherheitsempfindliche Aufgaben erfüllen, werden regelmäßig gecheckt. Seit 2001 prüfte der MAD im Durchschnitt 300 Fälle pro Jahr, wovon sich rund vier Verdachtsfälle pro Jahr als stichhaltig erwiesen, also 1,3 Prozent. Vor Aussetzung der Wehrpflicht war die Zahl deutlich höher. Es wurden durchschnittlich 600 rechtsextremistische Verdachtsfälle untersucht, von denen sich rund 40 pro Jahr bestätigten. Das entspricht 6,6 Prozent.[25]

Noch einmal sicherheitshalber: Weder verteidige ich Franco A. noch jemanden mit rechtsextremen Gedanken, die er womöglich auch noch in Taten umsetzt. Ich ergreife auch nicht Partei für Kameraden, die sich rassistisch oder volksverhetzend äußern. Ich wäre die Letzte, die so etwas täte. Nur möchte ich darauf hinweisen, dass wir kein besonderes Sammelbecken für Menschen mit solchen Ideen sind. Wir sind ein Ausschnitt der Gesellschaft, das sollten sich die Kritiker immer mal wieder vor Augen rufen. Und diese Gesellschaft ist im Hinblick auf Rechtsradikalismus so zu beschreiben: Zwar ist 2017 die Zahl rechtsextremer Straftaten erstmals wieder gesunken, doch das ist kein Grund aufzuatmen. Denn das rechtsextreme Potenzial wird größer. Im Verfassungsschutzbericht werden für 2017 12 700 gewaltbereite Rechtsextremisten genannt, gegenüber 10 500 im Jahr 2014. Die Zahl der Rechtsextremisten insgesamt schätzt der Verfassungsschutz auf 25 250, 2016 waren es «nur» 24 350. Vor allem die sogenannten Reichsbürger werden zahlreicher.[26]

Generell scheint es immer mehr Menschen zu geben, die politisch eher rechten Gedanken folgen, auch aus der Mitte der Gesellschaft heraus. Wer hätte denn noch vor ein paar Jahren gedacht, dass der Zuspruch zu den großen demokratischen Parteien immer kleiner würde und stattdessen die rechtsorientierten Gruppierungen wachsen? Im Sommer 2018 lagen in Umfragen potenzieller Wähler die SPD und die AfD gleichauf bei knapp 20 Prozent. Das ist doch eine absolut bedrohliche Situation. Auch in anderen Ländern Europas sind vergleichbare Tendenzen zu beobachten, etwa in Ungarn und Polen sowie in Italien. Es gibt sicher viele Gründe, die dazu geführt haben, ich kann sie hier nicht im Detail analysieren. Mir geht es auch nicht um die anderen Länder, ich will nur das Blickfeld erweitern, damit es nicht einfach unreflektiert heißt: Die Braunen gehen zur Bundeswehr, die Guten bleiben draußen. Wie es im Wehrbericht steht: «Unsere Soldatinnen und Soldaten stehen in ihrer großen Mehrheit fest auf dem Boden der freiheitlich-demokratischen Grundordnung. Wo das nicht der Fall ist, sind nach den Regeln unserer Rechtsordnung Konsequenzen erforderlich.»[27] Dass diese Konsequenzen gezogen werden, ist in unser aller Interesse.

Neue Traditionen schaffen

Mein Kamerad Robert Kontny aus dem Verein Deutscher.Soldat. meint, dass die Bundeswehr eine «re-aktive» Organisation ist. Wir werden erst dann aktiv, wenn es hässliche Vorfälle oder schlechte Nachrichten gegeben hat. Wir reagieren, statt zu agieren. Insofern schätzt er aus diesem Grund – aber nur aus diesem Grund – schlechte Nachrichten. Ich würde nicht so weit gehen, aber ganz unrecht hat er nicht. Dass schlechte Presse bei uns etwas in Bewegung bringt, sieht man am Traditionserlass. Er ist so eine Art Unternehmensphilosophie und formuliert die gemeinsamen historischen Grundlagen und Werte, die für uns bestimmend sind, eben die Tradition. Schon seit Jahren gab es Forderungen, dass der letzte Erlass überarbeitet werden müsste. Er stammte aus dem Jahr 1982 und war einfach nicht mehr auf der Höhe der Zeit. Man braucht den alten Erlass gar nicht zu lesen, allein sein Entstehungsdatum verdeutlicht, dass er in einer völlig anderen historischen Situation entstanden war. Seit 1982 hat sich das Gesicht der Bundeswehr und der ganzen Republik total verändert. 1989 fiel die Mauer, danach kamen zwei Armeen mit sehr unterschiedlichen «Geschichten» zusammen, die Bundeswehr und die Nationale Volksarmee. Wir haben mittlerweile keine Wehrpflicht mehr, aber Frauen dürfen in allen Bereichen Dienst tun. Wir werden erstmals seit Kriegsende im Ausland eingesetzt – das sind fundamentale Veränderungen, die sich 1982 natürlich kein Mensch vorstellen konnte.

Es gab Ansätze zu Reformen, sogar im Weißbuch 2016 wurde davon gesprochen, dass der Traditionsbestand der Bundeswehr regelmäßig weiterentwickelt werden muss.[28] Aber irgendwie versickerte das. Als jedoch der Skandal um Franco A. hochkochte, ging es damit auf einmal ziemlich schnell, die Verteidigungsministerin drängte. Im Juni 2017 fand eine Impulsveranstaltung statt, die den Auftakt für eine Serie von Workshops bildete. Unser Verein Deutscher.Soldat. hat daran mitarbeiten können. In ihrer Einführung betonte die Verteidigungsministerin, dass die Bundeswehr mittlerweile auf eine eigene, über 60 Jahre dauernde Geschichte blicken könne und sich als Armee in der Demokratie bewährt habe. Dass das Ganze keine akademische Arbeit für die Schublade werden sollte, war ihr besonders wichtig: «Es geht nicht um die Würdigung der Geschichte, sondern um Soldatinnen und Soldaten von heute und morgen.»[29]

Einen Traditionserlass überarbeiten – das sagt sich so einfach, ist aber sehr schwierig. Jeder, der schon mal erlebt hat, wie in seiner Firma die Unternehmensleitsätze erarbeitet wurden, weiß das. Es gibt sehr unterschiedliche Einschätzungen, was wichtig ist und was nicht, welche Rolle das Bisherige spielen soll, wie die verschiedenen Interessen miteinander verbunden werden können, wie man es schafft, solche Leitlinien zukunftsfähig zu machen, und vor allem, wer an den Formulierungen beteiligt wird. Bei uns traten natürlich genau dieselben Probleme und Fragen auf, vielleicht sogar im größeren Maßstab, einfach aufgrund unserer Größe und der besonderen Struktur. Die Forderungen waren klar: So ein Erlass muss «alle mitnehmen», also unabhängig von Alter, Dienstgrad, Waffengattung, militärischer oder ziviler Verwendung. Er muss klar definierte Ziele und Grundsätze enthalten, aber gleichzeitig so weit gefasst sein, dass er nicht dauernd erneuert werden muss, sondern auch unter veränderten Umständen noch eine Richtschnur sein kann. Eine Herkulesaufgabe!

Dass sie überhaupt gelöst wurde und dann noch in sehr kurzer Zeit, ist alles andere als selbstverständlich. Aber es war dringend nötig, und es eilte, sehr sogar. Denn in den Aufregungen nach Franco A. lief einiges aus dem Ruder, es herrschte totale Verwirrung, was als «gutes Symbol der Geschichte» gelten könnte und was als schlechte Wehrmachtstradition, mit der man unbedingt brechen musste, sofern man nicht für einen Nazi gehalten werden wollte. Im Mai 2017 etwa, wenige Wochen nach der Verhaftung von Franco A. und der Durchsuchung von Kasernen auf Wehrmachtsdevotionalien, gab es einen Vorfall an der Hamburger Bundeswehr-Universität. Die Uni ist nach Helmut Schmidt, dem ehemaligen Hamburger Senator, Verteidigungsminister und Bundeskanzler, benannt.

Wie andere Dienststellen der Bundeswehr sollte auch die Uni eine Bestandsaufnahme durchführen, ob es Wehrmachtsreliquien in ihren Räumen gäbe. Auch die Wohnheime der Studierenden wurden geprüft, es gab keine Hinweise auf rechtsextreme Gesinnung. Allerdings: In einem Gemeinschaftsraum hing ein Foto von Helmut Schmidt mit der Bildzeile «Leutnant Helmut Schmidt – 1940». Er trug Uniform, natürlich die der Wehrmacht. Der Disziplinarvorgesetzte legte den Studierenden nahe, eine andere Darstellung des Namensgebers der Uni zu wählen.

Heute wirkt diese «Sicherheitsmaßnahme» noch übertriebener, als sie damals vielleicht war. Da hatte jemand die Sache mit den falschen Traditionen falsch verstanden. Schmidts

Uniform sollte ja nicht der Verherrlichung des Nationalsozialismus und des Zweiten Weltkriegs dienen, es ging einfach darum, Schmidt als Soldaten zu zeigen. Mittlerweile waren aber viele so durcheinander, dass sie auf Nummer sicher gehen wollten, das Bild sollte also weg. Das wiederum wollten sich die Studierenden nicht gefallen lassen. Sie nahmen zwar das Bild ab, ließen aber die Bildzeile stehen und setzten ihren Kommentar in die entstandene Lücke. «Dieses Bild ist auf dieser Wohnebene leider nicht verfügbar, da es Helmut Schmidt als Offizier in Uniform zeigt. Das Aufzeigen einer Gemeinsamkeit zwischen dem Namensgeber dieser Universität und den studierenden Offizieren und Offizieranwärtern ist hier unerwünscht. Das tut uns Leid.»[30]

Natürlich blieb der Vorfall nicht intern, sondern wurde heftig diskutiert und in der Presse vielfach als Fall von blindem Aktionismus kritisiert. Was er vielleicht auch war. Bestimmt aber verdeutlicht dieses Beispiel sehr krass, dass alle total verunsichert waren und keiner mehr wusste, was er machen sollte und tun durfte. Der Präsident der Uni lud die Vertreter der Studierenden zu einem Gespräch, um «im Dialog die Positionen auszutauschen und Missverständnisse auszuräumen». Ergebnis war, dass das Foto nach vier Wochen wieder auf der Etage hing, aber an anderer Stelle und mit erklärenden Erläuterungen, die einen neuen Kontext herstellen sollten.[31] Man sieht, wie dringend ein neuer Erlass benötigt wurde, um wieder Klarheit zu schaffen.

In vier großen, mehrteiligen Workshops im August, September, Oktober und November 2017 legten viele Menschen die Grundlagen für die Neuformulierung: Quer durch die Ränge waren die Streitkräfte vertreten, vom Gefreiten bis zum General, außerdem zahlreiche zivile Mitarbeiter, darüber hinaus

Wissenschaftler sowie Experten aus Politik und Gesellschaft. Jeder Workshop konzentrierte sich auf einen anderen Aspekt, die Arbeit und die Diskussionen waren lebhaft und sehr engagiert. Das war natürlich nur der Anfang. Die Erkenntnisse daraus mussten erst mal so formuliert werden, dass daraus ein schlüssiges Dokument entstand. Der erste Entwurf wurde im November veröffentlicht.

Dann ging die Diskussion los, in den verschiedenen Gremien der Streitkräfte, in der Politik, in den Medien und der Öffentlichkeit. Es war, wie das Ministerium diplomatisch sagte, «ein dynamischer Prozess».[32] Der Entwurf wurde noch einmal überarbeitet. Inhaltlich hatten die Workshops so gut vorgearbeitet, dass nur wenige Veränderungen nötig waren. Die neue Fassung ging zur Debatte in den Verteidigungsausschuss, und am 28. März 2018 unterzeichnete die Ministerin den Erlass mit den «Richtlinien zum Traditionsverständnis und zur Traditionspflege».

Was haben wir Soldaten nun von dem neuen Erlass? Die einen sagen, er breche zu radikal mit der Geschichte von 1945, den anderen ist er noch nicht radikal genug. Die ehemaligen NVA-Soldaten, die jetzt Kameraden in der Bundeswehr sind, fühlen sich teilweise nicht richtig behandelt, weil die Nationale Volksarmee ähnlich wie die Wehrmacht als nicht traditionsstiftend und vorbildhaft angesehen wird, außer in Ausnahmefällen. Das schneidet ihnen ein Stück ihrer Lebensgeschichte ab. Das kann ich bis zu einem gewissen Grade nachvollziehen. Von meiner persönlichen Warte aus finde ich aber gut, dass der Schwerpunkt der Traditionsbildung «unsere» Geschichte ist, also die der Bundeswehr seit 1955. Daraus kann etwas sehr Fruchtbares wachsen, gerade für die jüngeren Kameradinnen und Kameraden, auch für die Menschen, die erst in ein paar Jahren in die Bundeswehr eintreten werden. *Unsere Leistungen* als Bundeswehr sind beispielgebend für die Traditionsbildung, etwa die Hilfen in humanitären Notsituationen und die Einsätze in internationalen Krisenherden, die Bewährung in Einsätzen und im Gefecht.

Welche Rolle der neue Traditionserlass in der täglichen Praxis spielt, kann ich noch nicht beurteilen. Wahrscheinlich ist er für die Offiziere und die Gesellschaft wichtiger als für die Mannschaften. Es schaut doch nicht jeder täglich nach, ob sich sein Tun auch genau mit dem Erlass deckt. Dass die Werte des Erlasses verinnerlicht und gelebt werden, funktioniert wesentlich über die jeweiligen militärischen Führer der Einheiten. Sie sind nah dran an den Menschen und können bzw. müssen das Sensorium dafür entwickeln, ob sich bei einem ihrer Leute ein verqueres Traditionsbewusstsein zeigt, und entsprechend handeln. Auch ich bilde junge Menschen aus, ich bin Vorbild für sie und trage dazu bei, dass sie eine Vorstellung von den Werten und neuen Traditionen bekommen, in deren Sinne wir dienen. An der Richtschnur des Traditionserlasses kann ich mich jederzeit orientieren.

Einen Bruch mit der Vergangenheit stellt auch die Umbenennung von Kasernen dar, die noch Namen von Wehrmachtsoffizieren oder Schlachten tragen, die nicht mehr sinnstiftend sein können. Daran wird schon seit 1995 gearbeitet, doch trotz etlicher Neubenennungen sind immer noch ein paar alte Namen übrig. Vor kurzem ist aber zum ersten Mal, zeitgleich mit der Unterzeichnung des neuen Erlasses durch die Verteidigungsministerin, eine Kaserne nach einem Kameraden benannt worden, der in einem Einsatz der Bundeswehr gefallen ist. Am 28. März 2018 wurde die Emmich-Cambrai-Kaserne in Hannover umbenannt. Otto von Emmich war ein preußischer

General, Cambrai eine im Ersten Weltkrieg von Deutschen besetzte Ortschaft, um die eine extrem verlustreiche Schlacht geführt wurde. Der neue Name lautet Hauptfeldwebel-Lagenstein-Kaserne. Tobias Lagenstein gehörte der Schule für Feldjäger und Stabsdienst an, die in dieser Kaserne untergebracht ist, und war im Rahmen der ISAF-Mission in Afghanistan eingesetzt. 2011 wurde er als Personenschützer für General Markus Kneip bei einem Sprengstoffanschlag getötet. Der General überlebte schwer verletzt.

Mir bedeutet die Umbenennung der Kaserne in Hannover auch persönlich sehr viel, denn ich war damals im Einsatz in Afghanistan. Ich stand im Lager in Mazar-i-Sharif Spalier für die gefallenen Kameraden: für den ein paar Tage zuvor in der Nähe von Kundus getöteten Hauptmann Markus Matthes, für Major Thomas Tholi und für Hauptfeldwebel Tobias Lagenstein. Noch heute bekomme ich einen Kloß im Hals, wenn ich an sie denke.

Die Vorschläge für einen neuen Namen gehen von der Truppe aus, so auch in diesem Fall. Sie suchte einen Namen, mit dem sie sich besser identifizieren konnte als mit dem eines preußischen Generals – und kam eben auf den ihres gefallenen Kameraden. In seiner Rede zur Umbenennung führte der Kommandeur der Schule, Oberst Dirk Waldau, aus, dass er viele Male versucht habe, den Lehrgangsteilnehmern den historischen Hintergrund des Namens darzustellen. «Ich habe mit diesem Kasernennamen die Soldaten nicht erreichen können, was letztlich auch nicht verwundert, da die damaligen Ereignisse zu weit weg vom Heute sind – nicht nur zeitlich; auch inhaltlich sind Auftrag und Verpflichtung der hier dienenden Soldaten gänzlich anders […]. Wir haben Namensvorschläge gesammelt, von Regionen, von Personen, und dann miteinander und ohne Ansehen vom Amt und Stellung darüber diskutiert. Dabei haben wir unbewusst auch unser heutiges berufliches Selbstverständnis geklärt und geschärft. Wir wollten einen Namen finden, der uns einen Bezug zu unserem heutigen soldatischen Dienst erlaubt, der uns etwas sagt, der uns motiviert, der uns auch stolz machen kann [...]. Er steht für Werte, die, losgelöst von Barett- oder Kragenspiegelfarbe, universell gültig sind und jeden Soldaten unmittelbar betreffen und binden: Pflichtbewusstsein, Führungswillen, Verantwortungsgefühl, Tapferkeit.»[33]

WIR DEUTSCHE: BEDINGT EINSATZBEREIT

1993: «Die Bundeswehr ist das Sparschwein der Nation»

Paul Breuer, damaliger verteidigungspolitischer Sprecher der CDU/CSU

2002: «Das falsche Sparschwein»

Constanze Stelzenmüller, Die Zeit, 7.3.2002

2018: «... als Sparschwein missbraucht»

Generalleutnant a. D. Bruno Kasdorf, ehemaliger Inspekteur des Heeres, Bild, 31.1.2018

Train as you fight

1962 löste ein Artikel im *Spiegel* unter dem Titel «Bedingt abwehrbereit» eine Staatskrise aus. Es ging um die mangelhafte Abwehrkraft der Bundeswehr, aus der der damalige Verteidigungsminister Franz Josef Strauß die Notwendigkeit einer atomaren Aufrüstung ableiten wollte. Das ist knapp 60 Jahre her, und um Atomwaffen geht es heute nicht, wenn wir Soldaten – und teilweise auch die Verteidigungspolitiker – darüber klagen, dass es der Bundeswehr an allem mangelt. Es geht heute um die Basisausstattung und -ausrüstung, ohne die wir unsere Aufgaben nicht mehr oder nicht richtig erfüllen können. Seit Jahrzehnten wird an uns gespart, seit Jahrzehnten sind die Folgen spürbar. Wir leben seit langem von der Substanz, und jetzt, scheint mir, ist nicht mehr viel davon übrig. Gleichzeitig bekommen wir immer mehr Aufgaben, die wir übernehmen sollen. Wie soll das gehen? Man braucht kein Betriebswirt zu sein, um den Zusammenhang zwischen Einsatz und Ertrag zu kennen.

Bei jeder Haushaltsdebatte gibt es Stress wegen der Kosten für das Ressort Verteidigung. Wir seien ja eh schon der zweitgrößte Posten, stellten aber immer neue Forderungen. Es wird so getan, als ob wir immer mehr Geld haben wollten, um uns Kriegsspielzeug zu kaufen, damit wir etwas noch Größeres hätten, was eigentlich kein Mensch braucht. «Aufrüstungsspirale»[1] ist so ein Wort, das gern gebraucht wird, unter anderem von Andrea Nahles, Generalsekretärin der SPD. Ich glaube, die meisten, die so etwas unterstellen, haben keine Ahnung, weder von der Realität der Bundeswehr noch von Verteidigungspolitik. Ja, wir sind der zweitgrößte Posten im Bundeshaushalt. Aber was heißt das konkret und in Zahlen? Es bedeutet unter anderem, dass wir einen Riesenabstand zum größten Posten haben, dem Ressort Arbeit und Soziales. Dieses verschlingt 138 Milliarden Euro, das sind fast 43 Prozent. Der weitaus überwiegende Teil sind sogenannte Transferleistungen, zum Beispiel Zuschüsse zu Renten aller Art. Das sollte man sich klarmachen: Fast die Hälfte unseres gesamten Bundeshaushalts fließt in Versorgungs- und Unterstützungsleistungen aus dem Ressort Arbeit und Soziales. Danach kommen wir, die Verteidigung, mit 37 Milliarden Euro, das entspricht 11,24 Prozent des gesamten Haushalts. Das meiste Geld davon fließt in Bezüge, also Gehälter, Sozialversicherung usw. Militärische Beschaffungen machen nur knapp 13 Prozent aus. Trotzdem soll unser Etat nicht steigen, weil es keine «Aufrüstung» geben soll. Das erscheint mir absolut schwachsinnig. Mehr Geld würde erst mal nur helfen, die allergrößten Löcher zu stopfen. Und davon haben wir jede Menge, und zwar in fast allen Bereichen: Unterkünfte, persönliche Ausrüstung, Waffen, Systeme, Versorgung, Fahrzeuge, Know-how usw.

In nahezu meiner gesamten 14-jährigen Laufbahn war es so, dass ich die Geräte, mit denen ich im Ernstfall arbeiten soll, zum allerersten Mal im Einsatz gesehen habe. Vorher trainieren konnte ich damit nicht. Es gibt einfach nicht genügend Gerätschaften, um sie sowohl im Einsatz als auch zu Hause bei der Vorausbildung fürs Training einzusetzen. Es wird also irgendwas nachgestellt, mit und an dem wir dann üben.

«Übungskünstlichkeit» nennt man das, ein Wort und eine Situation, auf die ich einen regelrechten Hass habe. Weil diese Situation die Gefahr, in die wir uns sowieso schon begeben, noch erhöht. Wer sich mit seinen Waffen und Geräten nicht auskennt, ist nicht so effektiv, wie er sein könnte. Er arbeitet unsicher, langsamer, schlechter. Er macht vielleicht Fehler, die vermeidbar wären. Fehler im Gefecht können aber tödliche Konsequenzen haben, nicht nur für den Anwender, sondern für viele Menschen.

Ich hatte schon davon gesprochen, dass das elektronische Störsystem, das wir in Afghanistan 2008 einsetzten, bei über 50 Grad Außentemperatur nicht mehr funktioniert. Es wird aber durchaus öfter so heiß dort, was an sich auch bekannt ist. Nun gut, es gibt vielleicht Gründe, mit denen man entschuldigen kann, dass ein komplexes elektronisches System ausnahmsweise nicht ganz funktioniert. Nur ist das keine Ausnahme. Nicht einmal «simple» Dinge entsprechen immer den Anforderungen: Die Schutzweste, die ich in Afghanistan tragen sollte, war so schlecht geschnitten und so schwer, dass ich nahezu bewegungsunfähig war. Der Sicherheit dient das natürlich nicht, wenn man schnell reagieren muss oder Schutz sucht. Es handelte sich übrigens nicht um ein persönliches figürliches Problem, sondern ging vielen so. Ich folgte daher dem Beispiel der meisten Kameraden und besorgte mir bei einem lokalen Markthändler, der einmal in der Woche ins Lager kam, eine Ersatzweste, die besser funktionierte. Lediglich die Schutzplatten aus Kevlar, einem Spezialkunststoff, tauschte ich aus, da traute ich dem Ersatzmodell doch nicht so viel zu wie meiner deutschen Weste. Diese neu «konfigurierte» Weste bot Bewegungsfreiheit, und viele von uns Deutschen benutzten diese selbstgebastelten Versionen. Unsere Vorgesetzten sahen das nicht gern, ab und an gab es auch ein bisschen Ärger deswegen. Aber der Komfort war um so vieles höher, dass wir es einfach riskierten.

Ähnlich verhielt es sich mit den Hosen. Viele von uns, auch ich, haben sich in einem Onlineshop für militärische Ausrüstungsgegenstände mit einer eigenen Combat-Hose versorgt. Aus einem simplen Grund: Die Taschen an den Hosenbeinen waren größer und besser verteilt. Als Soldat schleppt man im Einsatz eine ganze Menge mit sich herum, unter anderem die persönliche Sanitätsausstattung, die vor allem außerhalb des Feldlagers wichtig werden kann. Bei unseren eigenen offiziellen Diensthosen gab's jedoch ein Problem: Die Taschen an den Beinen waren zu klein, um die Notfall-Utensilien unterzubringen. Schwer vorstellbar, oder? Lässt man es also drauf ankommen und hofft, dass nichts passiert oder dass ein Kamerad in seinem Rucksack genügend Material für zwei dabeihat? Besser nicht. Also habe ich mir aus dem Onlineshop rechtzeitig eine Hose mit besseren, größeren Taschen besorgt. Auf private Kosten, aber das war mir diese Überlebenshilfsmaßnahme schon wert! Diese Mängel resultieren aus einer Kombination von Budget- und Planungsproblemen. Weil das Geld knapp ist, kann schlecht geplant werden. Wenn der Haushalt endlich beschlossen ist, können die Bestellungen aber auch nicht von heute auf morgen geliefert werden.

Auch Klimaanlagen fehlten in den Unterkünften, die fummelten wir uns irgendwie hin. Im Sommer zum Kühlen, im Winter zum Heizen. Ich war 2011 zuletzt in Afghanistan, aber von Kameraden höre ich, dass die Klimatisierung immer noch ein Problem ist, auch in Mali. Der Mann einer Bekannten war in Gao im Rahmen des MINUSMA-Einsatzes. Auch dort herrschten 50 Grad Außentemperatur oder mehr. Die Schlafräume konnten aber nur auf bestenfalls 38 Grad heruntergekühlt werden. Für den Körper ist diese Dauerhitze eine extreme Anstrengung. Als der Kamerad wieder nach Hause kam, hatte er sechs Kilo abgenommen.

Bei den heimischen Unterkünften hat die Verteidigungsministerin schon viele Verbesserungen in die Wege leiten können. Dennoch ist ein großer Teil unserer Kasernen in einem üblen Zustand, entweder baufällig oder so spartanisch ausgestattet, dass man dort eigentlich niemanden unterbringen kann. Eigentlich. Aber da wir zu wenig Wohnplätze in den Kasernen haben, wird alles genutzt, was noch halbwegs brauchbar ist. Auf dem Truppenübungsplatz Baumholder etwa teilt man sich, wenn man Pech hat, mit bis zu 24 anderen eine Stube. Für hart arbeitende Erwachsene ist das schon eine ziemliche Quälerei. Als ich 2016 dort war, fehlten die Vorhänge an den Fenstern unserer Stuben, die wir mit ungefähr 15 Frauen bewohnten. Wir schnitten Müllsäcke auseinander und klebten sie an die Fenster, damit wir uns wenigstens unbeobachtet umziehen konnten. Wenn wir duschen wollten, mussten wir zwei oder drei Blocks weit in die Offizierunterkunft laufen. Da gab es eine Dusche auf dem Flur, die die Frauen benutzen durften. Die Alternative in unserem Block bestand darin, dass wir warteten, bis alle Männer fertig waren, immer in der Hoffnung, dass es dann noch genügend warmes Wasser gäbe. Wir wurden oft enttäuscht und mussten dann kalt duschen. Da es ein altes Gebäude war, das nicht mehr renoviert wurde, fehlte die Tür zum Duschraum. Die simulierten wir dann ebenfalls mit einer Mülltüte. Man wird erfinderisch bei der Bundeswehr, auch unfreiwillig.

Fehlende Duschen sind unangenehm, aber zu verschmerzen, wenn es nicht anders geht, aus welchen Gründen auch immer. Altes, schlechtes oder nicht vorhandenes Gerät – das ist etwas ganz anderes, nämlich ein Riesenproblem. Wenn die notwendige Ausrüstung fehlt, kann nicht genügend geübt werden. Wir können außerdem unsere Bündnisverpflichtungen nicht oder nur unter äußersten Mühen erfüllen – und wir binden viele Kapazitäten, um den Mangel notdürftig zu beheben oder zu verschleiern, um Teile von hier nach da zu verschieben, damit nicht alles zusammenfällt. Wenn ein Auslandseinsatz ansteht, werden das Material und das Personal aus zig Standorten zusammengeklaubt. Im Politikerdeutsch nennt sich das «dynamisches Verfügbarkeitsmanagement». Das betrifft aber nicht nur großes Gerät oder seltene Ausstattung. Uns fehlt oft die Gelegenheit, mit den richtigen Waffen zu üben. Wir erhalten Schaubilder, auf denen die Teile und Funktionen erklärt werden. Im Einsatz selbst gibt es dann mit einem Übungsschießen die Möglichkeit, sich kurzfristig mit der Waffe ein wenig vertraut zu machen. Oft fehlt auch ganz einfach Munition, nicht nur wenn wir in einer speziellen Einsatzausbildung sind.

Hier einige anschauliche, willkürlich gewählte Beispiele für den aktuellen Mangel:

Das Panzerbataillon 414 müsste, bei vollständiger Ausstattung, über 48 Kampfpanzer verfügen. Dieses Niveau soll bis 2020 erreicht werden. Weniger als die Hälfte stand Anfang 2017 zur Verfügung. Im Januar 2018 waren lediglich neun davon einsatzbereit.[2] Wie man die Zahl innerhalb von zwei Jahren mehr als verfünffachen will, ist mir ein Rätsel.

Der sogenannte Fähigkeitsaufbau des Transportflugzeugs A400M verzögert sich immer weiter, aufgrund technischer Pannen und wohl auch verschiedener Sonderwünsche und Problemen in den Bestellvorgängen (siehe dazu weiter unten die Aussage von Thomas Enders, Vorstandsvorsitzender von Airbus). Es wird unter anderem als fliegende Krankenstation gebraucht. Bisher sind 19 von geplanten 53 Flugzeugen geliefert, nicht immer sind alle einsatzbereit. Ursprünglich sollte der letzte Transporter im Jahr 2020 übergeben werden, mittlerweile ist von 2026 die Rede.[3] Die Bundeswehr muss auf Kapazitäten anderer Länder zurückgreifen, also Flugzeuge gegen Geld leihen, etwa von den USA. Insgesamt gibt es immer wieder Schwierigkeiten mit den Flugplänen, weil bei Änderungen oder Pannen einfach keine Ersatzmaschine zur Verfügung steht. Heimflüge aus Einsatzgebieten verzögern sich daher oft, teilweise bis zu einer Woche – und das wenn man nach einem halben Jahr in Afghanistan oder Mali nur noch eins will, nämlich nach Hause.[4] Mit «Aufrüstungsspirale» hat das nichts, aber auch gar nichts, zu tun.

Die U-Boot-Flotte ist häufiger «auf Tauchstation», wie in der Presse gern gewitzelt wird. Von Herbst 2017 bis Frühjahr 2018 war keines der sechs U-Boote der Klasse 212A einsatzbereit. Im Bericht zur materiellen Einsatzbereitschaft der Hauptwaffensysteme der Bundeswehr 2017 heißt es auf Seite 68: «Folgenschwere technische Defekte und Ausfälle, Nichtverfügbarkeit von Ersatzteilen, erhebliche Verlängerungen von Werftliegezeiten (WLZ), mangelnde Werftkapazitäten und eine nautische Havarie sind die Ursachen der gegenwärtig nicht gegebenen Verfügbarkeit und Einsatzbereitschaft der U-Boote. Durch die zeitweise Nichtverfügbarkeit der U-Boote konnten die Ausbildung und Zertifizierung des Personals nicht vollständig sichergestellt werden.» Sechs von sechs U-Booten nicht einsatzfähig, schlimmer geht's nicht. Ausbildung? Nur in eingeschränktem Umfang möglich, wenn man es wohlwollend ausdrückt. Die Kameraden übten lediglich in Simulatoren (was sie auch sonst machen, aber nur als Ergänzung) und an Bord von U-Booten, die im Hafen liegen mussten, sowie ganz allgemein auf jeder Seefahrt mit anderen Booten, wie der damalige Parlamentarische Staatssekretär Dr. Ralf Brauksiepe auf die kritische Anfrage eines FDP-Bundestagsabgeordneten zugeben musste.[5]

Fehlende Flugzeuge, ausgefallene U-Boote, zu wenig Munition, unpraktische oder nicht in allen Größen zur Verfügung stehende Schutzwesten, zu wenig Hubschrauber, Verzögerungen bei der Zulassung von Waffensystemen wie dem Eurofighter, Mangel an Ersatzteilen und Sonderwerkzeugen für den Schützenpanzer Puma usw. usf. Ich könnte die Liste noch seitenweise verlängern. Das alles fehlt uns, im Einsatz und zu Hause. «Train as you fight», einer der wichtigsten Grundsätze militärischer Ausbildung, kann in einem hoch technisierten Land wie der Bundesrepublik nicht angewendet werden, jedenfalls nicht durchgehend, weil es uns an Material und Gerät fehlt. Das ist doch niederschmetternd.

Es gibt sicher mehrere Gründe für die Misere. Ob eine Ursache ausschlaggebend ist oder ob mehreres zu dem Desaster führt, kann ich nicht beurteilen. Die Beschaffung im Rüstungssektor ist auf jeden Fall etwas Besonderes. Schon die Auswahl bei den Herstellern ist eingeschränkt: Aus sicherheitspolitischen und aus arbeitsmarktpolitischen Gründen soll die Produktion möglichst in Deutschland oder wenigstens in Europa stattfinden. Aber so viele Spezialisten für Rüstungsgüter gibt es nun mal nicht. Das begrenzt die Verhandlungsmöglichkeiten.

Die Laufzeiten der Projekte sind oft so lang, dass darüber mehrere Verteidigungsminister kommen und gehen können. Dass die Entwicklung von großen Projekten so langwierig ist, liegt unter anderem an der Komplexität der Produkte und an der notwendigen Kooperation mit anderen Abnehmern. Die soll eigentlich Synergien bringen, das scheint aber nicht immer zu klappen oder jedenfalls mit Nachteilen an anderen Stellen verbunden zu sein. Sonderwünsche und Modifizierungen im Laufe des Produktionsprozesses verzögern die Fertigstellung ebenfalls, manchmal um Jahre. Der Eurofighter etwa wird von vier Ländern entwickelt und gebaut, außer uns sind Spanien, Italien und Großbritannien beteiligt. Die ersten Planungen gab es schon in den 80er Jahren, der Fall der Mauer veränderte teilweise die Strategie, sodass mittlerweile jedes Land sein mehr oder weniger individuelles Flugzeug produziert. Aufgrund der langen Bauphase muss natürlich während des Produktionsprozesses auch stetig modernisiert werden, was wiederum zu neuen Verzögerungen führt. Mit der Zeit kann es schwierig werden, Komponenten zu besorgen. Die Hersteller von Teilen können ausfallen, verkauft werden, oder sie verändern ihre Produktpalette. Angeblich ist nur eine Handvoll von 128 Eurofightern (Mitte 2018) für Einsätze zugelassen, berichtete *Spiegel Online*.[6]

Ein weiterer Grund für die unbefriedigende Beschaffungssituation besteht darin, dass wir sehr viel Know-how verloren haben. Es fehlen uns mittlerweile die Experten, auch beim zivilen Personal. Letztlich ging es bei jeder Reform der letzten Jahrzehnte darum, die Bundeswehr nicht besser, sondern kleiner und billiger zu machen. Beim zivilen Personal gab es daher einen Einstellungsstopp über mehr als zehn Jahre, das ist ein Aderlass ohnegleichen. Zehn Jahre lang kein frisches Wissen, kein neuer Blick, sondern nur Jonglieren mit dem Vorhandenen. 2017 etwa waren im Bundesamt für Ausrüstung, Informationstechnik und Nutzung der Bundeswehr insgesamt 1300 der Dienstposten nicht besetzt, das entspricht 20 Prozent.[7] Eine gigantische Zahl. Dieser Mangel macht sich bei Routinebestellungen der Truppe bemerkbar und erst recht bei den großen Vorhaben. Wir müssen externes Beratungspersonal hinzuziehen, das kostet natürlich auch wieder Geld und Zeit, und möglicherweise sind diese Leute mit den spezifischen Anforderungen der Bundeswehr nicht immer so vertraut wie nötig.

Generell scheinen sowohl aufseiten der Industrie als auch bei uns mittlerweile mehr Kaufleute am Tisch zu sitzen als Techniker und Praktiker, sprich die Anwender. Und natürlich sind immer die Juristen dabei, die alles bis ins Kleinste absichern wollen. Das ist vielleicht nötig, aber manchmal wird darüber offenbar vergessen, worum es überhaupt geht. Dass solche Kombinationen nicht immer der Sache dienen, beschreibt ein Insider, der es wissen muss. Thomas Enders, Vorstandschef der Airbus SE, nennt das Beispiel des Transportflugzeugs A400M. Die Interessen waren klar, auf jeder Seite. Die Besteller wollten nach einigen Verhandlungsjahren einen vorteilhaften Deal vorweisen, das Unternehmen den Eingang eines lukrativen Auftrags melden. Bei den Bestellern handelte es sich um sieben (!) europäische Regierungen mit ihren jeweiligen politischen Profilierungsbedürfnissen. Sie waren überzeugt, dass sie ein Transportflugzeug auf Basis eines schon längst entwickelten Zivilflugzeugs bekommen könnten – nur eben mit etwas mehr Elektronik. Die Folge war, so Enders: «Wir haben Bedingungen akzeptiert, die wir im Nachhinein nicht hätten akzeptieren sollen. Lassen Sie mich das mal so formulieren: sehr ambitionierte Budget-, sehr ambitionierte Zeitpläne und viele Sonderwünsche der sieben Kunden A400M. Das herausragende Beispiel ist sicherlich die – ja, eigentlich – Auflage von drei Staatschefs, kein Triebwerk von Übersee in diesen Flieger einzubauen, sondern ein Triebwerk im europäischen Konsortium zu entwickeln. Das hört sich gut an, aber das Konsortium gab es damals überhaupt nicht.»[8]

Man kann es sich vorstellen, aber im Grunde will man es lieber gar nicht. Ich habe übrigens den Eindruck, dass viele Großvorhaben in der Bundesrepublik sich zu einem Fass ohne Boden entwickeln. Wenn ich an den neuen Berliner Flughafen denke: einfach nur peinlich. Ob er jemals in Betrieb gehen wird, ist ungewiss. Und wenn, dann ist er wohl vom ersten Tag an zu klein. Oder man denke an den Bau der Elbphilharmonie in Hamburg. Die ist immerhin fertiggestellt geworden, allerdings mit sechs Jahren Verspätung und Kosten in Höhe von 866 Millionen Euro statt der ursprünglich veranschlagten 77 Millionen Euro. Ein weiteres Beispiel des großen Scheiterns: die digitale Gesundheitskarte. Nach 14 Jahren Planung und Ausgaben von 1,7 Milliarden Euro ist sie noch immer nicht über den Status eines banalen Mitgliedsausweises hinaus. Es wird von einem «Reset» gesprochen, was wohl heißt, dass man noch mal ganz von vorn anfangen will, auch weil die Technik mittlerweile total veraltet ist.[9] Diese Sammlung von Desastern soll keine Entschuldigung für Probleme im Beschaffungswesen der Bundeswehr sein. Aber sie zeigt, dass große Systeme mit vielen Beteiligten offenbar eine Neigung zu besonderer Unübersichtlichkeit ausbilden, um es vornehm auszudrücken.

Es ist keineswegs so, dass es keinen Veränderungswillen bei uns gibt. Die Ministerin setzte kurz nach ihrem Amtsantritt Katrin Suder als Staatssekretärin ein, die die Rüstungsbeschaffung reformieren sollte. Mit aller Kraft versuchte sie, das unübersichtliche Beschaffungswesen der Bundeswehr klarer und effizienter zu gestalten. Ich glaube, sie ist in den vier Jahren, in denen sie im Ministerium wirkte, so weit gekommen, wie es nur möglich war. Ich hoffe, dass sich das bei den anstehenden Projekten bemerkbar macht (nebenbei: Sie war auch maßgeblich daran beteiligt, dass die Vielfalt der Bundeswehr eine Stimme in Berlin hatte). Aber Rüstungsexperten betonen, dass es unglaublich lange dauert, bis solche Reformen greifen. Und dass es ungewiss ist, ob alle Akteure mitziehen. Jeder verfolgt seine eigenen Interessen, auch seine persönlichen. Dr. Christian Mölling von der Deutschen Gesellschaft für Auswärtige Politik meint, dass die Ministerin und ihre Staatssekretärin zwar viele gute Dinge angestoßen hätten, aber: «Es ist ein Teufelskreis. Egal, wie sie's machen, sie machen's verkehrt.»[10]

Die Reform unserer eigenen Strukturen ist unabdingbar, aber genauso muss es eine bessere, wirksamere Kooperation zwischen den europäischen Ländern geben, damit wir unseren Auftrag erfüllen können. Ich rede gar nicht von einer politischen Strategie, sondern «nur» von praktischen Kriterien. Die Ministerin hat auf ihrer Rede auf der Bundeswehrtagung in Berlin am 14. Mai 2018 selbst ein paar Beispiele genannt: «Wir betreiben in Europa 178 Waffensysteme – die USA 30. Wir haben in Europa 17 unterschiedliche Kampfpanzer, die USA einen [...]. Und selbst da, wo wir scheinbar denselben Typus nutzen, verhindern dann noch mal nationale Spezifikationen, die man eingezogen hat, dass man eine logistische gemeinsame Kette bilden kann.»[11]

Diese nationalen Eigenheiten erschweren auch eine nationenübergreifende Ausbildung und Nutzung. Wenn wir Übungen mit Kameraden aus dem Ausland durchführen, müssen alle erst mal auf denselben Stand gebracht werden, wie Geräte und Fahrzeuge zu benutzen sind. Im Ernstfall hätten wir jedoch für so eine Einarbeitungsphase überhaupt gar keine Zeit.

Bei jeder Beschaffung, bei Instandhaltung, Besoldung, Arbeitszeiten, Auslandseinsätzen und allem möglichen anderem geht es natürlich immer um Geld, um sehr viel Geld. Man ist schnell bei Millionen oder gar Milliarden Euro, wenn es Rüstung betrifft. Da entsteht dann oft Widerstand. Aber meiner Ansicht nach geht es den Kritikern meist gar nicht wirklich um eine konkrete Summe. Fehlendes Geld ist, so nehme ich es jedenfalls wahr, zum großen Teil Ausdruck einer fehlenden Akzeptanz der Bundeswehr in der Gesellschaft. Die Zustimmung zu einer Anschaffung oder zu einem bestimmten Etat zu verweigern ist – für Abgeordnete und andere – oft die einfachste und deutlichste Art, die eigene Gesinnung zu demonstrieren: Ich bin gegen Aufrüstung und Militarisierung, ich bin für Frieden, und deshalb gebe ich euch kein Geld.

Mir ist es (fast) egal, ob wir das NATO-Ziel erreichen, 2 Prozent unseres Bruttoinlandsprodukts für Verteidigungsausgaben einzusetzen, oder darunter bleiben. Viel wichtiger und meiner Ansicht nach entscheidend ist, dass Deutschland und die Deutschen sich grundsätzlich zu ihren Streitkräften bekennen, zu ihren Soldatinnen und Soldaten. Dann hätten wir nicht nur funktionierendes Gerät, sondern auch eine angemessene Unterbringung, wie sie in anderen Ländern üblich ist – und würden darüber hinaus die Anerkennung erhalten, die wir für unsere Arbeit verdienen.

Wofür und für wen?

Ich glaube, die Deutschen haben ein Problem mit ihrem nationalen Bewusstsein. Man darf nicht stolz auf Deutschland sein. Wer sich so etwas wie Nationalstolz «zuschulden» kommen lässt, wird sofort in die Nazi-Ecke gesteckt. Man muss sich auf jeden Fall rechtfertigen und Erläuterungen liefern, wenn man seine Heimat großartig findet, das politische System, in dem wir leben, die Landschaft, die Kultur, die Leistungen, die wir alle erbringen – um Himmels willen, bloß so was nicht, keinen Stolz! Allenfalls darf man sich als Lokalpatrioten bezeichnen, der lieber in seinem Heimatort lebt als in der Nachbarstadt. Dabei gibt es eine ziemlich gut erkennbare Trennlinie zwischen Nationalstolz und Nationalismus, und die besteht darin, wie man sich im Vergleich zu anderen Völkern sieht. Wer behauptet, die Deutschen seien besser oder gar mehr wert als andere, dem kann man tatsächlich eine nationalistische Haltung unterstellen.

Manchmal bricht der Nationalstolz beim Sport durch, bei internationalen Fußballturnieren etwa. Man sieht jede Menge Deutschlandflaggen an Balkonen, Überzieher über den Außenspiegeln der Autos oder Eis in den Nationalfarben. Ich glaube, das ist zu 99,99999 Prozent harmlos und drückt einfach aus, dass man Spaß am sportlichen Wettbewerb hat. Ein paar Rüpel sind immer darunter, aber die meisten leiten aus einem Sieg sicher kein überschießendes Überlegenheitsgefühl in Bezug auf ihr Deutschsein als solches ab. Zumal das Ergebnis beim nächsten Mal schon wieder ganz anders aussehen kann. Selbst für diese harmlose Äußerung des Zugehörigkeitsgefühls gibt es aber oft schon Kritik, weil – wie gesagt – bei angeblich geschichtsbewussten und kritischen Menschen sofort Verdacht auf Nationalismus entsteht. Erst recht, wenn es um solche Dinge geht wie die Nationalhymne. Wer singt die denn noch außer den Fußballern (selbst da nicht alle) und den Teilnehmern von Staatsbegräbnissen oder Feiern am Tag der Deutschen Einheit? Wahrscheinlich kann kaum jemand den Text auswendig, dabei steht der Anfang der ersten Zeile auf jeder deutschen 2-Euro-Münze: «Einigkeit und Recht und Freiheit».

Wir Soldaten können den Text. Die Nationalhymne wird unter anderem in der Zeremonie gesungen, in der wir unser Gelöbnis bzw. unseren Eid als Berufssoldaten ablegen, bei einer Kommandoübergabe, bei Gedenkfeiern am Volkstrauertag, beim Jahresabschlussantreten und vielem mehr. Zwei der zentralen Werte, die in der Hymne besungen werden, sind auch Bestandteil unseres Eides, nämlich das Recht und die Freiheit. Wir schwören, der Bundesrepublik Deutschland treu zu dienen und das Recht und die Freiheit des deutschen Volkes tapfer zu verteidigen. Es ist ein schöner Eid, finde ich. Er verpflichtet uns zur Treue gegenüber unserer Werteordnung und dazu, den Weisungen der demokratisch legitimierten Bundesregierung zu folgen. Die «tapfere Verteidigung» spielt darauf an, dass wir im Notfall unser Leben dafür einsetzen, diese Werte zu schützen. Und das ist nötig und richtig so. Wir leben in Frieden, Freiheit und Sicherheit, weil sich viele Menschen dafür einsetzen, an sehr unterschiedlichen Stellen. Und das braucht es, denn von selbst verwirklichen sich diese Werte nicht.

Dennoch werden vielfach diejenigen, die ehrenamtlich oder hauptberuflich im Dienst für die Gesellschaft stehen, für ihren Einsatz geschmäht, beschimpft und verachtet. Dazu gehören die Polizisten, die bespuckt werden, die Notärzte, die Angriffe von ungeduldigen Patienten fürchten müssen, Feuerwehrleute, Politiker und viele andere. Ich weiß nicht, welche Haltung dahintersteht. Wahrscheinlich so was wie: Wenn jeder an sich denkt, ist für alle gesorgt – und in erster Linie mal für mich selbst. Nur funktioniert mit diesem Grundsatz halt kein Gemeinwesen. Und egal für wie super sich der Einzelne hält, ohne die anderen ist er nicht lebensfähig.

Wir Soldaten werden aber nicht nur von durchgedrehten, egozentrischen Einzelnen beschimpft, sondern geradezu institutionell. Immer schwebt unterschwellig die deutsche Schuld und Verantwortung mit, wenn die Rede auf die Bundeswehr kommt. Aber was soll das? Warum steht die über 60 Jahre alte Bundeswehr noch immer im Verdacht, die direkte Nachfolgeorganisation der nationalsozialistischen Wehrmacht zu sein? Das ist doch Quatsch, und solche Figuren wie Franco A. können dafür auch nicht als Beweis dienen. Wir stehen auf dem Boden des Grundgesetzes – und nicht nur das, wir verteidigen es auch noch, wahrscheinlich engagierter als manche von denen, die uns kritisieren.

Die Gewerkschaft Erziehung und Wissenschaft (GEW) mit rund 280 000 Mitgliedern etwa hält die Bundeswehr für einen Hort von Militaristen und Kriegsversessenen. Sie fordert Tage der Friedensbildung anstelle der Tage der Bundeswehr und sieht «mit Sorge, dass sich die Bundeswehr um größeren Einfluss in den Schulen bemüht». Damit sind die Jugendoffiziere gemeint. Jugendoffiziere sind Referenten für Sicherheitspolitik, die in Schulen, aber auch anderswo auf Einladung im Rahmen der politischen Bildung den Auftrag der Bundeswehr erläutern, die internationalen Konfliktfelder darstellen, die Auslandseinsätze und vieles mehr. Alle Jugendoffiziere verfügen über ein Studium, auch über eine methodisch-didaktische Ausbildung. Die Inhalte entsprechen den Grundsätzen der für Bildung zuständigen Ministerien, Ämter und Behörden. Es können Vorträge gebucht werden, Rollenspiele, Besuche von «Lernorten» wie dem Bundestag, dem Verteidigungsministerium, dem EU-Parlament und noch jede Menge mehr. Also ein großes, facettenreiches Programm der politischen und persönlichen Bildung.

Doch die GEW will diese Informationen lieber von den Schülern fernhalten. Dafür hat sie eigens ein Aktionslogo entwickelt, das in menschenverachtender Weise uns Soldaten quasi auf eine Stufe mit Hunden stellt, die aus Hygienegründen nicht die Metzgerei betreten dürfen. «Wir müssen draußen bleiben», heißt es in dem Logo. Das i in «Wir» stellt ein gewehrtragender Soldat dar.[12] Ich finde das unverschämt! Diese Herabwürdigung einer im Grundgesetz verankerten Institution und aller ihrer Mitglieder ist unverschämt und – wenn man es genau nimmt – auch verfassungsrechtlich bedenklich. Lehrer und andere Erzieher sollen Kinder und Jugendliche vor allem dazu befähigen, sich eine eigene Meinung zu bilden. Ihr Auftrag besteht auch darin, zur politischen Teilhabe zu befähigen. Das bedeutet gerade nicht, dass sie nur ideologisch vorverdaute Kost bekommen sollen. Trauen sie den ihnen Anvertrauten so wenig eigene Urteilskraft zu, dass sie sie von der Realität fernhalten wollen? Besonders heikel: Es handelt sich bei den GEW-Mitgliedern ja teilweise um Beamte, die einen ähnlichen Eid wie wir geschworen haben, nämlich auf das Grundgesetz und die in Deutschland geltenden Gesetze. Die Meinungs- und die Bildungsfreiheit gehören unbedingt zu diesen Grundwerten dazu, daran muss man vielleicht noch mal erinnern. Die Jugendoffiziere berichten von dem Klima, das in einigen Schulen, etwa in Berlin, herrscht: «Manche aufgeschlossenen Lehrkräfte befürchteten mitunter, dass die Einbindung von Jugendoffizieren in ihren Unterricht zu Konflikten mit kritischen Kolleginnen und Kollegen oder dem Elternbeirat führen könnte.»[13] Man kann über alles diskutieren – und man muss es auf jeden Fall dürfen. Dafür stehen gerade wir Soldaten ein.

Diese Verweigerungshaltung gegenüber der Bundeswehr, nicht nur die der GEW, ist für uns Soldaten schwer erträglich. Sie schafft ein Klima, das unseren Dienst noch schwerer macht, als er oftmals eh schon ist. Und sie führt zu falschen Schlussfolgerungen. Deutschland ist nun mal keine Insel der Seligen, um die herum die Konflikte der Welt toben, während bei uns alles ruhig ist. Sich dem nicht zu stellen ist keine Option. Wir Deutsche wollen Weltpolitik mitgestalten und Einfluss nehmen auf die Entscheidungen unserer Nachbarn und Partner, etwa durch einen nicht ständigen Sitz im Sicherheitsrat der Vereinten Nationen – dafür müssen wir uns aber auch praktisch beteiligen, Truppen in Konfliktgebiete schicken, an Stabilisierungsmaßnahmen teilnehmen oder Material und Kompetenz zur Verfügung stellen. Den anderen sagen, was sie machen sollen, aber uns selbst fein raushalten: Das geht nicht.

Zu den falschen Schlussfolgerungen zählen ebenso unklare Begrifflichkeiten, die weder das abbilden, was die Soldaten insbesondere im Einsatz erleben, noch der Gesellschaft verdeutlichen, was die Bundesrepublik Deutschland in Konfliktherden eigentlich tut. Das Wort «Krieg» wurde für Afghanistaneinsätze noch nicht benutzt, als schon längst Kameraden gefallen waren. Es war die Rede von «nicht international bewaffnetem

Konflikt» oder «kriegsähnlichem Zustand». Und die gefallenen Kameraden waren «einsatzbedingt ums Leben gekommen» oder wurden «aus dem Leben gerissen», als wären sie in einen bedauerlichen Unfall verwickelt worden. So umschrieb es noch der damalige Verteidigungsminister Franz-Josef Jung in seiner Rede bei der Beisetzung für einen im August 2008 bei Kundus gefallenen Hauptfeldwebel. Da waren wir schon sechs Jahre in Afghanistan! Und noch viel länger im Kosovo.

Viele Soldaten kehren mit psychischen Problemen aus den Einsätzen zurück. Ihnen kann nur wirklich geholfen werden, wenn allen in der Gesellschaft klar ist, was sie erlebt haben. Wenn bekannt und akzeptiert ist, dass Krieg und Gefechte scheußliche Erfahrungen mit sich bringen können, die einen nachhaltig verändern und jahrelang quälen. Wenn erschöpfte Heimkehrer nicht erst mal auf Burnout therapiert werden, sondern bei ihnen gleich richtig ein posttraumatisches Belastungssyndrom diagnostiziert wird. Das hängt aber unter anderem davon ab, dass die Dinge präzise benannt werden.

Wenn diese Klarheit herrschte, dann wären vielleicht auch manche Diskussionen im Bundestag sachorientierter und führten zu angemessenen Entscheidungen. Mitte 2018 beispielsweise fiel nach jahrelangem Streit im Haushaltsausschuss die Entscheidung, dass die Bundeswehr Kampfdrohnen vom Typ Heron TP bekommt. Sie sollen die Zeit überbrücken, bis die Euro-Drohne zur Verfügung steht. Die Heron TP können über größere Distanzen fliegen und haben eine bessere Aufklärungssensorik als unsere bisherigen Heron 1, dienen also dem Schutz der Soldaten. Kampfdrohnen sind, anders als reine Aufklärungsdrohnen, bewaffnet. Dafür werden sie entsprechend gebaut. Normalerweise. Wir hingegen bekommen Kampfdrohnen, die erst mal nicht bewaffnet werden. So hat es die Mehrheit aus Union und SPD beschlossen. Die Beschaffung von Munition und die taktische Waffenausbildung der Soldaten sind explizit ausgeschlossen. Wir schaffen eine für die Bewaffnung konzipierte Drohne als reine Aufklärungsdrohne an, weil es angeblich noch immer Diskussionsbedarf gibt. «Alle weiteren Schritte im Umgang mit diese Drohne werden erst auf Grundlage einer breiten, gesellschaftlichen Debatte, die auch juristische und ethische Fragen berücksichtigt, erfolgen», so Fritz Felgentreu von der SPD.[14] Man fasst es nicht!

Es geht mir nicht speziell um Herrn Felgentreu, dem ich keine bösen Absichten unterstelle, oder um die Drohne oder um die erheblichen Kosten, die die Option der späteren Bewaffnung verursacht. Sondern es geht mir beispielhaft um die Haltung, die sich in dem Aufschieben dieser Entscheidung zeigt. Es ist eins dieser politischen Ausweichmanöver, von denen die Bundeswehr im Kleinen wie im Großen so häufig betroffen ist. Es ist dieses befremdliche Phänomen, im Zusammenhang mit der Bundeswehr Verantwortung zu vermeiden, obwohl man als Abgeordneter ja gerade für die Übernahme von Verantwortung gewählt wird. Wir Soldaten brauchen Entscheidungen, positive oder negative, aber keine Zwischenstadien und Endlosgespräche.

Ich kann nur jedem Abgeordneten empfehlen, sich hinsichtlich unserer Rolle und seiner Aufgabe genauer mit der Rede des damaligen Bundespräsidenten Joachim Gauck am 20. Juli 2013 zu beschäftigen. Darin sagte er zum feierlichen Gelöbnis den Soldaten unter anderem: «‹Mutbürger in Uniform› habe ich unsere Soldaten einmal genannt. Das wiederhole ich gern, auch deswegen, weil immer mehr unserer Soldatinnen und Soldaten eine Familiengeschichte haben, die sich aus mehreren Kulturen speist. Sie haben sich mit ihrem Eintritt in die

Bundeswehr auf eine besondere Weise für unser gemeinsames Land, für Deutschland entschieden. Sie müssen sich Ihrerseits darauf verlassen können, dass Sie für Ihre Aufgaben gut ausgebildet und ausgerüstet werden. Dass man Ihnen zur Seite steht – wenn nötig auch über Ihren aktiven Wehrdienst hinaus. Das Erlebte setzt vielen Soldatinnen und Soldaten zu. Selbstverständlich sollte es sein, dass wir die Verletzungen der Seele genauso aufmerksam behandeln wie die des Körpers. Das ist ein Appell an Ihren Arbeitgeber, die Bundeswehr, an Ihre Vorgesetzten und auch an unser Parlament. Denn unsere Bundeswehr ist eine parlamentarisch kontrollierte Bürgerarmee, ihr oberster Befehlshaber ein Zivilist. Ob Sie zu einem bewaffneten Auslandseinsatz geschickt werden, entscheiden zuvor die Abgeordneten des Deutschen Bundestages, Ihre Abgeordneten, hier hinter Ihnen, im Reichstagsgebäude. Das Gelöbnis an diesem besonderen Ort sollte darum auch ein Versprechen der Parlamentarier sein: Wir kümmern uns um unsere Parlamentsarmee, um jeden einzelnen unserer Staatsbürger in Uniform.»[15]

Was ich mir wünsche

Als Muslima feiere ich Weihnachten nicht. Aber wenn ich es täte, dann sähe meine Wunschliste an und für die Bundeswehr so aus:

Ich wünsche mir ...

... mehr Wertschätzung

Ich wünsche mir mehr Anerkennung für das, was meine Kameraden und ich leisten. Woher stammt dieses süffisante Grinsen, wenn das Gespräch auf die Bundeswehr kommt? Es scheint schick zu sein oder eine gewisse intellektuelle Flughöhe zu beweisen, wenn man herablassend auf die Streitkräfte schaut. Ich weiß aber nicht, warum man sich dafür rechtfertigen sollte, dass man seinen Beruf bei der Bundeswehr für sinnvoll hält und ihn mag. Klar kann man sagen, dass wir uns schließlich unseren Beruf ausgesucht haben. Trotzdem wollen wir auch dafür geschätzt werden, dass wir ihn zum Wohle des Gemeinwesens ausüben. Und erst recht, wenn wir nach einem Hochwasser- oder Auslandseinsatz nach Hause kommen. Wir sind enttäuscht, wenn wir dafür kein gutes Wort bekommen.

Ich wünsche mir auch, dass mehr Deutsche unserer Heimat

größere Wertschätzung entgegenbringen. Wir leben in einem wunderbaren Land, die allermeisten Menschen haben ein Dach über dem Kopf, sie können eine gute Ausbildung wahrnehmen und in Frieden und Sicherheit leben. Das ist keine Selbstverständlichkeit, sondern wir alle müssen uns dafür immer wieder neu einsetzen, jeder an seinem Platz, dass diese Vorzüge erhalten bleiben. Ich engagiere mich dafür als Soldatin und in politischen Gremien, die die Integration voranbringen wollen. Andere finden andere Betätigungsfelder. Keinesfalls sollten wir es darauf ankommen lassen, dass die zunehmende Polarisierung der politischen Debatte auch auf uns übergreift und uns zu Egoisten werden lässt.

... deutlich sichtbare Vielfalt

Die Bundeswehr ist bunt, das sollte man auch sehen können. Wenn eine Veranstaltung zu Diversity stattfindet, sollte die Presse Fotos erhalten, auf denen man das wahrnehmen kann, also Soldatinnen und Soldaten abbilden, deren Migrationshintergrund erkennbar ist. Das bildet die Realität ab und zeigt, welch große ethnische Vielfalt wir schon längst haben. Im Übrigen würden diese Bilder helfen, Vorurteile gegenüber der Bundeswehr abzubauen.

... bessere Vereinbarkeit von Beruf und Familie

Wir könnten unseren Beruf noch besser ausüben, wenn wir ein halbwegs stressfreies Familienleben führen könnten. Aber die vielen, oft auch kurzfristigen Versetzungen machen uns gerade als Ehepartnern, Müttern und Vätern das Leben schwer. Um häufige Schulwechsel für die Kinder zu vermeiden, ziehen manche Familienteile schon gar nicht mehr an den neuen vorgesehenen Standort mit. Das Pendeln der Kameraden über oft weite Strecken kostet dann viel Zeit, Nerven und Geld und beeinträchtigt das Familienleben. Wenn die Personalplanung mehr Rücksicht oder, sagen wir, überhaupt zur Kenntnis nähme, dass ein stabiles Privatleben auch zur Qualität des Dienstes beiträgt, wäre allen geholfen.

... mehr Unterstützung der Bundestagsabgeordneten

Sie sollten meine Kameraden und mich bitte nicht für Ihre persönliche oder parteiliche Profilierung missbrauchen. Sonst verlieren wir das Vertrauen in unsere politische Führung. Wenn Sie gefallene Kameraden als Argumente für Ihre politischen Positionen nutzen, dann schmerzt das. Diese Kameraden sind Menschen, die Väter, Mütter, Geschwister, Kinder und Freunde haben. Die Angehörigen leiden schon genug unter dem Verlust. Denken Sie doch lieber über ein Denkmal für die gefallenen Kameraden nach. Natürlich eins, das zentral in Berlin ist und für jeden zugänglich.

Dringend wünsche ich mir von den Abgeordneten, dass sie nicht das Leben von uns Soldaten gefährden, indem sie uns mit unzulänglicher Ausstattung in den Einsatz schicken, sondern rechtzeitig und ernsthaft über das Notwendige debattieren und sachgerecht entscheiden. Wir sind eine Parlamentsarmee, das heißt, jeder, der ein Bundestagsmandat wahrnimmt, ist für jedes einzelne Leben innerhalb der Streitkräfte verantwortlich, ob in der Heimat oder im Ausland. Wir brauchen eine gute Ausrüstung. Bildungspolitik gegen Verteidigungspolitik aufzurechnen ist Schwachsinn.

... bessere Einsatzbedingungen

Ein Einsatz ist für jeden Soldaten eine Belastung. Unnötig, ihn noch dadurch zu erschweren, dass wir in schlecht ausgestatteten Unterkünften hausen müssen, dass die Uniformen und auch die Gerätschaften für die Einsatzländer oft nicht geeignet sind, die Transportmaschinen nicht immer verwendbar sind, sodass wir nicht planmäßig nach Hause zurückkehren können. Es ist wirklich nicht zu viel verlangt, wenn wir uns angemessene Bedingungen für unseren Dienst wünschen.

Viele meiner Kameraden leiden nach dem Einsatz unter physischen und/oder psychischen Problemen. Um Hilfe zu erhalten, müssen sie ein langwieriges, umständliches Verfahren in Gang setzen. Oft ist es dann zu spät. Suizide aufgrund einsatzbedingter Depressionen sind keine Seltenheit. Aber auch wenn es nicht so schlimm kommt, wäre mehr Anerkennung vonseiten der Politik und der Gesellschaft dringend angesagt. Wie wäre es zum Beispiel mit der Einrichtung eines Veteranentags?

... effizientere Beschaffung

Wir verbringen zu viel Zeit mit Dingen, die nicht der Sache dienen, vor allem im Beschaffungswesen. Klar, es müssen die Bedingungen für einen fairen Wettbewerb der Hersteller geschaffen werden. Aber dass sich der Erwerb von manchem Gerät über Jahrzehnte hinzieht, ist doch absurd. Und selbst wenn dann etwas bei uns ankommt, ist es oft nicht das Richtige, wie man beispielsweise an nicht praxistauglichen Uniformen sieht.

... tieferes Verständnis für unsere Arbeit

Ich glaube, viele Menschen wissen nicht, was wir tun und warum wir es tun. Es wäre sehr gut, wenn Regierung und Bundestag den Auftrag der Bundeswehr deutlicher darstellen würden. Wenn sie die Sicherheitsstrategie Deutschlands, Europas und der NATO so klar und überzeugend formulieren könnten, dass wir uns nicht für Dinge rechtfertigen müssen, die andere zu verantworten haben. Generell fände ich es gut, wenn unsere schärfsten Kritiker, die politisch korrekten Friedensbewegten, über den deutschen Tellerrand hinausschauen und die internationale Lage mehr in ihre Überlegungen einbeziehen würden.

... ein menschliches Miteinander

Ob ich mit meinem Neffen und meiner Nichte spazieren gehe und ihnen erkläre, dass wir ungeachtet der Herkunft unserer Familien alle Deutsche sind, oder ob ich in Uniform an der Kasse im Supermarkt stehe: Ich möchte als das wahrgenommen werden, was ich bin, ohne Vorurteile. Ich bin ein Mensch, eine Frau mit dunklen Haaren, Angehörige einer Weltreligion. Ich bin Deutsche und Offizier der deutschen Marine.

Nicht mehr. Aber auch kein bisschen weniger!

Danksagung

Von ganzem Herzen danke ich Dr. Dominik Wullers und Robert Kontny. Ohne die beiden gäbe es dieses Buch nicht.

Meinen Eltern danke ich, die mir beigebracht haben, meine Ziele immer energisch zu verfolgen und dabei keine Mimose zu sein.

Ich danke Klaus-Peter Bachmann, der dem Verein Deutscher. Soldat. stets Tür und Tor geöffnet hat und mir jetzt ein guter Freund ist.

Meinen Schwestern im Geiste sage ich Dank: Suzan Sabri, Sezer Mart, Behice Tasli, Hülya Sahin, Fabienne Yilmaz, Steffi Dannenberg, Shirin Kordian, Senay Senozan, Anne Meyer, Manuela Tissen und Rajaa Bouheddi. Egal wo ich bin, wie lange wir uns nicht gesehen haben, sie sind immer für mich da und stärken mir den Rücken. In meinem Beruf ist es nicht selbstverständlich, solche Freunde oder in diesem Fall Schwestern zu haben.

Meinen Nachbarn aus Hannover-List, die mittlerweile auch meine «Kameraden» sind, danke ich für ihre Unterstützung. Egal zu welcher Tages- oder Nachtzeit: Wenn ich dabei bin, ein Projekt umzusetzen, kommen sie und helfen, wo sie können.

Ich bedanke mich sehr bei Professor Dr. Helge Frieling, seiner Frau Dr. Kirsten Frieling und ihren Töchtern, die mich in einer besonders schweren Zeit so sehr unterstützt haben und auch jetzt immer für mich da sind, obwohl wir uns noch gar nicht so lange kennen.

Oberstleutnant Peter Schäfer und Oberst Richard Rohde bin ich dankbar für ihre Gelassenheit und ihr Vertrauen in mich. Ohne sie wäre ich heute nicht die Soldatin, die ich jetzt bin.

Allen meinen Kameradinnen und Kameraden danke ich für ihren Dienst und ihre Kameradschaft.

Ich danke ebenfalls Verteidigungsministerin Dr. Ursula von der Leyen, auch wenn ich manche ihrer Vorhaben kritisch sehe. Aber sie hat Themen innerhalb der Streitkräfte angesprochen und Dinge verändert, wie es kein anderer Politiker geschafft hätte.

Dr. Doris Mendlewitsch ernenne ich zu meiner Kameradin ehrenhalber. Sie hat meine Gedanken und mein Leben formuliert und dieses Buch geschaffen. Sich so in mich hineinzufühlen, mich zu verstehen und sich von meinen Anliegen mitreißen zu lassen ist eine große Kunst, die sie sehr gut beherrscht. Ich bin froh, dass wir uns gefunden haben.

Ich danke, auch wenn sie noch zu klein sind, um das zu verstehen, meinen Neffen David und Said, meiner bisher einzigen Nichte Deliah sowie den Kindern meiner Schwestern im Geiste Can, Ilayda, Ilyas, Deniz, Marie, Lale, Levin, Cienna, Galiano, Lenie, Adam, Lotta, Samu und Jakob. Sie motivieren mich, stets gegen Rassismus und Diskriminierung zu kämpfen.

Quellenangaben

Ein Zerrbild: Wie man sich die Bundeswehr vorstellt

1 https://www.deutschlandfunkkultur.de/major-marcel-bohnert-ueber-das-image-der-bundeswehr-wir.990.de.html?dram:article_id=411802
2 Protokoll Debatte Jahresbericht 2017 des Wehrbeauftragten, S. 2362.
3 Unterrichtung durch den Wehrbeauftragten, Jahresbericht 2017, zugeleitet durch den Wehrbeauftragten Dr. Hans-Peter Bartels, Bundestag Drucksache 19/700, S. 22; im Folgenden abgekürzt als Bericht Bartels, Drucksache 19/700
4 Wissenschaftlicher Dienst Deutscher Bundestag, WD2-3000-042/17, S. 5f.
5 https://www.focus.de/politik/deutschland/eroeffnung-der-ersten-bundeswehr-kita-ursula-von-der-leyen-wetterfee-mit-perfektem-zeitpunktgefuehl_id_3838329.html
6 http://www.taz.de/!5270331/
7 https://www.welt.de/vermischtes/article175077659/Umstandsuniformen-Spezialkleidung-fuer-schwangere-Soldatinnen.html#Comments
8 https://www.bmvg.de/de/aktuelles/von-der-leyen-stellt-weichen-fuer-trendwende-personal-11294
9 Pressemitteilung Bündnis 90/Die Grünen, Bundestagsfraktion, 4.6.2014
10 Bericht Bartels, Drucksache 19/700, S. 27
11 Bericht Bartels, Drucksache 19/700, S. 29

12 http://www.bundeswehr-journal.de/2017/bundeswehr-nach-wie-vor-eine-pendlerarmee/
13 Zitiert nach Bericht Bartels, Drucksache 19/700, S. 83
14 Zitiert nach Bericht Bartels, Drucksache 19/700, S. 83
15 https://www.bibb.de/de/pressemitteilung_79044.php
16 Frankfurter Allgemeine Zeitung, Wie ehemalige Zivis der Bundeswehr ein neues Image geben, 24. 11. 2017, S. 26
17 https://www.wuv.de/marketing/neue_bundeswehr_serie_mali_folgt_auf_die_rekruten
18 http://www.absatzwirtschaft.de/vw-bleibt-unangefochtener-spitzenreiter-unter-den-top-ten-der-markenwahrnehmung-von-2009-2017-122240/
19 Antwort Bundesregierung, Deutscher Bundestag, Drucksache 17/6311, 27. 6. 2011
20 Deutscher Bundestag, Plenarprotokoll 19/18, S. 1547 ff.
21 Berufsbildungsbericht 2018 (Zahl für 2016), S. 89
22 https://www.evangelisch.de/inhalte/148250/18-01-2018/sigurd-rink-kindersoldaten-bundeswehr-der-dienst-der-waffe-ist-keine-schreinerlehre
23 Deutscher Bundestag, Plenarprotokoll, 2. 3. 2018, S. 1555

Deutsch ist, wer Deutschland dient

1 https://www.bundeswehr.de/portal/a/bwde/start/gedenken/todesfaelle_im_einsatz/ (bis Juli 2017)
2 http://www.islamiq.de/2018/01/26/wo-kommst-du-eigentlich-her/
3 Süddeutsche Zeitung, Gauland macht Boateng zum Lieblingsnachbarn der Deutschen, 30. 5. 2016
4 rp-online, Noah Becker reagiert gelassen auf «Halbneger»-Tweet, 6. 1. 2018
5 http://www.faz.net/aktuell/rhein-main/region-und-hessen/stadtrat-tritt-zurueck-wegen-beleidigung-von-nationalspielern-15622070.html
6 http://www.bundeswehr.de/portal/poc/bwde?uri=ci:bw.bwde.aktuelles.weitere_themen&de.conet.contentintegrator.portlet.current.id=01DB170000000001|AABH2L898DIBR

7 https://www.bundeswehr.de/portal/poc/bwde?uri=ci:bw.bwde.aktuelles.weitere_themen&de.conet.contentintegrator.portlet.current.id=01DB170000000001|8TN9C6143DIBR
8 https://www.bmvg.de/de/aktuelles/diversity-tag-im-bmvg-25230
9 https://diversity.defense.gov
10 https://www.bpb.de/wissen/NY3SWU,0,0,Bev%F6lkerung_mit_Migrationshintergrund_I.html
11 Dominik Wullers: «Diversity Management. Wie die Bundeswehr bunter und fitter wird», in: Arbeitspapier Sicherheitspolitik, 13/2016, Bundesakademie für Sicherheitspolitik
12 https://www.bundestag.de/parlament/praesidium/reden/2017/003/492714, Stand 20.3.2018
13 https://www.bundestag.de/dokumente/textarchiv/2017/kw06-bundesversammlung/492496

Der Islam gehört zu Deutschland – oder?

1 Abendzeitung, Söder: Der Islam ist ein Bestandteil Bayerns, 30.5.2012
2 https://www.tagesschau.de/inland/merkel-davutoglu-103.html
3 Die Welt, Der Islam gehört nicht zu Sachsen, 25.1.2015
4 Welt am Sonntag, Hört auf mit dieser Lebenslüge, 25.3.2018
5 https://de.statista.com/statistik/daten/studie/1232/umfrage/anzahl-der-juden-in-deutschland-seit-dem-jahr-2003/ (Stand Ende 2016)
6 (Stand 2017, BMI/BAMF via IslamiQde)
7 https://www.bundeswehr.de/portal/a/bwde/start/einsaetze/afghanistan/rueckblick/in_erinnerung/
8 https://www.instagram.com/p/BiAGGMqn0ey/?taken-by=petertauber
9 http://www.bundeswehr-journal.de/2014/migration-religion-und-integration/
10 Bericht Bartels, Drucksache 19/700, S. 56
11 Franz-Josef Overbeck, Predigt am 13.9.2016, Vollversammlung Katholikenrat

12 Kompass, 9/2016, Seite 15, Hg. Katholischer Militärbischof für die Deutsche Bundeswehr
13 Bericht Bartels, Drucksache 19/700, S. 56
14 https://www.zeit.de/gesellschaft/zeitgeschehen/2016-09/islam-konferenz-ahmad-mansour-bilanz
15 http://www.bundeswehr-journal.de/2014/migration-religion-und-integration
16 http://religion.orf.at/stories/2737534/
17 Zahlen aus Vortrag von Oberst i. G. Burkhard Köster, Arbeitsausschusssitzung Deutsche Islam Konferenz im BMVg, 27. 4. 2016
18 http://www.katholisch.de/aktuelles/aktuelle-artikel/militarseelsorge-als-lebenshilfe
19 http://www.juedische-allgemeine.de/article/view/id/28672/highlight/Militärrabbiner

Skandalös: Frauenfeindlichkeit und Rechtsradikalismus

1 Bericht Bartels, Drucksache 19/700, S. 77
2 Bericht Bartels, Drucksache 19/700, S. 79
3 Der Spiegel 25/2017, «Wehrmacht Kaffee?», S. 31
4 https://augengeradeaus.net/2017/09/geplanter-auftrag-an-kriminologen-pfeiffer-zur-inneren-lage-bundeswehr-noch-offen/
5 https://augengeradeaus.net/2017/09/geplanter-auftrag-an-kriminologen-pfeiffer-zur-inneren-lage-bundeswehr-noch-offen/
6 Welt am Sonntag, Jung, innovativ – und sexistisch, 22. 7. 2018
7 Zitiert in Bericht Bartels, Drucksache 19/700, S. 16
8 http://www.spiegel.de/spiegel/mad-chef-christof-gramm-ueber-seine-suche-nach-rechtsextremen-soldaten-a-1148674.html
9 https://www.morgenpost.de/berlin/article210583125/Fall-Franco-A-Berliner-Politiker-nicht-direkt-in-Gefahr.html
10 https://www.welt.de/politik/deutschland/article164193275/Die-voelkisch-rassistische-Masterarbeit-des-Franco-A.html
11 https://www.zeit.de/2017/19/rechtsextremismus-bundeswehr-terror-ursula-von-der-leyen

12 https://www.welt.de/politik/deutschland/article164193275/Die-voelkisch-rassistische-Masterarbeit-des-Franco-A.html
13 https://www.zeit.de/2017/19/rechtsextremismus-bundeswehr-terror-ursula-von-der-leyen
14 Deutsche Welle, 25.4.2018
15 https://www.zeit.de/politik/deutschland/2018-04/franco-a-afd-bundestag-jan-nolte/komplettansicht; 19.4.2018
16 https://www.dbwv.de/aktuelle-themen/politik-verband/beitrag/news/wut-und-unverstaendnis-nach-von-der-leyen-interview/
17 Bericht Bartels, Drucksache 19/700, S. 11
18 Bericht Bartels, Drucksache 19/700, S. 11
19 Bericht Bartels, Drucksache 19/700, S. 18
20 Bundestag, Drucksache 19/1568, S. 17
21 Bundestag, Drucksache 19/1568, S. 33
22 Bundestag, Drucksache 19/1568, S. 17
23 Bundestag, Drucksache 19/1568, S. 17
24 Bundestag, Drucksache 19/1568, S. 28
25 http://www.bundeswehr.de/portal/poc/bwde?uri=ci:bw.bwde.aktuelles.weitere_themen&de.conet.contentintegrator.portlet.current.id=01DB170000000001|B2KGSE615DIBR
26 VS-Bericht 2017, S. 51, 53
27 Bericht Bartels, Drucksache 19/700, S. 19
28 Weißbuch zur Sicherheitspolitik und zur Zukunft der Bundeswehr, Berlin 2016, S. 114ff.
29 https://www.bmvg.de/de/aktuelles/impulsveranstaltung-zur-ueberarbeitung-des-traditionserlasses-11224
30 https://augengeradeaus.net/2017/05/helmut-schmidt-und-das-uniform-bild-uni-praesident-laedt-zum-gespraech/comment-page-1/
31 https://www.welt.de/regionales/hamburg/article165562639/Helmut-Schmidt-Foto-darf-wieder-in-Bundeswehr-Uni-haengen.html
32 https://www.bmvg.de/de/aktuelles/auf-dem-weg-zum-neuen-traditionserlass-20344
33 https://www.bmvg.de/resource/blob/23256/1e5b68502c04b4f2352cc791c663c343/20180308-rede-des-kommandeurs-der-schule-fuer-feldjaeger-data.pdf

Wir Deutsche: bedingt einsatzbereit

1 http://www.faz.net/aktuell/wirtschaft/nahles-gegen-leyen-aufruestungsspirale-beim-wehretat-15572803.html
2 Bericht Bartels, Drucksache 19/700, S. 41
3 Bericht Bartels, Drucksache 19/700, S. 42; Pressemitteilung BMVg, 16. 2. 2018
4 Frankfurter Allgemeine Zeitung, 16. 3. 2018, Heimreise mit Hindernissen,
5 Bundestag, Drucksache 19/1126, S. 80, Antwort vom 8. März 2018
6 Spiegel Online, 2. 5. 2018, Bundeswehr-Mangelwirtschaft: Luftwaffe hat nur vier kampfbereite «Eurofighter»
7 Bericht Bartels, Drucksache 19/700 S. 41
8 Deutschlandfunk, 27. 11. 2014, Bundeswehr: Woran die Rüstungsbeschaffung krankt
9 Hamburger Abendblatt, 11. 6. 2018, Airbus 400M: Das «fliegende Krankenhaus» der Bundeswehr
10 Wirtschaftswoche, 20. 6. 2017, Rüstung: Der Beschaffungsdschungel der Bundeswehr
11 BMVg, PDF, https://www.bmvg.de/de/aktuelles/bundeswehrtagung-2018---wir-sind-auf-dem-weg-und-halten-den-kurs--24532
12 https://www.gew.de/schule/bundeswehr/
13 Jahresbericht der Jugendoffiziere 2017, S. 5
14 https://www.tagesschau.de/inland/bundeswehr-drohnen-heron-101.html
15 http://www.bundespraesident.de/SharedDocs/Reden/DE/Joachim-Gauck/Reden/2013/07/130720-Geloebnis-Bundeswehr.html

MIX
Papier aus verantwortungsvollen Quellen
FSC® C083411
FSC
www.fsc.org

Das für dieses Buch verwendete Papier ist FSC®-zertifiziert.